通识

大学通识教育教材

根据教育部《普通高等学校学生心理健康教育课程教学基本要求》编写

大学生体验式心理健康教育

DAXUESHENG TIYANSHI XINLI JIANKANG JIAOYU

顾　问　赵国祥
主　编　徐慧玲　邢小莉　朱晓红
副主编　赵　婷　王丽君　李惠娟　陶莶洁

董明月
数媒（二）班

中国教育出版传媒集团

高等教育出版社·北京

内容提要

本书为大学通识教育教材。

本书根据教育部《普通高等学校学生心理健康教育课程教学基本要求》编写。内容涉及大学生的认知、适应、学习、压力、人际关系、网络、恋爱、自我意识、人格、生命与健康等方面的心理健康教育知识。本书根据大学生心理发展特点引入心理健康知识,围绕大学生学习生活实际寻找解决心理问题的方法,结合大学生成长发展规律进行科学分析引导,旨在培养和提升大学生的心理素质,增强大学生对心理健康知识的掌握与应用能力。

本书既可作为高等学校通识课程教材,也可供社会读者阅读参考。

图书在版编目(CIP)数据

大学生体验式心理健康教育/徐慧玲,邢小莉,朱晓红主编.—北京:高等教育出版社,2023.8(2024.1重印)
ISBN 978 - 7 - 04 - 060971 - 4

Ⅰ.①大…　Ⅱ.①徐…②邢…③朱…　Ⅲ.①大学生—心理健康—健康教育—教材　Ⅳ.①G444

中国国家版本馆 CIP 数据核字(2023)第 147434 号

| 策划编辑 | 朱争争 | 责任编辑 | 朱争争 | 封面设计 | 张文豪 | 责任印制 | 高忠富 |

出版发行	高等教育出版社	网　　址	http://www.hep.edu.cn
社　　址	北京市西城区德外大街 4 号		http://www.hep.com.cn
邮政编码	100120	网上订购	http://www.hepmall.com.cn
印　　刷	浙江天地海印刷有限公司		http://www.hepmall.com
开　　本	787mm×1092mm　1/16		http://www.hepmall.cn
印　　张	16		
字　　数	405 千字	版　　次	2023 年 8 月第 1 版
购书热线	010-58581118	印　　次	2024 年 1 月第 2 次印刷
咨询电话	400-810-0598	定　　价	38.00 元

本书如有缺页、倒页、脱页等质量问题,请到所购图书销售部门联系调换

版权所有　侵权必究
物 料 号　60971-00

本书编委会

主　任　赵国祥　河南师范大学

副主任　徐慧玲　郑州信息工程职业学院

　　　　邢小莉　河南大学

　　　　朱晓红　漯河职业技术学院

编　委　赵　婷　郑州大学人民医院

　　　　王丽君　河南大学

　　　　李惠娟　河南大学

　　　　陶鋆洁　郑州信息工程职业学院

　　　　许幸福　郑州信息工程职业学院

　　　　闫寅中　郑州信息工程职业学院

　　　　袁　芳　郑州信息工程职业学院

　　　　李向燕　郑州信息工程职业学院

　　　　牛晶晶　郑州信息工程职业学院

　　　　付进华　漯河职业技术学院

　　　　陈　义　漯河职业技术学院

　　　　田大地　郑州工商学院

序

习近平总书记在党的二十大报告中提出："重视心理健康和精神卫生。"这对新时代做好心理健康和精神卫生工作提出了明确要求。

心理健康和精神卫生是公共卫生的重要组成部分，也是重大的民生问题和突出的社会问题。近年来，心理健康和精神卫生工作已经纳入全面深化改革和社会综合治理范畴，国家卫生健康委员会设立了国家心理健康和精神卫生防治中心，开展社会心理服务体系建设试点，探索覆盖全人群的社会心理服务模式和工作机制。

与此同时，高校对大学生心理健康教育工作的重视程度越来越高，社会、家庭对大学生心理健康重要性的认识也在持续提高，这为我国培养德、智、体、美、劳全面发展的社会主义现代化建设者和接班人奠定了良好的基础。2011 年，教育部提出"基本形成教育教学、实践活动、咨询服务、预防干预四位一体的工作格局"的总体目标，促进了高校心理健康教育工作向规范性、实效性方向发展。特别是 2011 年教育部颁发《普通高等学校学生心理健康教育课程教学基本要求》（以下简称《基本要求》）后，从事大学生心理健康教育教学、研究的心理学工作者在《基本要求》的基础上，深入开展研究，探索大学生心理健康教育教材的建设与编写范式，一批包含案例分析、教学互动、知识拓展的心理健康教育教材应运而生，丰富了大学生心理健康课程的内容，使心理健康教育教材朝科学性、实效性的道路又迈了一步。2023 年，教育部等十七部门印发了关于《全国加强和改进新时代学生心理健康工作专项行动计划（2023—2025 年）》的通知，为今后大学生心理健康教育工作的开展提供了更多的支持和保障。

大学时期是个体社会化的重要发展阶段，也是心理发展从不成熟到逐渐成熟的阶段，这一阶段大学生既要完成从青少年到成年人的角色转化，也要实现心理发展从动荡起伏向逐渐平稳的转化，而心理健康教育课程正是帮助大学生顺利度过这一阶段的重要保障。如何让大学生通过一个学期的心理健康教育课程学习，切实提高自我认知和心理健康水平，提高自我调适心理偏差的能力，解决常见的心理问题，是近年来笔者一直在关注、调研、思考并试图寻找有效解决方法的问题。2019 年，笔者在调研中发现了由郑州信息工程职业学院探索开展的体验式心理健康教育课程，该课程的实效性很强，通过两年四个学期的教学实践，学校的重点关注学生人数从 200 多个减少到 20 多个，不仅受到教育厅和省政府分管教育副省长的高度评价，关于这一体验式心理健康教育教学方法的研究也被批准为省级社科规划课题。课题组从心理健康教育理论到心理健康教育实践开展了系统研究，并向省社科规划办提交了研究的结项报告。笔者在对该校开展的教育教学活动进行深入调研、讨论，并认真研读了课题组的结项报告后，认为可以在此基础上编写教材，并值得推荐推广，于是鼓励他们组成教材编写组，共同编辑出版这本《大学生体验式心理健康教育》。

本教材不仅严格按照教育部《普通高等学校学生心理健康教育课程教学基本要求》系统地设置了章节内容，而且在课堂设计层面突出运用了"课堂讲授、案例分析、小组讨论、心理测试、团体训练、情境表演、角色扮演、体验活动"等教育教学方法。本教材的编写采用边使用边修改的方式，第一稿成型后，先在学校部分班级试用，与此同时，编写组梳理在试用过程中存在的问题，组织进行进一步讨论、修改，最终形成第二稿。试用期间，教材得到广泛好评，在同学们的强烈要求下，心理健康教育课的主讲老师开始在更大范围使用本教材进行教学，既受到了同学们的热烈欢迎，也得到了学校领导的高度认可。本教材的主要特点如下：

（1）融入思政。本教材围绕每章节主题，利用"教师总结点评"和"拓展阅读参考"等栏目，融入习近平新时代中国特色社会主义思想、中国共产党奋斗史，以及中华优秀传统文化等内容，寓政治思想教育于心理健康课堂教育之中。在锤炼大学生强大的心理素质的同时，能够有效激发大学生为祖国强盛而强健身心，为实现中国梦而努力奋斗，为民族发展而积极进取的决心。

（2）体系新颖。本教材的编写基于科学、务实、有效的指导思想，在保证心理健康理论知识体系的同时，重在把心理健康的理论知识推向应用，因此采用结合大学生社会生活实际提出心理问题、选取针对心理问题的典型案例进行理论分析、结合生活实践寻找解决问题的有效方法（体验式教学法）的形式，构建教材内容体系。

（3）重在体验。本教材的所有心理行为活动均经过了课堂实践检验。教师在实际讲授时，采用的是每节课 20% 的时间讲解理论知识、40% 的时间做心理行为活动、20% 的时间请学生分享感悟、20% 的时间由老师总结点评的时间分配法。老师引导学生全身心融入丰富多彩的心理行为活动中，使学生在沉浸活动的体验过程中体悟、内化心理健康知识，在激烈竞争和问题解决经验的分享中转变旧观念，重构新的心理认知，而不是将心理健康知识从老师的"杯子"倒入学生的"杯子"。

（4）氛围浓厚。本体验式教材把营造浓厚的课堂氛围视为必须，广泛配套使用了PPT、视频、音乐、灯光、冥想等材料与方法，不断刺激学生的眼、耳、鼻、身、意，激发学生的激情，引发学生的思考，发掘学生的潜能。学生总是在或热烈，或欢快，或刺激，或凝重的氛围中感受到心理活动的意义，领悟到心理健康的理念，体会到转变认知的价值，不断出现一个个"顿悟"。

（5）持续强化。本教材采用了八层递进的强化结构体系，通过"案例导入"发现心理问题，通过"学习目标"了解学习目的，通过"心理动能解析"了解心理知识，通过"心理行为活动设计"解决心理问题，通过"体验感悟分享"深化理解领悟，通过"教师总结点评"重复加深记忆，通过"活动效果强化"强化知识建构，通过"拓展阅读参考"巩固健康心理思维，实现了渐进、持续地强化提升心理健康能力，提高心理素质的目的。

本教材由心理学教授、心理咨询老师和体验式心理课老师三方联合研究编写，理论联系实际，语言平实易懂，不仅适合心理学专业的大学生使用，也适合非心理学专业的大学生使用。

希望本教材能对当前我国高校大学生的心理健康教育教学工作起到积极的推动作用！

中国心理学会理事长　赵国祥
2023 年 7 月

前　　言

　　体验式心理健康教育课程是以体验式的教学方式来进行心理健康教育活动的课程，这一教学方式具有以体验为中心、知情统一、充分调动学生积极性和互动性的特点。体验式心理健康教育课程的实施原则包括活动生成、积极引导、沉浸体验、参与分享、领悟反思。活动生成是指体验课程根据学生的特点和需求，围绕拟解决的心理偏差、拟达到的教学目的，遵循心理发展理论和人生成长的规律等有规划地设计并生成活动。积极引导是指在活动开展过程中，老师采用鼓励的方式积极地给予引导，帮助学生在自我表达中获得成长，锻炼自信心，敢于自我接纳。沉浸体验是指体验式心理健康课程重在让学生沉浸到整个活动中，体验活动带来的乐趣、蕴含的意义及道理。并在活动体验中提高个人认知，收获知识和技能。参与分享是指让学生在互动中引发思考，在分享中感悟人生，在总结点评中收获知识，在强化中加深记忆。领悟反思是指让学生在课后积极完成作业，进行反思，反复领悟。这样的方式不仅有利于学生自我成长和提升，还会进一步强化其感悟。

　　本教材共分为四个部分，以活动体验为中心进行教学内容设置。第一部分为绪论，阐述高校大学生心理健康教育工作开展的基本理论知识，包括大学生心理健康发展特点、高校心理健康教育工作与心理咨询等。第二部分为本教材第二章到第九章的内容，针对大学生常见的几种心理问题进行具体阐述，涉及认知、适应、情绪、学习、压力、人际关系、网络及恋爱心理八个方面。第三部分是第十章和第十一章，主要涉及大学生自我意识和人格发展两个方面的内容，良好的自我意识和健全的人格是心理健康发展的重要目标，它影响着个体学习和应对生活中具体问题的能力。最后一章是本课程的第四部分，将从生命发展的角度看待心理健康，帮助学生以全局的、整体的视角看待个体的身心发展，使大学生更加热爱生命、积极生活。课程组希望学生通过学习本课程，在个人层面能够更客观地认识自我、悦纳自我，发展健全人格，学会积极应对生活中的各种困难和问题；在集体和社会层面，也能树立正确的价值观念，积极融入集体，为未来的职业发展做好心理准备，更好地适应未来的社会。

　　结合大学生的心理发展特点与课程培养目标，本教材遵循体验式心理课程的实施原则，形成了以下几种特色。

　　（1）重在体验。体验式教学的核心在于体验，在体验中主体以自己的全部"自我"

去感受、理解事物，因发现事物与自我的关联而生成情感反应，由此产生丰富的联想和深刻的领悟，进而改变不合理的认知。本教材根据教学目标设计心理活动，以活动体验为中心，启迪学生思考感悟，建构新的认知体系。以活动体验为中心的教育方式，不仅能够激发学生的兴趣，还能以"润物细无声"的方式传达教育理念。

（2）多官统合。多官统合教学是指在教学活动中，调动学生的听觉、视觉、运动、语言、感觉等多个器官吸收和体验，增强学生的学习效果。本教材以活动体验为中心，配合音乐、文字、身体活动等多种方式，使全体学生沉浸于活动中，从而增强学生的参与感，促使学生对问题进行思考。

（3）即时奖励。即时奖励即在人们的良好行为出现后立即给予奖励。本教材的许多活动环节都设置了奖励机制，对学生的积极参与行为进行即时奖励，这有助于保持学生对课程的积极性。

（4）分享领悟。分享与领悟是体验式心理课程的实施原则，也是本教材的重要组成部分。分享是个体将活动体验中的乐趣、蕴含的意义及道理表达出来，群体中不同成员的分享可以引发共鸣，帮助学生获得对问题的不同认知，有助于个人认知水平的提高。领悟是通过自己的思考领会道理，用这种方式获得的知识更深刻、知识保持得也更持久。

（5）积极原则。积极原则是指在教材中引导个体去感受更多的积极情绪和能量。无论是活动设置还是分享感悟，其目的都是在教师的引领下，让学生体验到更多的自信、乐观、关爱、幸福、快乐等积极情绪能量，这不仅有助于激发学生对课程的兴趣，促进学生活动体验的分享与感悟，还能促进学生的心理健康。

由于时间紧迫，水平有限，书中错漏之处在所难免，期望广大读者批评指正，以便后续修订时进一步完善。

编　者
2023 年 7 月

目　　录

第一章 绪 论

大学生良好心理素质的培养不仅关系到我国高等教育能否培养出适应未来社会发展所需的新型人才,而且关系到全民族素质的提高。本书采用体验式学习的方式,帮助大学生更客观地认识自己,更合理地管理情绪,更积极地应对环境中的压力和挫折,更好地适应当前及未来的环境。绪论部分简单介绍了心理健康的概念及影响因素、大学生心理发展的阶段与特征、大学生心理健康教育的内涵和途径,以及大学生心理咨询的基本内容。

第一节 心理现象、心理实质与个体心理发展

一、心理现象

心理学是研究心理现象的科学,主要研究人的心理现象的发生发展变化规律。人有许多心理现象,如感觉、知觉、注意、记忆、思维、情绪、态度、动机、意志、能力、气质、性格,以及信仰、期待、做梦等。个体的心理现象主要包括心理过程和个性心理[①]。

(一) 心理过程

心理过程,也称心理活动,泛指心理操作的加工程序,包括心理事件的相互作用和相互转化的加工进程。人的心理过程包括认知过程、情绪过程和意志过程。

认知过程,也称认识过程,是指人们获取知识和运用知识,或加工信息的过程,即人脑接受外界输入的信息,经过大脑的加工处理,转换成内在的心理活动,进而支配人的行为的过程。它包括感觉、知觉、记忆、思维、想象和言语等。

情绪过程就是人对待他所认识的事物、所做的事情以及他人和自己的态度体验。当人认识周围世界的时候,他总是以某种态度来对待它们,内心会产生一种特殊的体验。或满意或不满意,或愉快或不愉快,还有我们通常所说的喜、怒、哀、惧,以及美感、理智感、自豪感、自卑感等。

人不仅能认识世界,对事物产生某种情绪体验,而且能在自己的活动中有目的、有计划地改造世界。自觉的能动性是人和动物的区别之一。这种自觉确定目的,并为实现目的而自觉支配和调节行为的心理过程,就叫意志。

伴随着心理活动的还有心理状态,包括注意、意识、心境、激情、应激状态等。

---

① 彭聃龄:《普通心理学》(第 5 版),北京师范大学出版社 2019 年版,第 2—3 页。

（二）个性心理

个性是指一个人的总的精神面貌,它是通过个人的生活道路形成的,反映了人与人之间稳定的差异的特征。个性结构可以被划分为三个主要的子系统:个性心理特征、个性倾向性和自我。

个性心理特征是人的多种心理特征的一种独特的组合,集中反映了一个人的精神面貌的稳定的类型差异,主要包括能力、气质和性格。个性倾向性是推动人进行活动的动力系统,是个性结构中最活跃的因素。它决定着一个人对周围世界认识和态度的选择与趋向,决定着一个人追求什么,什么对他来说是最有价值的。个性倾向性主要包括需要、动机和价值观。自我是一种多维度、多层次的心理系统,它包含自我认知、自我体验和自我控制三个方面。

二、心理实质

（一）心理是脑的机能

现代科学研究表明,脑是心理的器官,心理是脑的机能。人脑如果受到损伤,其心理活动也会部分或者全部失调。

从结构上来看,人脑由脑干、网状结构、边缘系统、小脑、大脑等部分组成。脑干是人的生命中枢,网状结构与人的注意和觉醒状态有关,边缘系统是原始的核心脑组织,小脑主要是负责调节和矫正肌肉的紧张度,以便维持姿势和平衡,顺利完成随意运动。大脑由对称的左右两个半球组成,左右脑是分工协作的,左脑控制人的语言、数理逻辑、分析判断等,右脑则控制人的艺术音乐能力、图形空间感知和想象力等。

（二）心理是人脑对客观世界的反映

一方面,客观现实是心理产生的源泉。只有当客观现实作用于人脑时,人脑才能形成对外界的印象,产生心理。如果没有光波和声波的存在,人不可能产生视觉和听觉。因此,人脑是根据生活经历的细节来进行塑造的,没有客观存在的事物及事物之间的关系,也就不可能有人的心理。

另一方面,社会生活实践对人的心理起制约作用。离开人类的社会生活条件,脱离了人类的社会实践活动,人的心理就不会形成。例如,狼孩由于自幼生活在狼窝,回到人类社会后会在相当长的时间里难以适应人类的生活习性,心理水平也不能恢复到正常人类的水平。对于正常的成人来说,如果长期脱离社会生活实践,原有的正常心理也会部分丧失。这说明,心理是在人的实践活动中发展的,实践活动是人与客观现实之间联系的桥梁,是实现主客观对立统一的中介。

（三）心理是对客观现实主观的能动的反映

人对客观现实的反映是主观的、能动的,是人们根据自己的知识经验、个性特点、当时的心理状态等产生的反映。

首先,不同的人对同一事物会有不同的反映。面对同一座山,植物学家看到的是它丰富的植被,地质学家看到的是它的地理构造,艺术家看到的是大自然的美,资本家看到的则是旅游开发的价值。

其次,同一个人在不同的时间和情境下会对同一事物有不同的反映。例如,人在小时候觉得父亲是高大威猛的,但是长大后会发现父亲也有脆弱无奈的时候。同时,对别人的评价也会随着我们与这个人接触的时间长短、了解的深刻程度而发生变化。

最后,同一个人在同一时刻对同一事物也会有不同的反映。研究发现,让被试将两只手分别同时放入冷水和热水中,然后同时抽出两只手再一起放入温水中,被试则报告两只手的感觉不同,从冷水中放入的手感觉到热,而从热水中放入的手感觉到冷。这说明两只手获得的不同经验在反映中起了作用。

心理对客观现实的主观能动的反映,不仅表现在实践中通过主体与客体的相互作用能动地反映客观事物,还表现在人通过心理活动不仅能认识事物的外部现象,而且能认识到事物的本质特征和事物间的内部联系,并利用这种认识来指导人的实践活动,改造客观世界。

三、个体心理发展

个体心理发展是一个由量变到质变、不断矛盾运动的发展过程。人的一生,在不同时期呈现出不同的矛盾,这些特殊矛盾的产生和解决,不仅推动了心理发展,还形成了不同时期本质的心理特征,这些不同质的心理特征就构成了心理发展的阶段性。

个体心理发展大体可分为婴儿期(0—1岁)、前幼儿期(1—3岁)、幼儿期(3—6岁)、童年期(6—12岁)、青少年期(12—18岁)、成年期(18—60岁)和老年期(60岁以上)。每一阶段其认知、情绪、人格、社会性等方面的发展特点都不相同,例如童年期个体以具体形象思维为主,如果这一时期进行抽象知识的学习,大多数学生可能将无法胜任。因此,掌握不同阶段心理发展的特点,不仅有助于帮助个体更好地认识自己,理解和调节当下的情绪和行为,还有助于提供适合个体发展的环境。

第二节　大学生心理发展阶段、特征与偏差

一、大学生心理发展阶段

大学生的年龄一般在18—24岁之间,从心理学的观点来看,大学生的心理发展一般分为三个阶段:适应阶段、成长阶段和成熟阶段。

(一)适应阶段

适应阶段相当于大学一年级。在这一阶段,大学生需要解决学习、生活、心理、人际关系等方面的适应问题。

刚刚结束高中繁重的生活,进入大学校园时,部分学生沉浸在对未来美好向往的兴奋

之中；部分学生则停留在高考失利的阴影中，对自己高中时的表现自怨自艾；还有部分学生我行我素、得过且过。经过一段时间的大学生活之后，原来的梦幻逐渐破灭和消失，那些对现实环境缺少心理准备的学生可能会感到失落、惘然、空虚和无聊，有的甚至会产生心理的矛盾冲突。

（二）成长阶段

成长阶段相当于大学二年级。这一阶段的主要特征是积极追求精神上的丰富，多方面发展自己的能力，是大学生活全面展开和深化的关键时期。

（三）成熟阶段

心理成熟阶段相当于大学高年级。这时大学生面临着继续深造和择业两大问题。在这一阶段，大学生心理进一步趋向稳定，自我意识进一步发展，能较准确地评价自己，对未来的事业和生活充满着美好的憧憬，关心本专业的发展前途，愿意与专业教师交流，询问本专业历届毕业生的就业及近况，收集就业信息。

二、大学生心理发展特征

在身体发展方面，大学生正处于身体发育的第二个高峰期，各器官、系统的机能日益成熟，身体形态日益稳定。在心理发展方面，大学生由未完全成熟向成熟过渡，这里从认知、自我意识、情绪和人格四个方面介绍大学生心理发展的特征。

（一）大学生认知发展的特征

1．记忆力的黄金期
大学生的记忆数量和记忆质量在大学阶段都达到了前所未有的水平。
2．思维的发展期
辩证逻辑思维成为大学生主要的思维形态，并且独立性思维和批判性思维也在这一阶段发展迅速。
3．创造力的活跃期
通过系统的专业知识学习，大学生的创造力得到了迅速提高，具有较多的创造者的个性特征。
4．社会认知的形成期（对自我和他人认知的学习期，责任意识的启蒙期）
大学生的社会认知内容体现出多样化和高层次的特点，他们需要树立正确的世界观、人生观、价值观，遵循社会规范，培养和造就社会角色。

（二）大学生自我意识发展的特征

1．自我意识深刻
大学生对自我的外在特征及内在心理特点（性格、能力、价值观等）的认识更深刻。

2．自我意识结构发展成熟

大学生的自我认识更加深刻、自我体验更加全面、自我控制能力逐渐提高。

3．自我评价能力提高

大学阶段介于儿童和成年两个阶段之间，大学生在思想上的独立与经济上的依赖、生理上的成熟与心理社会性成熟的延后方面，存在着深刻的矛盾，这些矛盾使其自我意识一直处于分化和整合之中，这也促进了大学生自我评价能力的提高。

（三）大学生情绪发展的特征

1．丰富性和复杂性

相较青少年阶段，大学生的情绪体验更加丰富，情绪活动的对象和内容增多，情绪体验更加敏感、细腻和深刻。

2．波动性和稳定性

大学生的情绪在时间上有更长的持续性，情绪控制能力较好，但大学生的情绪发展也有冲动性的一面，常对某些事情表现出强烈的激动、兴奋或泄气、消沉，容易从一个极端走向另一个极端。

3．独立性和依赖性

随着大学生自我意识的发展，大学生的成人感迅速增强，自主感、自信心和自尊心都有很大提高，但由于受社会经验和某些习惯的局限，他们还无法完全依靠自己处理学习与生活中的一系列复杂问题，对家庭、学校和社会还存在明显的情绪依赖性。

4．阶段性和层次性

阶段性是指不同年级的大学生因所面临的问题及心理成熟度的不同而产生的不同情绪阶段，而层次性是指不同类型的情绪方面的差异，如优秀的大学生往往有更多的积极情绪，后进生的内心则往往充满矛盾和焦虑。

（四）大学生人格发展的特征

1．自我认知比较客观

大学生能够正确认识自我，基本上能接受一切属于自己的东西，形成对自己积极的看法，自我客体化水平比较高，能理解现实自我和理想自我之间的差别。大多数大学生都有明确的奋斗目标和愿望，并愿意为此努力。

2．智能结构健全合理

大学生的观察力、注意力、记忆力、思维能力和想象力发展良好，各种认知能力能有机结合并发挥其应有的作用。

3．环境适应能力增强，社会化活动增加

大学生人际交往范围扩大，积极参与各种社会实践活动，能容忍别人与自己在价值观和信念上存在的差异，并能根据事情发展的客观规律来看待事情。

4．富有事业心，创造竞争意识明显

大学生事业上的进取心和责任感比较强，具有一定的创造性和竞争意识。思想观念开放，勇于创造，敢于冒险和创新，独立性强，态度务实。

5. 情感情绪掌控适度

大学生情绪发展接近成熟，虽然还存在一些矛盾，但是情绪调节能力发展得比较好，积极的情绪和情感体验在生活、学习中占主导地位。

三、大学生常见的心理偏差

大学生心理偏差主要包括认知偏差、情绪心理偏差、行为偏差、恋爱心理偏差和就业心理偏差五个方面。

（一）认知偏差

认知偏差是人们在知觉自身、他人或外部环境时，因自身或情境的原因使得知觉结果出现失真的现象。正确的自我认知是成熟人格的标志，但是大学生的自我意识尚在不断发展中，未达到完全成熟水平，会出现自我认知存在偏差的现象。大学生常见的认知偏差包括自卑与自负、逆反与从众、以自我为中心、过分追求完美等。这些认知偏差不仅对自我意识发展起消极作用，而且会造成大学生更多的不良情绪，影响其个人学习与工作的适应和发展。

（二）情绪心理偏差

大学生正处于人生发展中的青年期，无论是生活还是学习都发生了很大的变化，很多事情都需要独立面对，处理问题时容易遭受挫折，这使得大学生的情绪具有反应大、变化快和调控能力差等鲜明特点。大学生常会被各种各样的情绪问题困扰，其常见的情绪心理偏差包括抑郁、焦虑、愤怒、嫉妒和孤独等。这些负性情绪不仅会影响大学生的学习效率、人际关系、生活质量及未来工作定向，长期的情绪心理偏差还会影响其身体和心理健康。

（三）行为偏差

大学生的行为偏差，又称越轨行为，是指大学生做出偏离和违反学校规章制度，甚至偏离和违反社会行为规范的种种行为。大学生常见的行为偏差有依附行为、攀比行为、不良行为、学业不适应行为，这些行为偏差不仅可能影响自身发展，还可能给他人、家庭、学校和社会带来麻烦。值得注意的是，行为偏差对大学生来说，是突发的、偶然的，也是不可避免的，因此，不能够以某一次行为偏差来判断某个学生品行的好坏。

（四）恋爱心理偏差

恋爱心理是人们在恋爱过程中产生的多种心理现象的统称，一般包括恋爱态度、恋爱动机、恋爱道德、恋爱行为等心理成分。大学生在享受恋爱的同时，可能在认知、情感和行为方面存在心理偏差，包括恋爱态度失真、恋爱动机不纯、恋爱行为失当、恋爱矛盾处理不当。这些恋爱心理偏差会给大学生的感情、生活、学业造成各种消极影响，因此需要引导大学生树立正确的恋爱态度，端正恋爱动机，提高处理恋爱矛盾的能力。

（五）就业心理偏差

大学生的就业心理是指大学生在考虑就业问题，为获得职业做准备及在寻求职业过程中产生的各种心理现象，而大学生就业心理偏差指的是大学生在就业过程中所产生的涵盖认知、情绪、社会心理等方面的各种不良心理现象。激烈的就业竞争压力难免导致相当一部分大学生在就业时产生心理偏差，大学生常见的就业心理偏差包括受挫心理、盲从心理、依赖心理和自傲心理，这些心理偏差对大学生就业有着很大的阻碍作用，必须引起我们的重视。

第三节　大学生的心理健康与教育途径

一、心理健康的概念

健康应该是生理健康和心理健康的协调统一。世界卫生组织认为，心理健康指个体不存在心理变态或心理疾病，能够较好地适应社会生活，且自身人格健全，可以实现自身心理潜能的充分发挥，即自身能够达到的最佳心境。心理健康包括稳定积极的情绪、健全的人格、有理想抱负、人际关系和谐、生活目标明确、自我控制能力高、自我感觉良好等内容。

二、心理健康的影响因素

心理健康的影响因素有很多，综合来说包括生物因素、心理因素和社会因素三个方面。

生物因素包括遗传、疾病、胎内环境和分娩。人的体形、气质、神经活动特点、能力与性格的某些成分，以及一些精神疾病（如精神分裂、抑郁症）都会受到遗传因素的影响。疾病尤其是脑的器质性病变也会影响个体的心理状态，如脑炎、脑血管疾病、脑外伤、脑肿瘤、脑萎缩等会直接导致各种心理异常。另外，胎儿时期的不良环境或分娩过程造成的损伤，也会造成各种心理问题。

心理因素包括自我意识、情绪、动机和人格。自我意识是指个体以自身为对象进行的自我观察和自我评价，一个人对自己的觉察越清晰，评价越客观，社会适应能力就越强。情绪在心理健康中起核心作用，情绪异常往往是心理疾病的先兆。积极的情绪有利于个体处理和解决问题，而长期处于消极情绪中，则会影响心理健康，甚至导致心理障碍。动机具有激发和维持有机体行动的作用，动机冲突往往会引起个体的焦虑。人格因素是心理活动的核心，它包括个体的需要、动机、兴趣、信念、价值观、气质、性格及能力等，人格特征会影响心理健康，如谨小慎微、追求完美、优柔寡断、敏感多疑、心胸狭窄等强迫性人格特征容易导致强迫性神经症。

社会因素包括家庭因素、学校因素、社会环境因素和物理环境因素。家庭是社会的细胞，家庭人际关系、父母的文化程度、教养方式等因素对个体的心理健康都有重要的影响。学校教育对人的智力发展、性格的形成和发展都具有重要的意义，学校的环境和风气、师生关系、教师的教育观念和方法、学习压力、学校对心理素质的认识都会对学生的心理健康产生影响。社会环境是一个人生活的大背景，置身其中的个体或多或少都会受到社会环境的熏染。物理环境是指除人本身以外影响健康及疾病过程的因素，如气候、生存环境、温度、噪声、辐射等。

三、大学生心理健康标准

心理健康与否不仅会影响大学生的学习效率、生活幸福感，还会影响其对未来社会的适应程度。大学生心理健康标准包括以下六个方面：

（1）智力正常。智力正常是大学生能够胜任学习任务、适应环境、和谐地与人交往的心理基础和保证。

（2）情绪健康。情绪健康主要表现为正性情绪多于负性情绪，情绪较稳定，情绪反应适度，善于控制、调节、表达自己的情绪。

（3）意志坚定。意志坚定表现为行为的自觉性、果断性、自制性和坚韧性，意志力较强的大学生具有合理的学习和生活目的，能主动克服各种困难实现自己的愿望。

（4）自我评价正确。自我评价正确是指大学生能对自己作出恰当客观的评价，接纳自我，保持积极的生活态度，努力发展自己的潜能。

（5）人际关系和谐。人际关系和谐是指大学生能够以积极而端正的交往态度与人相交，在人际交往中保持独立而完整的人格，客观评价别人和自己，善于取人之长补己之短，乐于助人。

（6）行为适度。行为适度是指大学生的心理行为符合其年龄特征，行为方式与大多数同龄人相符、与社会角色一致，行为方式具有一贯性。

四、大学生心理健康教育途径

大学生心理健康教育就是根据大学生的心理特点，有针对性地讲授心理健康知识，开展辅导或咨询活动，帮助大学生树立心理健康意识，优化心理品质，增强心理调适能力和对社会生活的适应能力，促进德、智、体、美、劳全面发展。为加强大学生的思想教育和心理健康工作，高校在各个层次展开了心理健康教育。

（一）开设心理健康教育课程

很多高校会面向全体学生开设心理健康教育课程，并将其纳入学校教学计划和新世纪人才培养方案，使心理健康教育工作制度化、规范化，从而对大学生进行全面系统的心理健康教育。通过课程在高校普及心理健康知识，对于有效提高大学生的心理健康水平发挥着重要的作用。

（二）宣传普及心理健康知识

学校可以通过举办心理健康专题讲座或利用媒体、板报、橱窗、广播等宣传手段，普及心理健康知识。例如，充分利用每年"5·25 大学生心理健康教育宣传月""10月 10 日世界精神卫生日"等特殊时间节点，举办丰富多彩的宣传活动，普及心理健康知识，使大学生基本掌握心理健康的标准，逐渐对心理问题有一个全面、正确的认识。高校还可以通过建设大学生心理健康协会等社团，围绕学生的心理健康举行各种各样的活动，激发学生参与心理健康教育活动的积极性，达到学生群体助人自助的目的。

（三）开展个体心理咨询与团体心理辅导

依据学生个体和群体的不同心理需求，高校还要开展个体心理咨询和团体心理辅导。在心理咨询与心理辅导中，心理咨询师以正面、积极的态度无条件接受学生的求助，分析求助学生成长过程中的问题与障碍，启发求助学生辩证地认识这些问题，从危机中看到生机，从挫折中看到成长，帮助求助学生增强对自己的信心及克服困难的勇气，从而获得其德、智及人格上的全面成长。

第四节　大学生心理咨询

一、心理咨询的概念与功能

（一）心理咨询的概念

心理咨询是高校进行心理健康教育的重要途径，它是由受过专门训练的咨询师，运用心理学的理论与技术，通过语言及非语言的交流，给来访者以帮助、启发和教育，使来访者改变认知、情感和态度，解决其生活、学习、工作等方面的问题，促进来访者人格的发展和社会适应能力的改善，其实质是助人自助。

在心理咨询过程中，心理咨询师需遵从六个原则：保密性原则、发展性原则、信赖性原则、整体性原则、异同性原则、预防为主原则。① 保密性原则是指咨询人员有责任对咨询对象的谈话内容予以保密，在没有征得对方同意的前提下，不得将在咨询场合下对方的言行随意泄漏给任何人或机关。② 发展性原则是指在心理咨询中，咨询人员应当关注来访者整体的心理发展特点和趋势，以发展性的眼光来看待来访者的问题，相信来访者有自我调节、自我发展、自我完善的潜能。③ 信赖性原则是指在心理咨询过程中，咨询人员应从尊重、信任的立场出发，努力与咨询对象建立起信任合作关系，以确保心理咨询工作的顺利进行。④ 整体性原则是指在咨询过程中，心理咨询人员要有整体观念，对咨询对象的心理问题进行全面考察、系统分析，既要重视心理活动诸要素的内在联系，又要考虑心理、生理及社会因素的相互制约和影响，以及各种咨询方法的综合运用。⑤ 异同性原则是指在咨询过程中，咨询人员既要注意咨询对象的共同表现和一般规律，又不能忽视其年龄差异、性别差异和个体表现差异，要善于在同中求异、

应环境，应对自身遇到的各种苦恼、挫折。

2. 帮助大学生更好地认识自我

很多大学生的心理问题都是由自我认知偏差造成的。通过咨询，大学生可以真正地认识自己的需要、价值观、态度、动机、个性特征等，并根据自己的心理状况设计自己的行为，从而尽可能快地成长并获得最大程度的进步。

3. 为大学生提供一种建立新型人际关系的机会

真正的心理咨询师必须心理健康，必须具备丰富的心理咨询知识和帮助别人的技巧，全心全意关心和帮助当事人。一些大学生在现实生活中可能缺少与这样的人交往的机会，在他们的生活中，某些人可能关心他们，但不一定持久，或者不一定在心理上比他们健康，而且往往缺乏心理咨询方面的知识和技巧。心理咨询师则更有能力为当事人提供一种健康、有益的人际关系，提供一种建立新型人际关系的机会。

4. 纠正大学生的某些错误观念

有些人总是确信自己的动机和需要是正当的、合理的，认为自己对事物的观察和理解是正确的，从不怀疑自己思想观念的正确性。直到他们遭遇生活的挫折、情绪的痛苦，走进心理咨询室与心理咨询师沟通时，才发现自己的许多观念是不合理的。而纠正这些观念对于解决他们遇到的问题至关重要。心理咨询能够使大学生对错误观念进行思考，并代之以更准确的观念。这不但可以帮助他们解决当前的心理问题，还能让他们看清未来的方向，促进个体自我成长。

5. 及时发现有心理疾病的学生

有少数学生在遇到严重生活应激时，会出现巨大的心理疾病甚至造成危机事件。心理咨询能够及时地发现存在心理疾病的学生，并及时有效地进行干预或治疗，避免病情的恶化或危机事件的发生，防患于未然。

6. 及时了解大学生的思想动态和心理变化

对大学生进行心理咨询是大学生思想政治教育的有益补充和重要组成部分。心理咨询师通过对大学生进行心理咨询，了解大学生的思想动态和心理变化，能够为针对性地开展思想政治教育提供有用信息，从而有的放矢地采取适宜的帮助方式。此外，心理咨询的某些原则和工作方法，也可以为改进思想工作方法提供借鉴。

（二）大学生心理咨询的特点

部分大学生对心理咨询有误解，这里希望通过下述五个"不等式"，帮助大学生了解心理咨询的性质和工作方式，从而打消顾虑，敞开心扉，积极主动地与心理咨询师配合，共同努力，创造积极健康的生活。

1. 心理问题≠精神病

当事人寻求心理咨询表明其具有较高的生活目标，希望通过心理咨询完善自我，而不是回避和否认问题。精神病患者的治疗则以药物治疗为主，处于发病期的精神病患者对自己的疾病没有自知力，更不会主动求医。

2. 心理学≠窥视内心

许多当事人认为只要说两句，心理咨询师就能猜出其心中的想法。心理咨询师没有特异功能，通过视觉获得的信息是有限的，不能凭少量的信息去判断。当事人需要提供真实详尽的信息，当心理咨询师与当事人一起对这些信息进行感受、讨论、分析时，心理咨询的效能就会开始展现。当事人只有详尽地提供有关情况，心理咨询师才能帮助来访者找到问题的症结，共同探索解决之道。

3. 心理咨询≠无所不能

许多当事人将心理咨询神化，似乎咨询师无所不知，无所不能。部分当事人来访两次，没有达到所希求的"豁然开明"的心境，就大失所望，再也不来了。实际上，心理咨询是一个连续的、渐进的改变过程。心理问题常与当事人的个性及生活经历有关，就像一座冰山，积封已久，所以当事人要有打"持久战"的心理准备。

4. 心理咨询≠思想工作

有的人对心理咨询存在一种极端的偏见，认为心理咨询没多大用处，无非是讲些道理，或是做思想工作。思想工作的目的是说服对方服从、遵循社会规范、道德标准及集体意志。心理咨询则是运用专门的理论和技巧寻找心理问题产生的原因，以客观、中立的态度同来访者交谈，而不是进行批评教育。

5. 心理咨询师≠救世主

一些当事人把咨询师当作"救世主"，将自己的所有心理包袱丢给咨询师，以为咨询师应该有能力把它们一一解开，而自己无须思考、无须努力、无须承担责任。然而，咨询师只能起到分析、引导、启发、支持、促进当事人改变和人格成长的作用，无权把自己的价值观和愿望强加给当事人，更不能替当事人改变或做决定。真正的"救世主"只有一个，那就是自己。只有改变自己、战胜自己，最终才能超越自我，达到理想目标。

三、大学生心理咨询的内容与类型

（一）大学生心理咨询的内容

大学生心理咨询主要涉及恋爱问题、人际关系、情绪偏差、学业问题、择业问题、危机干预六个方面。

（1）恋爱问题咨询包括青春期恋爱、爱情心理、择偶辅导、异性交往与亲密关系辅导、失恋与情感创伤辅导等。

（2）人际关系咨询包括人际关系敏感咨询、青少年交往辅导、羞怯心理辅导、异性恐惧、权威恐惧、陌生恐惧、广场恐惧、注视障碍等咨询。

（3）情绪偏差咨询包括焦虑、妒忌、愤怒、哀伤、孤独、社交回避等各种负性情绪辅导，以及各种应激性创伤心理辅导等。

（4）学业问题咨询主要是帮助学生加深对大学教育的认识和激发对专业学习的兴趣，提高时间管理能力，改进学习方法，解决学习过程中遇到的具体困难，帮助学生规划未来学业发展的可能性。

（5）求职择业咨询的主要目的是帮助学生客观地评价自我，发现自身特点和优势，开发职业兴趣，掌握求职方法，提高择业能力，规划未来职业发展道路等。

（6）危机干预是高校心理咨询机构工作的重要内容，其中又以预防大学生自杀为重中之重。大学生自杀的原因很复杂，考试不及格、失恋、经济困难、身体疾病、人际关系紧张等，都可能导致自杀。此外，精神分裂症患者、抑郁症患者自杀的可能性也较大。为了有效防止学生自杀，广大师生与心理咨询专业人员应共同参与，并通过心理普查、建立热线电话等手段进行干预。

（二）大学生心理咨询的类型

根据不同分类方法，大学生心理咨询可以分为不同的类型。例如按咨询的规模可分为个体心理咨询、团体心理咨询；按咨询时程可分为1～3周的短程心理咨询、1～3个月的中程心理咨询、3个月以上的长期心理咨询；按咨询形式可分为心理咨询室（或门诊）心理咨询、电话心理咨询、互联网心理咨询、书信心理咨询等。

这里着重介绍一下根据心理问题的性质来区分的三种心理咨询类型。一是发展心理咨询，这类咨询通常是当事人为了适应新环境，让自己更完善或者有更好的发展状态，因此向咨询师寻求相应的指导性建议，如恋爱问题、人际关系、就业压力等。二是健康心理咨询，这类咨询的对象在现实生活中有各种烦恼和压力，有明显的心理矛盾和冲突，甚至因为心理情绪或挫折引起行为问题、适应问题，心理健康遭到破坏。如新生入学后对环境适应不良而焦虑，因学习成绩上不去而苦闷，因单恋或失恋而不能自拔、过度自卑等。咨询主要是对当事人在学习、工作、人际关系等方面的适应问题提供帮助。咨询的目的是排除其心理困扰，减轻心理压力，提高适应能力。健康心理咨询面对的是那些因为某些社会刺激而引起心理紧张，并且在躯体或情绪上感到困扰的人。他们在心理健康方面已经出现了一些问题，如不及时寻求帮助解决，可能发展为心理障碍。对这些对象进行心理咨询，能帮助他们培养健康人格，预防发生心理障碍和身心疾病。三是障碍心理咨询，咨询的对象已患有某些心理疾患，影响正常的学习和生活，求治心切，如焦虑症、抑郁症、强迫症等。咨询的目的是帮助有心理障碍的当事人挖掘病源，找到对策，克服心理障碍，恢复心理健康。需要注意的是，如果心理问题严重到心理障碍的程度，就必须接受系统的心理治疗并配合药物，心理咨询只是辅助手段。

> 思考
> 练习题

1. 大学生心理发展有哪些阶段？
2. 大学生常见的心理偏差有哪些类型？
3. 简述大学生心理健康的标准。
4. 请结合实际，谈谈大学生进行心理咨询的意义。

第二章　认知与健康教育

　　大学生的认知水平和认知能力随着知识经验的不断丰富已经得到较好的发展，但是认知风格的不同使大学生在自我成长和应对挫折困难时表现出个体差异。不正确的认知发展容易使大学生产生认知偏差，导致自卑、自负、逆反、以自我为中心和过度追求完美等现象或问题出现，对大学生的人格发展、身心健康，以及学业产生消极影响。本章通过了解大学生认知的特征及差异，帮助大学生学会应用认知重构的策略，正确应对认知偏差。这对提升大学生的认知发展有重要意义。

第一节　认　知　差　异

导入案例

　　爱美是人之天性，高"颜值"能为自己带来更多自信，也能带来更多资源和便利，因此到了大学阶段，学生整容已经不足为奇。

　　佳佳同学面对各种整容宣传信息的诱惑，选择进行微整容，她认为只要自己变得足够漂亮，无论在学校还是未来进入社会，自己都会有更强的竞争力。整容之后，她沉迷于同学对她的夸赞与男生的追求，甚至选择贷款继续进行其他整容项目，不仅欠下巨款，学业也被耽误。

　　同班同学阿丽认为整容没错，但是作为学生就该有学生的样子，不应该贪图外表的美丽去借钱、贷款整容。通过美貌的捷径可以获取暂时的成功，但没有知识的积累，没有自内而外的气质，那也只是一副空皮囊，最重要的还是培育灵魂。整个大学期间，阿丽努力学习专业知识，提升自身各方面的能力，同时也学习一些护肤和提升气质的方法，整个人由内而外散发着自信。

　　面对整容的诱惑，佳佳和阿丽同学为什么有不同的认知和选择？

一、学习目标

　　（1）了解和认识大学生认知的特征和差异。
　　（2）认识到不同的认知会产生不同的情绪反应。

二、心理动能解析

（一）认知差异概念

　　认知差异也被称为认知风格差异，认知风格是指人们在活动中偏爱的认知活动方式，它是一种比较稳定的心理特征，存在很大的个体差异。认知风格与学生的个性息息相关，且与学生的情感和动机特征等联系在一起，具有持久性和一致性的特征。常见的认知风格有以下几种：

1. 场独立型与场依存型

美国心理学家赫尔曼·威特金认为，有些人的知觉较多地受他所看到的环境信息的影响，有些人的知觉则较多地受身体内部线索的影响，据此他提出认知风格可以分为场独立型与场依存型。场独立型的学生在判断客观事物时，常常利用内部的参照，不易受外来因素的影响和干扰，能够独立对事物作出判断。场独立的学生似乎比较喜欢理科，喜欢结构严密的教学。场依存型的学生在对事物作出判断时，倾向于以外部参照作为信息加工的依据，容易受周围的人特别是权威人士的影响和干扰，善于察言观色。场依存的学生似乎更喜欢文科，喜欢结构不那么严密的教学。

2. 沉思型与冲动型

美国心理学家杰罗姆·卡根依据个体解决问题时的速度与精确度的偏好，将认知风格分为沉思型和冲动型。沉思型学生在解决问题时常常不急于说出自己的看法，而是先对各种可能的答案进行分析，更强调解决问题的精度而非速度，所以沉思型的人更善于对问题的细节进行思考。沉思型的特点是反应慢、精确性高，但是当他们回答熟悉的、比较简单的问题时，反应也是比较快的。在回答比较复杂的问题时，沉思型的特点表现得更为明显。沉思型学生的信息加工策略多采用细节性加工方式，所以他们在完成需要对细节做分析的学习任务时，学习成绩会更好些。沉思型的学生阅读能力、记忆能力、推理能力、创造力等方面都表现得比较好。冲动型学生则常常以很快的速度形成自己的看法，在解决问题时往往强调速度而非精度，冲动型的学生更善于从整体角度思考问题，完成需要做整体性解释的学习任务时，学习成绩会更好些。但是，冲动型学生会出现阅读困难，常伴有学习能力缺失，学习成绩不太好。因为阅读、推理需要细心分辨，粗心大意的学生会处于不利的地位。

3. 辐合型与发散型

辐合型认知风格的学生在解决问题的过程中常表现出辐合思维的特征，表现为搜集和综合信息与知识运用逻辑规律，缩小解答范围，直至找到最适当的唯一正确的解答，从多到一。发散型认知风格的学生在解决问题的过程中表现出发散思维的特征，表现为个人的思维沿着许多不同的方向扩展，使观念发散到各个有关方面，最终产生多种可能的答案而不是唯一正确的答案，因而容易产生有创见的新颖观念，从一到多，我们通常所说的"一题多解"就体现了发散型的认知风格。

4. 同时性与继时性

达斯等人根据脑功能的研究，区分了同时性与继时性的认知风格，他们认为，左脑优势的个体表现出继时性加工风格，而右脑优势的个体表现出同时性加工的风格。继时性认知风格的学生在解决问题时，能一步一步地分析问题，每一个步骤只考虑一种假设或一种属性，提出的假设在时间上有明显的前后顺序。同时性认知风格的学生在解决问题时，采取宽视野的方式，同时考虑多种假设，并兼顾到解决问题的各种可能。同时性和继时性不是加工水平的差异而是认知风格的差异。

（二）影响大学生认知风格发展的因素[①]

1. 早期父母教养方式对大学生认知风格形成的影响

父母教养方式对儿童发展的影响是综合的、多方面的。有关父母教养方式对儿童认知风格发展的影响，国外有研究者认为，民主型的教养方式有助于儿童形成场独立型认知风格，而专制型的教养方式有利于场依存型认知风格的形成。国内研究者李寿、李波研究认为，不同认知风格学生的家庭教养方式确有不同，但表现在不同的因素上。父母采取管制严厉的教养方式，易促使儿童向场依存型认知风格发展；父亲对子女采取偏爱的教养方式，有助于儿童向场独立型认知风格发展。研究结果还表明，母亲采用拒绝否认这一教养方式，有助于儿童发展成场独立型认知方式。

2. 个性对认知风格的影响

赖丁和戴尔发现，在 12 岁儿童身上，早期测量的言语—表现风格与内外倾之间存在相关性，在男童群体中相关性是 0.67，在女童群体中相关性是 -0.67。赖丁和威格雷在一项以 340 名学生为被试的研究中，同时使用了认知风格分析系统与测量个性态度的问卷，发现具有生理基础的个性有别于认知风格，但是他们以认知风格为中介对行为产生影响。熊晓东在场独立型—场依存型认知风格与内外向性格对数学学习影响的研究中，进一步发现场独立性与内向性格呈正相关，认为极端场独立者一定是典型的内向性格者。同样，要改变学生的场独立型认知风格，与改变其内向性格一样，是很难完成的。

3. 性别对认知风格的影响

大量的研究表明，在信息加工任务的成绩方面存在性别差异。威特金等发现，在棒框测验中，成年男子比成年女子表现出更强的场独立性。许多研究认为，在西方社会和其他文化背景下，男性角色表现得比女性角色更独立。整个社会中，性角色差异可以一代一代传下去。张厚粲、郑日昌等人的研究发现与国外的结论是一致的，即场独立性随着年龄而增长，男性比女性更具场独立性。而侯公林等人的研究发现，在同一群体中，男性可能比相同条件下的女性更具场独立性，但这种性别差异只限于某种特定的条件下，并不具有普遍意义。即使条件相同的女性，在处于不同环境中时也会表现出不同的认知风格。也就是说，这种差异是来源于文化因素还是生物因素的影响，又在多大程度上受到具体情境的影响，还无法确定。

三、心理行为活动设计

（一）活动名称：角色扮演

通过角色扮演活动，大学生可以感受到不同的认知会带来不同的情绪体验，不同的情绪体验会导致不同的身体反应，进而认识到人生是个选择的过程，自己为自己的认知

---

① 白小薇：《大学生认知风格的影响因素分析》，《新西部（下半月）》2009 年第 8 期，第 175—176 页。

选择结果负全责。

(二) 活动设计

（1）分组。将同学们随机分成三人一组进行角色扮演。

（2）写出事件。每人写一件自己曾经的烦心事件。

（3）角色扮演。三人分别扮演凡人、天使和恶魔的角色。分享自己烦心事件者为凡人，其他两位为天使和恶魔。

凡人、天使和恶魔分别从积极和消极的角度，对凡人的烦心事件进行评价。例如，凡人说，"真倒霉，我的开水瓶被偷了"；恶魔说，"你一直都很倒霉的，上次也弄丢了从图书馆借的书，还被罚了款"；天使说，"大家都一样，都会碰到这种事，丢了换个新的更好，你那个已经很旧了，迟早有一天也会坏的嘛"!

引导感受：

① 当你扮演凡人时，听到恶魔和天使的评价分别有什么情绪和身体反应？

② 当你扮演恶魔时，自己有什么感受？你感受到凡人有何情绪和身体反应？

③ 当你扮演天使时，自己有什么感受？你感受到凡人有何情绪和身体反应？

（4）三个人轮流交换角色，每人都应担任三个角色。

引导思考：为什么面对同一事件，不同的角色会产生不一样的感受和反应结果呢？他们在认知上有什么不同呢？

四、体验感悟分享

（1）扮演不同角色时的感受有什么不同？

（2）为什么面对同一事件不同的角色会产生不同的情绪和身体反应？

（3）什么样的认知会对自己产生积极的影响？

五、教师总结点评

(一) 正确认识个体认知差异

大学生的自我认知过程是随着个体自我发展逐渐形成的。在发展过程中的客观因素（包括成长环境和学习环境等）对个体的认知能力发展会产生潜移默化的影响。而且，个体的认知发展在受到客观因素影响的同时，还会受到情绪和人格特质等主观因素的影响。大学生自我认知过程是一个不断循环、交互影响的复杂过程，尤其是自我认知水平与各主观因素间相互作用明显，这就导致个体的认知发展存在明显的个体差异。角色扮演活动能够帮助同学们从"局外人"的角度客观评价自我认知，理解个体的认知差异是客观存在的。正是由于认知差异的存在，才使得每个人都是独一无二的，都有个体的特质。正如罗曼·罗兰所写："每个人都有他隐藏的精华，和任何别人的精华不同，它使人具有自己的气味。"

（二）在认知差异之间寻找意义

世界上没有完全相同的两片叶子，同样地，世界上也没有完全相同的两个人，每个人都有自己独特的认知风格，因此我们要尊重每个人的认知差异。首先，要尊重和接纳自己的认知差异。尊重和接纳自己的认知差异有利于接纳自己、认可自己，建立自信。其次，尊重和接纳他人的认知差异。从心理和思想上接纳他人的认知差异，并在行动上体现出来，有利于建立和谐、良好的人际关系。最后，从他人认知差异中启迪新认知。要养成觉察自我认知与他人认知不同，从而拓宽自我认知的习惯。了解他人认知的意义和价值，将他人认知中有意义和价值的部分与自我认知交融起来，生成新的自我认知，长此以往，就能持续地最大限度地拓宽自我认知，发展强大自己。

（三）突破认知瓶颈发展自己

人的一生是一个修行的过程，是一个由无知到有知、由知之甚少到知之甚多的过程，是一个不断吐故纳新、突破认知瓶颈、更新换代新思维新理念新方法，从而不断强大自己的过程。人体会在半年内更新掉身体的98%组织的细胞，除了极少数细胞，全身细胞6~7年都会进行大规模的更新换代。通过新陈代谢、以旧换新，我们的身体随时保持着充满活力的状态。人的生理如此，认知更要如此。我们要敢于和善于打破自己的认知瓶颈，不断吸纳新思维、新理念、新思想、新理论、新方法、新技能。过去，我国民间有"人过三十不学艺"的说法，但随着我国经济的飞速发展和社会文明的进步，许多企业家、公务员、教师、医务工作者、技术工人，甚至专职妈妈、专职太太们，几乎所有的中年人都在参加各种各样的培训班和学习网络课程，许多人都是自费学习。老年人也不示弱，在不断地寻找机会学习，全国各级各地都建立了老年大学。终身学习和终身教育已经成为当今社会人们生活中不可或缺的一部分，甚至成为一种时尚。大学生更要针对自己不同的认知差异，采取不同的认知提升策略，有效地促进自己的认知发展。如对自卑型认知的学生，更适合采用由表及里、循序渐进的自我认知提升策略，通过加强自卑个体的各项心理建设，有效提升整体的自我认知水平。对于自傲型认知的学生，更适合采用浅层认知和思想深度认知相结合的认知提升策略，甚至必要的时候，采用打击式教育模式，削弱错误认知的影响。

六、活动效果强化

（1）成长宣言（全体起立，高呼三遍）："人生是认知进化的过程，我积极拓展新的认知！"

（2）个人作业：写出自己选择积极认知的一个事件。

（3）小组活动：分享形成积极认知的方法。

七、拓展阅读参考

读《习近平的七年知青岁月》
做有时代担当的新青年

人的一生被划分成了很多的阶段，每个人在不同阶段经历的差异成就不同的人生轨迹。青年是一个人成长的黄金时期，这意味着青年时期的经历对人一生的成长发展有至关重要的作用。

《习近平的七年知青岁月》这本书为我们再现了青年习近平扎根陕北黄土高原，七年来同人民群众同甘共苦、情同手足、血肉相连、鱼水交融的青春面貌。本书通过访谈生动描绘了青年习近平矢志不渝的理想追求和爱国为民的家国情怀。

作为新时代成长的青年人，品读此书能够从小故事中读出大道理，从口述史中洞察大时代，从真情怀中感受大担当，从奋斗史中汲取大智慧。毋庸置疑，本书意义非凡，对青年来说更为意义深远。它是当代青年人树立正确人生观、价值观的鲜活教材，也是当代青年人励志成才的重要典范，还是当代青年人绽放青春光芒的党史宝典，更是当代青年人汲取真理光辉的精神宝藏。

艰苦奋斗　磨砺七载

1969 年，从北京同乘一列火车去插队的知青，大多数在插队一到两年内就陆陆续续离开了，而习近平在陕北一待就是七年。中央党校常务副校长何毅亭在书中提道，习近平是"年龄最小、去的地方最苦、插队时间最长的知青"。万事万物都有一个发展过程，每个人也都有一个历练和成长过程，虽然没有"天生伟大"这一说，但习近平七年来经历的恶劣的自然条件、繁重的生活劳动、严酷的政治考验、巨大的心理压力，磨炼了其坚毅刚强的意志品质、顽强拼搏的奋斗精神和勇于担当的品格风范。"故天将降大任于是人也，必先苦其心志，劳其筋骨，饿其体肤，空乏其身，行拂乱其所为"，先贤的这句话在习近平总书记身上得到了完美的印证。

实事求是　干在实处

习近平在梁家河村不到两年的时间内，办沼气、办铁业社、办磨坊、种烤烟、办代销店、打井、搞河桥治理、打 5 大块坝地等。对无所事事的人来说，两年时间很漫长，但若想在两年内做出这么多大事实事，两年时间又实在太短。每件事情都不是特别大的事，但是把所有事情集中起来就有很大很显著的效果。习近平在梁家河村做的每一件事都是之前村子里从未有过的事，每一件事都是便民惠民的事，每一件事都是身体力行、苦干实干做出来的事，充分体现了青年习近平苦干实干精神和勇于担当精神。习近平在艰苦时期的苦干实干，为百姓做实事，切实解决了老百姓的生活需求，解决了人民生活的后顾之忧。干在实处，取得实效，正是空谈误国、实干兴邦的真实写照。

坚定理想　绽放青春

2013 年习近平总书记寄语青年，"青年时代，选择吃苦也就选择了收获，选择奉献也就选择了高尚。青年时期多经历一点摔打、挫折、考验，有利于走好一生的路。要历练宠辱不惊的心理素质，坚定百折不挠的进取意志，保持乐观向上的精神状态，变挫折为动力，用从挫折中吸取的教训启迪人生，使人生获得升华和超越。"习近平"从15岁刚到黄土高原时迷惘、彷徨，到22岁离开时，已经有着坚定的人生目标，充满自信"。七年来，习近平贴近黄土地，贴近农民，下决心扎根农村，立志改变梁家河的面貌，在这七年时间里，他靠自己的苦干实干做出了一番成绩，在实干中找到人生的目标和方向。当今社会的发展一日千里，很多青年在社会的高速发展中迷失方向，我们从习近平的知青经历中学习到，年轻人要不畏困难，脚踏实地，苦干实干，经受考验，在努力实干中寻找自己的定位和方向。

情系人民　磨砺初心

为群众做实事的信念在习近平的七年知青岁月里就已悄然扎根，"七年知青经历是习近平总书记治国理政思想的历史起点"。习近平总书记的七年知青岁月让我们可以更加系统、准确地把握习近平新时代中国特色社会主义思想的精神内涵，更加全面、历史地认识到确立以习近平总书记为全党核心的重大意义，更加深刻、直观地领会"人民对美好生活的向往，就是我们的奋斗目标"的精神所在，更加具体、清晰地理解"用自己的辛苦指数换取群众的幸福指数"的执政为民情怀。习近平总书记不忘初心、始终如一的执政为民情怀与目前的"厕所革命"是呼应的。五十年前，习近平在梁家河做知青时就进行过厕所整改，此后，从河北到福建，从浙江到上海，都一直高度重视这一问题。党的十八大以来，习近平总书记三年两次重要指示"厕所革命"，充分体现了习近平总书记对百姓民生问题的高度关切，彰显了习近平总书记"民生之事无小事，民生之事一抓到底"的执政为民情怀。

矢志奋斗　砥砺前行

青年有理想，国家才能有希望，青年有信念，民族理想才能实现。七年的知青岁月将青年习近平与黄土高原和基层百姓深深融合到了一起，其矢志不渝的理想追求和爱国为民的家国情怀促使他在大学毕业后果断走向穷困人民、走进基层百姓，选择到祖国和人民最需要的地方去。青年习近平从破旧的农村通过苦干实干走进繁华的大都市，大学毕业后又从繁华的大都市主动回到农村，其青春再次绽放在祖国和人民最需要的地方，是我们学习的光辉楷模和榜样。这是有大抱负、有大气魄、有大本事、有大勇气、有大责任感和大使命感的人，才能作出的选择。

习近平总书记七年的知青岁月以坚强的意志克服了当时的严酷考验与巨大困难，准确把握了当时的时代际遇与历史潮流，在艰难的岁月里爱学习、能吃苦、有追求、办实事、重辩证、敢担当，充分体现了强烈的历史担当精神和鲜明的创新创业精神。习近平总书记七年的知青岁月告诉我们，当代青年要树立与这个时代主题同心同向的理想信念，勇于担当这个时代赋予的历史责任，不忘初心、励志勤学、刻苦磨炼、敢为人先，将个人的理想追求融入国家和民族的事业中，争做实现"两个一百年"奋斗目标的历史见证者和全程参与者，争做实现中华民族伟大复兴中国梦的坚定实践者和奋力开拓者。

（资料来源：长安街读书会，任威严、徐铭拥，中国青年网，2017 - 12 - 07，有改动）

第二节　认 知 偏 差

　　小王，男，大一学生，曾在高中二年级担任班级纪律委员。当时，他在处理一起班里的纪律问题时，不但没有得到老师的肯定，还遭到几位平时很要好的同学的打击报复，从此，他便情绪低落，感到好人难做。去年考入大学后，小王情绪基本稳定。一个月前，班里的副班长因考勤问题而被同学骂，突然，高中时被打击报复的经过一下子浮现在他的脑海里，加上大学里的一些其他事情的影响，小王顿时陷入痛苦之中。又由于缺乏社会层面的帮助，小王在学习、社交活动等方面受到了一定的影响。

　　小王因哪些认知偏差而产生了负性情绪？应当怎么帮助小王进行调整？

一、学习目标

　　（1）了解认知偏差的类型与容易造成的不良后果。
　　（2）认识到改变认知偏差的意义和价值。

二、心理动能解析

（一）大学生常见的认知偏差类型

1. 自负与自卑

　　自信是个体的自我肯定和对自己能力的相信，是个体对自己能成功应对一件事情所持的积极信念。孔子曾言："吾心信其诚，则无坚不摧。"自信是一种良好的品质，培养大学生的自信对个体健全人格的形成有重要意义。但是过度的自信就是自负，自信心不足则表现为自卑。自负和自卑是两个极端，都对个体自我意识的发展起消极作用。

　　根据大学生的行为特征，大学生的自负和自卑表现为自我夸大和自我贬损[①]。自我夸大型的大学生对自我评价较高，往往脱离客观实际，以理想自我代替现实自我，虚荣心强，心理防御意识强，缺乏自知之明，常常认为自己是对的，别人是错的，容易把自己的意志强加给别人，不能与人和睦相处。在日常生活中具体表现为情绪冲动，忘记现实自我而沉浸在理想自我中，或者表现为自吹自擂，自我陶醉，却不为实现理想自我付出努力。自我贬损型的大学生对自我评价较低，没有价值感，不接纳自己，否定自己，在日常生活中遇到事情总是退缩、逃避，没有主见。他们不仅排斥自我，甚至时常自我放弃，缺乏朝气，没有激情，随波逐流，生活没有目标，缺乏进取之心。自我夸大型和自我贬损型大学生的共同特点是自我评估不正确，理想自我不健全，缺乏实现理想自我

---

　　① 郭邵敏：《大学生自我认知偏差研究》，《新乡学院学报（社会科学版）》2010 年第 6 期，第 215—217 页。

的行动，都是不健康的自我整合。

2. 逆反与从众

大学生处于即将步入社会的准备阶段，他们有抱负、有追求、成功欲望强烈，但是个人的知识储备和实践经验不足，导致他们常处于困惑矛盾的状态中。为了更好地引起他人的关注，他们在行为上会表现出标新立异或随波逐流，就是通常所说的逆反和从众。由于自我意识的急剧发展，大学生要么表现出充满热情、勇于创新的特点，常常以独特的言谈举止彰显自己的与众不同；要么因为他们的独立性、自制力和明辨是非的能力发展不足，在群体的影响和压力下，容易放弃自己的意见而采取和多数人一致的行为。

有强烈逆反心理的大学生，常对正面宣传做反面思考，对榜样和先进人物无端否定，对不良倾向产生情感认同，对教师、家长和周围事物持消极、冷漠、反感甚至抗拒的态度。过分的逆反心理阻碍了大学生学习新的或正确的经验，不利于大学生健康成长和成才。另外，受所处群体的影响，大学生在个人意见与大多数人不一致时会感到紧张。每个人都有获得群体归属感的需要，而这种紧张感就来自对偏离群体的恐惧。而且当大学生自信心不足、缺乏主见时，思想上就会表现出犹豫不决，行动上易受他人暗示，从而很容易放弃个人观点而盲目顺从他人意见，形成随大流心理。盲目从众会导致大学生的创造性被扼杀，个性被压制，思维变得因循守旧，缺乏主见。

3. 以自我为中心

大学生心理上处于逐步成熟而又未成熟的"准成人"阶段，其自我认识和自我评价已经有了较大的增强和提高，但是依然会表现出自我关注倾向。以自我为中心的人往往凡事从自我出发，只关心个人的兴趣和利益，不能设身处地为他人着想，好把自己的意志强加于人，习惯让别人服从自己、迁就自己，而自己却不愿意为别人受委屈，造成人际关系不和谐。

当代大学生"以自我为中心"的特征表现为以下三个方面。① 追求绝对的自由。自由指个体免于恐惧、免于伤害和满足自身、实现自我价值的一种舒适和谐的心理状态。这就赋予了自由"为所欲为"的权利和不伤害他人的责任，但过分关注自我的大学生曲解了自由的含义，强化了个人的权利而弱化了个人的责任，我行我素，放任个人的思想和行为。② 只关心个人得失。受社会影响，当代大学生多为独生子女，个体发展具有时代和年龄特征。他们在性格上多表现出任性的一面，在行为上则表现出自私的一面，比较计较个人得失，有私心杂念，不讲公德，只关心个人的兴趣和利益，而忽视他人的兴趣和利益。③ 陷于自我陶醉心理。社会对大学生群体给予很高的赞誉和期待，大学生被看作"天之骄子"，这使得大学生认为自己是"特殊的"。过度的自我陶醉行为被称为自恋。极端的自恋是不健康的，不健康自恋的人不会为他人着想，他们在夸奖别人的同时，总是要表明自己更优秀，甚至不惜贬低他人来标榜自己。他们在日常生活中总是对针对自己的批评反应强烈，过高估计自己的重要性，夸大自己的成就和才能，容易嫉妒他人，因此，他们一般心情抑郁，经常为自己如何行事和别人怎样看待自己而苦恼，对他人的评论十分敏感。

4. 过分追求完美

完美主义是指与现实情境相比，个体对自己或他人提出高标准的要求，甚至是苛刻异中求同，努力做到二者的有机结合。⑥ 预防为主原则是指心理咨询人员不仅应重视咨询对象心理问题或心理障碍的诊治工作，更应重视心理卫生知识的宣传和普及，使人人都重视心理健康问题，这样才是做好了心理咨询工作。

（二）心理咨询的功能

心理咨询不仅在缓解心理冲突、消除心理矛盾、疏泄负性情绪、挖掘生命潜能方面有着独特的价值，而且能为人们提供改变自我、发展自我、完善自我的机会，使人们获得一种新的学习经验，有助于人的自我成长。具体而言，心理咨询有以下功能：

1. 关怀与支持

使当事人深化对自我的认识。认识自我是一个艰难的历程，只有极少数人能充分认识自我。很多人自以为看清了自己，但实际上并非如此。借助心理咨询，来访者可以澄清自己的需要、态度、动机，了解自己的长处和短处。

2. 觉察与了解

协助当事人纠正某些错误观念。每个人都生活在自己的观念所创造出来的认知环境中。很多当事人都或多或少地存在一些错误观念，只有消除这种错误观念才能解决他们的问题。当事人常常是"不识庐山真面目，只缘身在此山中"，心理咨询为他们提供了一个对自己固有的观念进行审视、思考、改进的机会。

3. 改变与行动

促成当事人有效面对现实。当事人常常看不清自己的问题偏差所在，这使得他们在面对现实生活中的种种问题时，常采用一些无效的应对方式。心理咨询可以帮助当事人更加全面、客观地认识自己和自己的行为，并改善自己的应对方式去解决所面临的问题。

4. 智慧与爱心

建立新型的人际关系。成功的心理咨询师其自身心理是健康的，具有丰富的专业知识和助人技巧。当事人在现实生活中能与这样的人交往的机会并不多。心理咨询师能够与当事人建立一种良好的关系，这对推动当事人正常成长和顺利发展有积极意义。

二、大学生心理咨询的意义与特点

（一）大学生心理咨询的意义

大学生心理咨询不仅为保护大学生的身心健康所必需，而且是塑造其健全人格、开发其潜能的强有力手段，有助于大学生人格的成熟，使他们勇于承担自我责任，充分发挥自己的创造力，防治心理疾患，以乐观、昂扬的精神面貌去接受人生的种种挑战。具体来讲，大学生心理咨询的意义主要有以下六个方面。

1. 帮助大学生面对问题、解决问题

当代大学生时常面临繁重的学习任务、复杂的人际关系和激烈的社会竞争，以及价值观念未确定所带来的思想困惑。如果不及时进行自我调整，又得不到外界有效的帮助，就会加重这些不适应，甚至引起心理障碍。心理咨询为大学生提供了一个倾诉内心烦恼、忧虑、痛苦的场所，帮助他们积极调节个人的心理状况，建立新的平衡，学会适的要求。这种高要求与恐惧失败相联系，恐惧导致回避行为，而回避行为意味着一个人必须不断地处于警戒和防御状态，以避开他所恐惧的事物，因而出现了完美主义的行为成分，导致产生适应上的障碍。

大学生群体被认为是社会期望和个人期望都比较高的一个群体，经常会表现出追求事物尽善尽美的行为。追求完美的大学生对自己持过高的要求，期望自己完美无缺，却不顾自己的实际状况。他们不能容忍自己"不完美"的表现，对自己十分苛刻，只接受自己理想中的"完美"自我，不肯接纳现实中平凡的或有缺点的自己，其后果往往适得其反，使其对自己的认识和适应更加困难。

（二）大学生认知偏差的消极影响

1. 影响健全人格的形成

存在严重认知偏差的学生，对其自身能力存在错误定位，容易产生自负或自卑心理，进而影响个体的人际和谐。如认为自身能力低于常人的学生，在对现实自我不满的同时，又没有足够的动力去改变当下的情况，实现理想自我，就会产生不自信的倾向。严重者会放任自流，失去目标，产生自卑心态。

2. 影响学生的身心健康

认知偏差对个体身心产生影响的关键因素在于个体的评价方式。认知评价是指个体从自己的角度对遇到的生活事件的性质、程度和可能的危害情况作出估计的过程。由于个体的认知类型不同而导致的评价过程、程度及风格差异会影响个体的情绪状态和动机水平。如冲动型的学生一旦遭遇挫折，更容易采取攻击性行为发泄内心的不满和失意，对自己和社会都会产生负面影响。如果学生对经历的负面事件存在错误的认知评价，而又感到无力应对时，应激状态就会产生，严重者会产生抑郁情绪。

3. 影响学生的学业

存在自我认知偏差的学生可能会作出错误的决策。对学生群体而言，错误的认知会直接影响其学习和生活，使其难以选择适合自己的方式展开学习。进一步而言，存在自我认知偏差的学生可能会模糊对未来的选择和判断，影响积极目标的建立。

三、心理行为活动设计

（一）活动名称：高台背摔

通过高台背摔活动，学生可以感受到不同认知会导向不同结果，认识到认知是自己的选择，选择了积极的认知，结果就会发生较大的变化。

（二）活动设计

（1）分组：20 人以上为一组，至少 16 位组员作为人床，其余同学作为背摔组。

（2）布局：背摔组组员轮流站在 1.6 米左右高的高台上，背对着人床组。人床组组员在其身后的高台下用双手做保护，接住倒下的学员。

（3）要领：

① 背摔者动作要领：背摔者背对人床组站在背摔台边，两脚并齐，站在台子的边缘。

背摔者两手前举掌心相对，向内翻转手掌，拇指向下，双臂交叉，掌心相对，手指交叉握紧，然后将双手向内翻转抱于胸前。脚后跟探出背摔台，身体向人床组后倒，后倒时身体借助自身重力缓慢后倒，不可跳跃，双手不可以松开，并要始终保持双脚并拢，膝盖及腰部要挺直，微微低头的姿势。

② 人床组动作要领：人床组承担着保护背摔者的安全工作。按身高分成两人一组，面对面站在背摔台下两侧，组与组同学肩膀贴紧，彼此紧密排列，组成一个"软床"，整个过程中不能松开手。双腿成左弓步，膝盖内侧靠紧。两臂伸直前举，手心向上，搭于对方肩上。头后仰斜看背摔同学，并注意观察背摔同学的动作，以便及时调整位置。在背摔同学倒下时，手臂一定要用力伸直，全力接住背摔同学。接住后，要将背摔同学的脚先放下，然后再将其扶正站稳。

（4）人床组作为保护者，两组同学中间的地面放上保护垫，做好安全防护。

引导思考：此时背摔同学有什么感受？内心有什么想法？

（5）背摔组女生先背摔。听老师口令，背摔组女生先进行背摔。身体笔直、背朝人床倒下。人床组稳稳接住背摔同学保持 3 秒之后，将其双脚放下使之安全站立。

引导思考：

① 背摔成功吗？为什么有的女生背摔成功，有的女生背摔未能成功？

② 背摔成功的同学在背摔前后有什么想法？他们相信人床安全吗？

③ 背摔不成功的同学在背摔前后有什么想法？他们相信人床安全吗？

（6）若有背摔同学没有背摔成功，请人床组同学向背摔同学详细介绍"人床"的安全组成情况，让背摔同学充分信任人床的安全性，并给予鼓励。

（7）没有成功的背摔同学在听了关于"人床"安全性的介绍后重新背摔。

引导观察：

背摔同学听了人床组同学的安全性介绍之后有什么表现？为什么转变了由不信任到信任的认知后顺利完成背摔？

（8）背摔组男生背摔。背摔组女生背摔结束后男生依次背摔。方法流程同上。

（9）人床组与背摔组交换角色。

（三）道具准备

厚软垫、1.6 米左右高台。

四、体验感悟分享

（1）你做背摔者时的心路历程是怎样的？认知和情绪分别发生了什么变化，原因是什么？

（2）你做人床组保护者时做出了怎样的努力？内心有何感受？最想向背摔者说的话是什么？

（3）认知偏差对整个活动有何影响？

五、教师总结点评

（一）学会正确地认识自己

美国社会学家大卫·邓宁与贾斯丁·克鲁格通过实验证实个体对自身认知存在偏差。能力较低的学生会因为自身错误的认知，对自我评价过高或对事物有所误解，而能力较高的学生往往会低估自己的水平。因此，要学会正确认识自己，采取合适方式评价自己，才能够有效地阻止邓宁-克鲁格效应出现，避免过度的自我认知偏差。大一新生容易高估自己的能力，忽视自身的缺点和认知偏差的存在；并且由于自尊心强，不服输，不愿意面对失败，漠视群体合作能力和团队精神的重要性，最终往往招致失败。要避免这一点，就要理解个体由于经历和成长环境的不同会带来认知偏差的必然存在，尝试调整自己的认知偏差，放下过度的自尊和自信，调整过度的不自尊和不自信，相信团队合作的力量，坚定战胜困难的决心和信心，不断成长和发展自己。

（二）提升个体心理承受力

哲学家叔本华说过：事物的本身并不影响人，人们只受事物看法的影响，我们可能无法左右事情，但我们至少可以调整心情。大学生在生活和学习中不可避免地会遇到困难和挫折。遭遇这类应激事件时，心理承受力强的大学生能够更有效地缓冲应激事件所带来的心理上的冲击，更容易摆脱消极状态。反之，心理承受力较弱的大学生在遇到困难和挫折时，会感到更大的压力，面对挫败时会感到伤心和痛苦，心理上受到更多的负性情绪影响。因此，在压力过大时要学会放松，适当地在合适的场合抒发个人的情绪，但同时要学习在失败中再次站起来的精神，不必因偶尔的失败就全盘否定自己，有时在调整、更新了新的认知，学习了新的方法后，就会重新走向成功，高台背摔活动的经历充分证明了这一点。

（三）塑造积极的人生态度

人生态度的积极或消极源自自我选择，会直接影响人生的成功和失败。积极向上的人生态度是大学生需要选择的思维方式和能力素养，是人生走向成功的重要心智。同学们要多寻找成功的范例，多向愈挫愈勇者学习，创造自我历练的机会，成功了就奖赏自己，看看电影、吃吃美食、外出游玩；失败了就嘉奖自己敢于探索、勇于挑战自己的勇气，不断增强自信心。同学之间也要营造积极向上的成长氛围，如果发现某位同学敢于挑战自己，不管成功与失败，都要鼓励；如果发现同学挑战或改变自我成功，就要请他分享感受，以一人的成功激励更多同学尝试挑战，试图战胜自己，共同发展进步。

六、活动效果强化

（1）成长宣言（全体起立，高呼三遍）："成功的人生取决于正确的认知！"

（2）个人作业：审视自己的认知偏差有哪些。

（3）小组活动：讨论小组成员常遇到的认知偏差有哪些。

七、拓展阅读参考

钱学森：报效祖国　矢志不渝

1955 年初秋的一天，侨居美国的著名工程物理学家钱学森携妻子蒋英和两个孩子从旧金山登上"克利夫兰总统号"轮船回中国。抵达香港后，他们受到来自祖国的科学家们的热烈欢迎。随即搭乘火车转往内地，回到了魂牵梦萦的祖国。

谁能知道，为了实现回国的愿望，这位世界闻名的导弹专家曾经历了五年多的磨难。钱学森是上海人，1929 年毕业于北京师大附中，后进上海交大学习，1934 年考取清华大学第二届公费留学生并于第二年夏天赴美留学。此后，钱学森在加州理工学院、麻省理工学院学习和工作，由于在空气动力学和超音速飞行方面的卓越成就，36 岁时便已成为麻省理工学院最年轻的终身教授。其间，他曾随美国空军顾问团去考察纳粹德国的导弹技术，被美国空军授予上校军衔。钱学森在国外事业有成，生活优裕。然而，大洋彼岸祖国的风云变幻，却时时牵动着他的赤子之心。

1949 年 10 月 6 日，钱学森夫妇和十几名中国留美学生在加州理工学院附近的一个街心公园共度中秋佳节，他们兴奋地谈起新中国成立的特大喜讯，商议着如何早日回国服务。第二年夏末，钱学森将行李以及 800 公斤重的书籍、笔记本装上即将开往香港的美国"威尔逊总统号"海轮，随即准备全家乘坐加拿大太平洋公司的飞机回国。然而此时，美国已掀起麦卡锡主义的反共浪潮，钱学森被无端地怀疑为共产党。根据五角大楼（美国国防部）的指示，美国海关非法扣留了钱学森的行李和书籍，移民局通知他不得离境。美国一位海军次长甚至咆哮道："钱学森无论在哪里，都抵得上 5 个师，我宁可把这家伙枪毙了，也不让他回到中国！"由于政治上的原因，他们不愿意看到一个极具军事价值的世界一流火箭专家回到新中国。9 月 9 日，美国联邦调查局逮捕了钱学森，把他关押在特米那岛上的拘留所进行残酷的折磨。后来，由于钱学森的抗议和美国友人的帮助，移民局不得不将其释放，但仍然对他进行监视。

美国当局的蛮横阻拦并没有锁住钱学森的归国之心，他和夫人蒋英继续采取各种方式进行抗争。回到加州理工学院后，钱学森便潜心进行工程控制论的研究，1954 年在美国公开出版了 30 余万字的英文版《工程控制论》。钱学森之所以进行这项研究，一方面是以此显示中国人在工程技术上的才华，另一方面则是要让美国当局看到他已经改变了原来致力喷气推进的研究方向，消除他们不让他回中国的借口。夫人蒋英是一位在中国出生、曾到德国留学的歌唱家，她十分理解丈夫的处境和心情。那时候，美国联邦调查局的人员经常闯入钱学森的办公室和住地。为了防止意外，她不惜荒废了自己的专业，毅然留在家中操持家务，以便照料丈夫和孩子。在那艰难的岁月里，钱学森总是在家里摆好 3 只轻便的箱子，以便随时可以动身回国。

1955 年 6 月，钱学森摆脱特务的监视，在一封写在小香烟纸上寄给比利时亲戚的家书中夹带了一封给时任全国人大常委会副委员长陈叔通的信，恳切要求中国共产党和政府帮助他回国。信件很快转送到了周恩来总理的手上。1955 年 8 月 1 日，中美两国在日内瓦举行大使级会谈，就两国侨民问题进行了具体的商谈。中国方面以释放 11 名美国飞行员战俘的条件并亮出钱学森来信要求协助回国这一铁证，要求美国方面不再阻挠钱学森等中国留美人员回国。在中国政府的交涉下，美国移民当局最终不得不同意放行钱学森。

由于钱学森的回国效力，中国导弹、原子弹的发射至少向前推进了 20 年，钱学森也因此被西方人誉为中国的"导弹之父"。

（资料来源：人民日报海外版，2009－05－05）

第三节 认 知 重 构

导入案例

小娜，女，大二学生，身体健康，学习成绩一般。父亲残疾，脾气比较暴躁。母亲是普通工人，虽家境比较困难，但很关心女儿学习。小娜总是沉默，从不主动和别人打招呼，更少微笑。小娜怕同学看不起自己，因此从来不在同学面前聊家里的情况。有时她也想交朋友，可总害怕同学嫌弃她，或者带着目的与她交往。上课的时候她会记大量笔记，老师说的每一句话她都想写下来，总害怕一下课便什么都忘了。班主任找她谈过几次，可她总是控制不住，害怕遗漏，考试时很多题目她都清楚，为了不出错总是一步一步很仔细地写，可还没等写完，考试时间就到了，所以每次成绩都不理想，心里老觉得堵得慌。

小娜的问题是什么？如何帮助她改变？

一、学习目标

（1）了解认知重构的概念及重构对人生的意义。
（2）感受重构认知后自己的情绪变化。
（3）掌握认知重构的方法，建立积极的认知模式。

二、心理动能解析

（一）认知重构概念

不断重复的消极思维会对我们的生活和自我认知产生消极影响。认知重构就是应对这种消极思维的一种策略，认知重构是指将消极的、自我否定的思维替换为积极的、自我肯定的思维，从而把对压力源的威胁性知觉转变为非威胁性知觉。积极的思维方式包括对恶劣状态的非极端化评价；对不可改变的事情的忍耐，继续生活；接受人的不完美和局限性；用灵活的思维解释事件的发生。

认知重构主要包括两种方式：情景重构和转意式重构。情景重构是指通过转换一件事物所处的位置和环境，从而实现对它认知的转变。如将一块价值连城的宝石放到菜市场去卖，那估计报价超过 50 块钱，就不会有人问津了，如果把它拿到拍卖行去卖，其价值有可能不可估量。转意式重构是指为现有的情况赋予新的意义。如你对某位同学的喋喋不休感到厌烦，通过转意式重构后，你可能认为那位同学肯定很聪明，不然不可能有那么多的话说。

任何事情都有两面性，关键在于我们赋予它什么意义。回想一下你过去犯下的一个重要错误，你可能至今都心有余悸，但这些错误后来也成为你人生中的宝贵财富。如果你仔细回想下，你会发现失败教会你很多东西，甚至可以说你一生的大多数知识、经验都来自失败的经历。

（二）认知重构步骤

1983 年，罗杰·艾伦提出了一个认知重构的四阶段模型，认为个体认知重构包括觉察、对情境的再评、采纳及替代、评估四个阶段。通过认知来实现和生活风格相关行为的改变，从而达到增进健康的目的。下面的这个模型解释了如何将认知重构作为减少压力的一个应对技巧。

1. 觉察

觉察的过程有三个步骤：开始、识别和评估。第一步开始，可能需要写下你脑海里所想的，包括所有的挫折和苦恼。第二步识别，识别为什么这些情境和事件会成为压力源，更进一步识别与每一个压力源相关联的都是什么样的情绪态度。最后一步评估，确认压力源，给最主要的压力源以及相关情绪作出最初的评价。如果最初的评估是防御性或消极的，并对解决问题造成妨碍，那么在下一个阶段就应当进行重新评估。

2. 对情境的再评

第二次评估，或者说再度评价，是脑海中产生的"刺激想法"，它提供一种不同的（客观）观点。再度评价是相关因素的一次新的集结或重组，是敞开接受新想法的过程。在这一阶段，应该选择一个中立的或者比较积极的立场，以更好地应对手头的问题。要记住，一次再评不是一个使思考合理化的过程，也不是一个压抑情感的过程。同时还要确切地记住，哪些因素是你能够控制的，哪些又是你所控制不了而必须接纳的。

3. 采纳及替代

态度转变中最困难的一步是它的执行。一个新的念头一旦产生，我们就必须马上采纳和执行。人天生就是偏爱习惯的生物，喜欢在已知的事物中找寻安慰，即使所谓的"已知"并不是我们想要的。对新观念持悲观态度是一种防御装置，尽管并未被看作提高人类潜能的方式，但对于过去方法的熟悉仍然能给人以安慰，改变起来并不容易。改变涉及一些风险。用一种积极的态度替代消极态度，起初可能会让

知识窗：费斯汀格法则

你感觉很脆弱。但是，正如其他随着练习而提高的技能一样，一种新的舒适感、安全感也会随着改变渐渐产生。根据认知重构的理论，当压力出现并不断重复时，必须经常替换新的念头。

4. 评估

对任何新的冒险和尝试的检验都要看它的效果。即这种新的态度是否起作用。刚开始时，它可能没有什么效果。我们要对新的态度作出评估，并确定它的价值。如果评估的结果只证明新的念头是一次彻底的失败，那么就应回到第二个阶段，并再做一次新的评估。如果新的念头发挥作用了，就带着那些仍待解决的问题重复这一过程。

三、心理行为活动设计

（一）活动名称：七步重构

"七步重构"活动可以让同学们感受不开心的事件并做情绪估值，了解自己的自动化思维，分析其支持依据。通过寻找不支持自动化思维的事实，同学们可以重构思维，并给重构后的情绪估值，实现积极认知的重构。

（二）活动设计

（1）每位学生回忆一件自己近期遇到的烦恼事件（闭上眼睛）。

（2）详细回忆事件发生的时间、地点、人物、经过。

（3）详细回忆当时自己的感受，具体有哪些情绪反应，对情绪值进行百分比评估。

（4）详细回忆当时产生的最直接的自动化思维（念头、想法）。

（5）分析当时产生的自动化思维的支持依据。

（6）回想当时的事件，如果重构认知，能找到哪些不支持当时的念头、想法的自动化思维的证据。

（7）根据当时看到的事实，写下替代思维，不局限数量，并评估对替代思维的相信程度（0～100%）。

（8）感受思维改变后的情绪，重新评估此时的情绪，评估认知改变后的效果。

请参照下例，将以上回忆内容填入认知训练表（表2-1）。

表2-1 认知训练表

项目	内　　容	认 知 训 练 表
1	情境事件	
2	情绪评估	
3	自动化思维	

续　表

项目	内　　容	认 知 训 练 表
4	支持证据	
5	不支持证据	
6	替代思维	
7	重新评估情绪	

　　举例：一次小明要去打台球，爸爸就带他去了一个台球厅。小明以前没去过这种地方，一进门，几个文身小青年边抽烟边嬉闹打球。小明在打台球的整个过程中都心不在焉，没有一点兴致，还一直催促爸爸回家。回到家爸爸问他原因，他说看到几个文身青年令他感到害怕。根据此事件填写的认知训练表内容如表 2-2 所示。

表 2-2　小明打台球认知训练表

项目	内　　容	认 知 训 练 表
1	情境事件	去打台球，发现台球厅环境不好，还有几个小流氓模样的人
2	情绪评估	害怕，程度 60%
3	自动化思维	这些小流氓会打我
4	支持证据	小流氓有文身，看起来不是好人
5	不支持证据	① 我爸在，他们不敢打； ② 打人就报警； ③ 文身者不一定是流氓
6	替代思维	① 有文身的人不一定是坏人； ② 这些人不可能无故打人； ③ 如果文身者打人，有我爸在，还可以报警，不太可怕
7	重新评估情绪	害怕，程度 20%

四、体验感悟分享

　　（1）你的烦恼事件及当时的自动化思维是什么？

　　（2）当你找到不支持当时自动化思维的证据与替代思维时有什么感受？

　　（3）针对该事件，你的替代思维和自动化思维有什么区别？

　　（4）你是怎么找到替代思维重构认知的？有什么思维技巧呢？

五、教师总结点评

(一) 改变习惯性思维定式

习惯性思维深刻影响着我们的习惯性感觉，也深刻影响着我们的习惯性行为，"七步重构"活动就是训练我们改变习惯性思维的认知重组方法。认知训练通过识别并修改对事件的默认思考方式，使思维更加具有客观性、全面性和联系性，更加灵活和睿智，更有利于事件向好的方向发展。认知训练可以打破我们的思维定式，让我们以一种全新的视角看待正在经历或已经经历的事情，从而拓宽、提升认知，解决之前认为不可能解决的困难和问题，最终发展自己，做更好的自己。

(二) 转变习惯性情绪反应

认知重构会让我们对事件的态度和情绪反应发生很大的改变，有益于身心健康。我们遇到不确定事件时会焦虑，对已经发生的事件感到有威胁和危险时会恐惧，对一些事件感觉对自己不利时会生气甚至愤怒，认知重构有利于我们更好地管理负向情绪。当认知从片面认知转向全面认知时，就容易找出事物的主要矛盾，抓住了主要矛盾，事情就会迎刃而解，焦虑自然会减少或消失；认知从低级转向高级时就会纲举目张，事情就没有那么困难和无奈，问题就会轻而易举地得到处理；认知由表层认知转向深层认知时就会入木三分，处理事情就会从底层发力和撬动，会促使事件向理想的方向发展；认知从眼前利益转向长远利益时，当下看着不利的事情从长远看就会成为有利的事情，因为许多事情都是因时而动的。例如，一个自己非常中意的女孩向自己提出分手，正常的认知会不开心、痛苦甚至绝望，但有一些青年从中认识到是自己不够优秀，于是借机发展提升自己，不仅负向情绪减少了许多，同时又将负向情绪转化为努力奋斗、奋发学习、完善自我等正向情绪，使学业更加优秀了，随之有更加中意的女孩追求。

(三) 打破习惯性恶性循环

认知重构是打破负性体验恶性循环的关键。格罗丝说："认知重构能带来一系列好的结果。"在日常生活中，有些思维极易引起自己不愿意接受的结果出现，甚至产生恶性循环，虽然我们总是不希望发生此类结果，但往往事与愿违。原因是，我们总是延续着之前的惯性思维方式，惯性思维方式带来惯性地解决问题的方法和行为，结果自然就会雷同。如果我们尝试转换一种新的思维方式，新的思维方式会带来新的处理问题的方法，引发不同的行为发生，结果就有可能大相径庭。例如，一些高中生不愿意考入职业学院，认为职业学院不能成才，将来的人生不会幸福。当他不得不走进职业学院后，发现各种技能的学习与之前死记硬背的学习方法不同，动手实践如鱼得水，学习再也不是很难的事情，成绩不断攀升。许多单位还主动联系希望他们去实习，表现好可以留在单位工作。毕业后不仅很快就了业，而且收入可观，很有社会价值。实践证明：职业院校的人才正在促进着我国制造业的快速发展，职业教育也正在迅速改变着许多高中成绩不很优秀的青年的人生！

六、活动效果强化

（1）成长宣言（全体起立，高呼三遍）："重构积极认知，努力提升自己，做社会发展急需的人才！"

（2）个人作业：再回忆一个不开心的事件，填写该事件的认知训练表，强化认知重构。

（3）小组活动：分享认知重构的技巧。

七、拓展阅读参考

大学生创业案例：浪子回头金不换

王从新，男，1992年2月11日出生，安徽蒙城县人，现定居合肥市。2016年毕业于巢湖学院，就读专业为电气工程及其自动化专业，本科学历。现任安徽创客联盟创投企业管理咨询有限公司法人，合肥巢湖市经济开发区新记约吧茶餐厅负责人。

（1）浪子回头金不换，学业终有所成。王从新出生于一个普通的农村家庭，母亲是一个大字不识的家庭妇女，但她一心想让自己的孩子能多读书，出人头地。当身边的大多数孩子不是初中辍学出去打工，就是留在乡下读书的时候，王从新就成为村里第一个到县城读书的孩子。那时的王从新没有离开过农村，没见过电脑，也不懂什么叫英语。孤身一人在县城求学，城乡生活的反差让王从新也渐渐沾染了不少恶习，逃课、打架、整夜玩网游……母亲因此被多次叫到学校。母亲对他很失望，终于有一次忍不住，在孩子面前哭得很伤心。王从新第一次见母亲这样，他很后悔，一边替母亲擦拭泪水，一边保证："我再也不玩了，我要好好学习，妈妈，您别哭了。"从此，王从新像换了个人似的，发疯似的努力学习。他外语差、底子薄，好多课程搞不懂，于是就在别人玩的时候，继续看书学习。功夫不负有心人，中考时，他顺利考上了县一中。高中三年，同样的努力，让他顺利考上了巢湖学院。也许在别人眼里，这不算什么，但王从新自己知道这有多不容易。

（2）创业梦想记心头，创业终有收获。进入大学后，为了减轻家里的负担，王从新萌生了创业的想法，并付诸行动。但后来，由于学业跟不上，身体也不太好，他被迫休学了一年。这一年里，王从新经过认真思考，终于想明白，只有学好知识，才能更好地实现创业梦想！就这样，复学后，王从新努力完成了所有落下的课程，并顺利拿到了毕业证书和学位证书。这为王从新未来的创业生涯奠定了坚实的基础。

2011年11月，王从新创办了巢湖学院台球协会。他刚开始申报时，因为没有台球场地和器材，被社团拒绝，但他没有放弃，几经波折争取到了台球室老板的支持。再一次提交申请，终于获得了社团的批准，当年第一批社员招募就圆满完成，台球社成了同学们最喜爱的社团之一，王从新也通过技术培训，赚了些生活费。

2012年，王从新发现了两个问题：一是宿舍的桶装水供应不及时，二是巢湖没有直达家乡的车。他准备围绕这两个问题开始创业，但这招致同学们的嘲笑，大家认为这类业务已经有人在做，市场前景并不好。面对嘲笑，他经过几个月的问卷调查及走访宿舍，用第一手数据坚定了自己的决定。说干就干，王从新找到一个纯净水供应商，从合肥批发蓝蓝纯净水，然后储存在学校附近的仓库。但从合肥供货成本高，而且供货不稳定，如果客户需要的时候再安排人骑车送水，就会导致效率很低，另外，广告营销做得也不好。后来，王从新又与巢湖市海峰纯净水、蓝海纯净水、银屏山纯净水等公司洽谈合作，努力减少成本，保持供货稳定性，并与学校绿色环保协会合作，到各个宿舍张贴环保公益广告，构建了一个完整的桶装水销售链。两个月的时间，客户就达到 150 个宿舍，每个宿舍平均每月消耗 10 桶纯净水，一个月就获利 3 500 余元。同样，为了化解乘车难问题，王从新与巢湖市姥山旅游公司合作，节假日承包车，接同学返乡回校，不但方便了同学，也为他带来了一笔稳定的收入。

2014 年 7 月，王从新到湖北襄阳市玩，发现有家自助火锅店的生意特别火爆，每天人流不断，但收费才每人 10 元，当时他就纳闷，收费这么低，老板怎么赚钱呢？通过观察，他发现，老板是靠薄利多销的经营模式获利。他也模仿起来，回校就创办了鱼之都自助火锅。他每天早晨 6 点起床到市场采购各种食材，自己熬汤，自己做营销，搞团队管理，忙得不可开交。很快，他也实现了日营业额超千元的业绩。通过这件事，王从新提升了营销、管理和沟通能力，更锻炼了他坚韧不拔的毅力。

经过一系列的创业磨炼，2017 年 11 月，王从新终于有了一家真正属于自己的公司。他在巢湖注册成立了创客联盟咨询公司，公司主要从事全省创业咨询服务业务，目前，有正式员工 9 人，业务合作伙伴遍及全省 60 多所高校。公司的目标是通过不断的创新，积极帮助更多的人成功创业。公司目前已带动就业超过 500 人，实现年营业额 200 万元，达成合作伙伴关系企业近百家，发展会员人数超过 5 000 人次。王从新的事业得到了市场的认可并步入正轨，他希望能够建立健全创业管理模式，积极响应国家号召，全身心地服务更多的创业者。

(资料来源：巢湖学院创新创业网，2019 - 12 - 24)

1. 常见的认知风格有哪几个类型？

2. 大学生常见的认知偏差有哪些？

3. 请针对大学生的完美主义倾向，论述完美主义对大学生的消极影响，以及相应的应对策略。

4. 请结合本章第三节小娜的案例，如果你是小娜的同学，你将如何帮助她走出困境？

第三章　适应与健康教育

一个人进入新的集体环境，面对未知与挑战，会产生一系列的心理和行为问题：没有归属感、孤独、焦虑、回避社交等。通过本章心理知识的学习、心理行为活动技能的掌握，大学生可以了解适应新集体环境可能产生的心理和行为问题，剖析问题产生的心理动因，并通过集体融入的一系列活动，提高大学生对新集体环境的适应能力。

第一节　从"心"起航

导入案例

小刘是某职业技术学院的一名新生，她性格内向，不敢主动跟他人沟通交流，大多数时候总是独来独往，在班上表现得平平淡淡，不太引人注意。小刘对自己目前的状况很苦恼，觉得自己不善言辞，在学校交不到知心的好友，在偌大的校园中十分孤独，无法很好地融入新的学习环境。她平时总是拿着手机、戴着耳机，以缓解遇到同学的尴尬，甚至躲到手机游戏里，逃避学校生活。

我们应该如何帮助小刘做好心理调适，更好地适应新的环境呢？

一、学习目标

（1）通过完成小组任务，感受融入集体的快乐。

（2）激发个体主动融入集体的动机，增强集体归属感。

（3）学会积极适应新的集体环境，找到在新集体中的价值。

二、心理动能解析

适应是指个体在生活环境中，在随环境的限制或变化而改变、调节自身的同时，又反作用于环境的一种交互互动的动态过程。个体通过这一过程达到与环境之间和谐平衡状态。适应与人的集体归属感和个人安全感紧密相关。

（一）集体归属感

"归属需求"是人的基本需求之一，美国心理学家马斯洛在 1943 年提出了著名的

"需要层次理论"，他认为人有五种基本的需求（图3-1），由低到高分别是：生理需求、安全需求、社交需求、尊重需求和自我实现需求。有社交需求的人迫切需要与他人建立一种亲密感，建构一种心理契约关系，如果这种需求得不到满足，个体就会产生强烈的孤独感和疏离感，从而会有极其痛苦的情感体验。此外，马斯洛还认为一个人只有在社交需求得到满足之后，才会追求尊重与自我实现的需求。

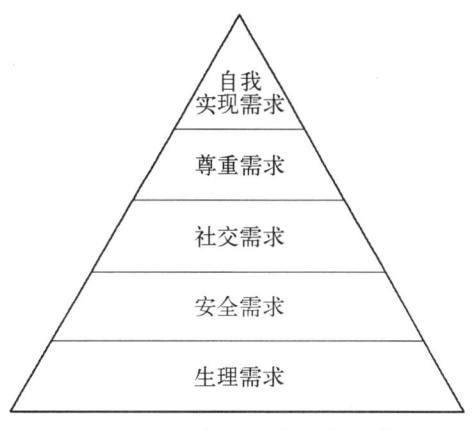

图3-1　马斯洛需求层次理论

社交需求的满足程度影响一个人的归属感。归属感是指个体对于一个特定的集体或一项事业的一种依附心理。集体归属感是指个体认识到自己处于一个集体，认同集体并从集体中发现自己的价值，对集体产生亲切、自豪的情感体验。当个体与所在集体建立起良好的心理依附关系时，个体就能感受到较强的集体归属感。如果个体对某一组织或集体存在归属感，那么个体就会把自己看作集体中的一员，能自觉地以所属集体的规范约束自己的行为，维护所属集体的利益与荣誉。

学校归属感是学生成长中最重要的归属感之一，它是指学生在学校环境中得到老师和同学们的接受、尊重和支持，感觉到自己是班级或学校的重要一员，被他人接受、被他人认为有价值，与他人成为一个整体的一种情感。学校归属感是学生对自己所就读的学校在思想上、情感上和心理上的认同和投入，当学生对所在学校产生较高的归属感时，学生将愿意承担作为学校一员的各项责任和义务，并乐于参与学校活动。相反地，若学生对学校的归属感较低，那么学生可能感到与环境格格不入、不被接纳，在情感上容易产生孤独、愤怒等负性情绪，在行为上可能表现为不愿意参加集体活动、独来独往、不愿意遵守学校或班级的规章制度，对个人的学习和发展产生消极影响。主动融入集体，主动接纳集体中的成员，主动发挥在集体中的作用，可以增强集体归属感，有助于实现个人在集体中的价值。

（二）个人安全感

安全感是个体对客观事物的主观体验，安全感研究最早见于弗洛伊德的精神分析理论，弗洛伊德认为当个体面对的刺激超过了自身的控制和释放能量的界限时，就会产生一种创伤感、危险感，伴随而来的体验就是焦虑，这种焦虑被称作"不安全感"。精神分析学派还认为，这种安全感源于婴儿对环境的感知，如果环境能够充分满足婴儿早期发展的需要，那么个体就会对环境产生信任，进而产生安全感。如果环境不能满足婴儿早期发展的需要，那么个体就会对环境产生不信任和不安全感，这种早期的不安全感也会影响个体随后及成年期对环境的信任和安全感。

人本主义心理学创始人马斯洛也提到安全需求是人类的一种基本心理需求，是对稳定安全、秩序、受保护、免受恐吓、焦躁和混乱的折磨等的需求，如果这些需求得到满足，个体就能产生安全感。在马斯洛看来，心理安全感是一种充满自信、安全和自由的体验，是一种能满足个体现在与未来的已有和可能有的各种需求的感觉。一个缺乏安全感的人往往更容易出现强烈的自卑感和敌对情绪，在应对外界环境时常常采用消极或负面的方式解读环境信息，而安全感高的人更积极乐观，常采用积极的方式看待自我、面对所处的环境。

　　基于安全感概念及内涵发展的介绍，可以看出，安全感不仅影响个体对环境及他人的信任，还会影响个体的人际关系、应对方式与心理健康。当大学新生面对新的校园环境时，如果适应新环境带来的挑战超过了自身的应对能力，个体就会产生不安全感、焦虑感，进而产生一系列的适应问题。若能较好地适应大学的学习生活环境，个体就会产生兴奋、好奇、憧憬等积极情绪，能够更安心地工作学习，发挥自己的潜能。

三、心理行为活动设计

（一）活动名称：新的集体

　　建立团队，选出队长，确定队名、团队口号，设计队形和手势，通过成员之间的互动促进彼此之间的了解，增加集体归属感。

（二）活动设计

　　1.分组

　　具体方法：所有同学围成一个大圈，根据分组的个数，随机选择一名同学开始报数。例如分为6组，随机选择一名同学从1到6循环报数，报相同数字的同学为一组。

　　引导感受：刚刚进入大学，面对许多不认识的新同学，有什么心理感受？陌生？孤独？好奇？还是很想结识？

　　2.自我介绍

　　重点介绍：姓名、籍贯、性格、爱好、特长，以及可以给小组做的贡献等。

　　引导思考：小组同学来自同省不同的地级市，乃至全国不同的省份，生活习惯不尽相同，性格、爱好各有差异，此时你有什么感受？是感到与己无关，无所谓？还是很想尽快彼此了解，迅速融入集体之中呢？

　　3.产生组长并设计小组队名、团队口号、队形、手势

　　（1）充分讨论后，确定小组的队名和团队口号，要求队名和团队口号积极向上、突出特色、易呼易记，朗朗上口。

　　（2）将队名、团队口号、组长、组员美化在纸上。

　　（3）创造队形、手势，充分体现队名和团队口号的特点。

　　引导思考：作为一名小组成员，你能为刚刚建立的集体做点什么贡献呢？

　　4.小组集体上台展示

　　根据展示情况即时给小组加分。

　　任务要求：有激情、声音嘹亮，拍照留念。

　　5.将各组展示图贴墙上

　　引导感受：在整个活动中你感受到了什么？是否感受到参与集体活动的快乐和为集体做贡献的骄傲？能否感受到集体的荣誉感和归属感？

强调：各小组将在今后所有体验式心理教育课堂中保持成员不变。

（三）道具准备

A4 白纸、彩笔若干，音乐《爱拼才会赢》。

四、体验感悟分享

（一）分享方式

先在小组内分享，小组推荐出代表参加班级分享。

（二）分享内容

（1）刚分完组时，你的感受是什么？
（2）当小组集体展示后，你的感受又是什么？
（3）你在小组中发挥了什么作用？你是如何融入集体的？
（4）你认为本节导入案例中的小刘怎样调适心理才能更好地适应环境？

五、教师总结点评

（一）人有安全感和归属感的需求

通过本节"新的集体"这一活动，小组成员都有了自己的"小集体"，每一个集体都有自己的队名、团队口号、队形、手势，每一成员在集体形成的过程中都感受到了归属感和幸福感，为自己所在的集体感到荣耀与自豪。

陌生环境会给人们带来不确定性和不安全感，一些人会产生对新环境及他人的焦虑感，感到无法融入与适应，进而影响个人的学习与生活。从马斯洛的需求层次理论可以看出，人人都有安全感和归属感的需求。在陌生环境中，人们可以通过了解环境中的人和物来降低焦虑感、增加安全感，尤其是对新环境中人的了解。因此，要在新环境中获得更多的安全感，你需要了解他人，他人也同样需要了解你，勇敢地跟他人说出"你好"，开启一段彼此了解的旅程吧。

知识窗：皮亚杰等人的适应理论

归属感会进一步增强个体的安全感和幸福感，进而促进个体的心理健康发展。大学生的归属感使得个人更加认同所在集体的奋斗目标和文化，能够专注于学业发展，增加学业投入，取得学业成就。

（二）积极融入集体，获得归属感

融入集体的个人在集体中会获得更多的归属感和心理支持。面对新的集体与环境，个人首先要有积极融入集体的意识，保持乐观向上的心态，减少消极认知和情绪的影响。

积极参与集体活动是快速融入集体的重要途径。集体活动中，成员需要共同努力完成某一任务，这不仅能有效促进成员之间的沟通和了解，还能增强集体的荣誉感。

（三）积极发挥所长，实现个人价值

融入集体不仅能更好地满足个人的安全需求和归属需求，还有助于实现社交、尊重和自我实现这三个更高层次需求的满足。

首先，积极融入集体就是一个人际交往的过程，能够促进个体社交需求的满足。对于大学生而言，所属的集体多种多样，如所在的年级、班级、专业、宿舍、社团等，这些集体成员是大学生人际系统的重要组成部分，能够满足大学生的社交需求。其次，在集体活动中积极发挥所长，帮助他人或协助集体取得发展，进而得到集体中他人的认可和肯定，这就满足了个体被尊重的需求。最后，个人潜能和才智在集体中的充分发挥，也是实现自我价值的途径之一。

人的一生中会遇到许多学习、生活和工作的新环境、新机遇，伴随这些新环境和新机遇一起出现的，往往是一个新的集体。主动抓住机遇，主动融入新集体，并在新集体中充分发挥自己的作用，是一个人不断实现自我价值、不断发展的重要途径之一。

六、活动效果强化

（1）成长宣言（全体起立，高呼三遍）："我爱我的集体！"

（2）个人课后作业：每人写 50 字左右的课堂体会：你是如何融入小组这个集体的？你为小组做了什么贡献？

（3）小组课后活动：熟识小组成员，拍照上传班级微信群，体现集体凝聚力和归属感。

（4）教师根据个人课后作业和小组课后活动情况给小组加分。

七、拓展阅读参考

南湖红船精神

1921 年 7 月底，中国共产党第一次全国代表大会由上海转移到嘉兴南湖的一艘画舫上继续举行并闭幕，庄严宣告了中国共产党的诞生。这艘画舫因而获得了一个永载中国革命史册的名字——红船，成为中国革命源头的象征。

红船是中国共产党的"母亲船"。"红船精神"是教育当代中国共产党人的无价瑰宝，是用以提高党的执政能力，始终保持党的先进性的宝贵资源和精神财富。在中国共产党走过了百年奋斗历程的时候，必须充分挖掘并利用好这一独特的政治资源，不断发挥"以史鉴今，资政育人"的积极作用。

1921 年 7 月底的一天，南湖浩渺烟波上，停泊着一艘单夹弄中型画舫，舫中十多位外地青年从中午 11 时开会直到傍晚。他们在小船上通过了《中国共产党第一个纲领》和《关于当前实际工作的决议》，选举产生了中央领导机构，庄严宣告了中国共产党的诞生。面对满天风雨阴霾，会议闭幕时他们轻呼出时代的强音：共产党万岁！世界劳工

万岁！第三国际万岁！共产主义万岁！一湖烟波无声，有幸见证阴霾中的"开天辟地大事变"。

多年以后，毛泽东同志这样评价红船上的这一幕历史："自从有了共产党，中国革命的面貌就焕然一新了。"

为纪念中国共产党第一次全国代表大会在嘉兴南湖胜利闭幕这一重大历史事件，党中央和浙江省委决定成立嘉兴南湖革命纪念馆。1959 年 10 月 1 日纪念馆正式成立，负责嘉兴南湖中共一大会址的保护、开放和管理。按当年"一大"开会游船仿制的红船同时向观众展出。改革开放以来，邓小平、江泽民、胡锦涛、习近平等党和国家领导人，亲切关怀党的诞生地，或瞻仰红船，或亲笔题词，勉励我们"沿着南湖红船开辟的革命航道奋勇前进"。

南湖革命纪念馆建馆五十多年来已三易馆址。建馆之初，馆址设在南湖湖心岛上，借用湖心岛古建筑作为举办党史展览的场所。1991 年 6 月，由嘉兴人民捐资建造的纪念馆馆舍在南湖东岸落成并对外开放。2005 年 10 月，纪念馆扩建项目获得中央有关部门批准。新馆选址在南湖南岸。

红船先后已接受 2 200 多万人次瞻仰。世上再没有第二条船，能像它一样享有如此尊誉。

中国共产党的红船起航于 1921 年，而对于刚走进大学的新生来说，人生航船的新起点正始于当前所在的学校。每一位同学都应领会大学精神，树立远大志向，积极融入大学生活，适应新的生活环境和学习方式，学习掌握更多的知识和本领，让自己的人生重新起航！

第二节　集体力量

导入案例

小 A，大一新生，性格比较内向，上大学是小 A 第一次离开家长，远离家乡，她非常想家，但是怕家长担心，不敢跟家长说，看到寝室其他同学都很快适应大学生活，小 A 更加焦急，也不好意思向她们倾诉。为了融入集体生活，小 A 努力逼迫自己适应生活，白天与寝室同学一起上课、吃饭，表现都比较正常，但是一到夜深人静，想家的情绪就很难控制，后来她开始失眠、情绪低落，影响到正常学习，与家长沟通后，决定休学调整。

如何帮助小 A 同学尽快融入集体，适应大学生活？

一、学习目标

（1）增强有困难找组织的意识。
（2）感受集体战胜困境的力量，增强团队的归属感、凝聚力。
（3）感悟坚定信念在逆境中的作用，培养迎难而上的意志品质。

二、心理动能解析

（一）信念与意志力

在《现代汉语词典》中，信念被解释为"自己认为可以确信的看法"。《汉语大词典》对"信念"的解释较为丰富：信任；坚信不疑的想法。心理学认为信念是"主体对于自然和社会的某种理论原理、思想见解坚信无疑的看法"[①]。从本质上说，信念是一种有力量、有能量的观念，我们可以称之为意志性观念，更确切地说是关于确信的意志性观念。作为一种认知观念，信念对个体的行为具有动力作用、导向作用和调节作用。

《中国大百科全书》将意志解释为人有意识、有目的、系统地调节和支配自己行为的心理过程。《现代汉语词典》给出的意志定义是：决定达到某种目的而产生的心理状态，往往由语言和行动表现出来。在心理学中，意志力是指一个人自觉地确定目的，并根据目的来支配、调节自己的行动，克服各种困难，从而达到目的的品质，是人通过自己的意志克服困难的一种能力，是一种只有人类才有的心理现象。

信念强调认知的内容以及对认知内容的高度确信，而意志力突出在认知信念条件下一系列的心理控制过程，是一个人在面对干扰时保持注意及注意力的方向的过程，更多涉及行为的执行和调控系统。

（二）求助

求助是指个体主动地向他人请求援助、建议或支持的行为。求助行为受到多种因素的影响，如问题的难易程度与重要性、人际因素、环境氛围、人格特质、掌握的求助知识和策略、求助经历等。在面对外界环境时，个人的知识和力量总是有限的，总是会遇到个人能力范围内无法解决的问题和困境，危急时刻向他人求助是一种很智慧的选择。婴儿时期，个体需要照料者提供无微不至的照顾才能存活下去。随着个体身心的发展，个体依然需要他人的指导和帮助，才能更好地习得适应社会与自然环境的知识和技能。因此，当个体遇到困难时，向他人求助是一件自然而然的事情。

尽管求助是帮助个体度过困境的有效途径之一，但是在现实生活中，仍有许多学生宁可陷入困局，也不愿意向他人求助。一般来说，阻碍个体向他人求助的因素有两个：一个因素是将求助视为依赖行为，这与人们对控制感的需求相冲突；另一个因素是将求助视为缺乏能力的体现，求助他人会威胁到个体的自我效能感。从青春期开始，个体的自我意识、独立意识和成人意识逐渐增强，个体往往倾向于摆脱对家长的依赖，更多地独立行事、独立解决自己生活学习中的问题，这本身是个体成熟发展的一种表现。因此这一阶段个体的自尊心比较强，一些个体对于依赖他人解决问题产生抵触，认为求助他人是自己能力不足的表现，遇到问题时不愿意主动向他人求助。与此同时，个体在人际交往中可能出现的如害羞、焦虑、偏狭、不信任、猜疑等问题，也阻碍着一些同学向他人求助。从中学阶段进入大学阶段，大学生依然会面对各种各样的问题与挑战，如环境适应问题、学习问

---

① 林传鼎、陈舒永、张厚粲：《心理学词典》，江西科技出版社 1986 年版，第 306 页。

题、人际交往问题、情绪调节问题、恋爱问题、职业选择与发展问题等。在面对这些问题时，大学生往往可以通过向环境中的他人求助使问题得到更好的解决。

三、心理行为活动设计

（一）活动名称：冰雪奇缘

通过模拟"南极探险"经历的危难情境，增加小组成员之间密切接触、互相帮助、相互依存的机会，让学生在危难中体会到团队和组织的重要，坚信只要全体成员同心协力，一定能够战胜困难，获得胜利。

（二）活动设计

1. 驶往南极

围成大圈：全班同学手牵手，围成一个圆圈，顺时针朝一个方向行进，乘船驶往南极，大家欢声笑语（播放欢快的音乐）。

教师引导：到南极是一段人生难得的经历，全班同学一起前往更加难得，如何度过一个开心快乐的有意义的旅程呢？请同学们尽情地交流、抒发自己的感受吧！

教师引导：（快到南极时）轮船漏水了！轮船漏水了！怎么办？怎么办？怎么办？快联系救援队！救援的船只到我们这里需要半个小时！

轮船不断下沉。海面只有大小不一的许多厚厚的冰块。

2. 站上冰块

教师引导：我们跳到冰块上吧。对，我们跳到冰块上吧！请各个小组选择一个大冰块，请全体组员互相协助，我们跳到冰块上漂往南极（播放紧张的音乐）。

（1）全班同学围的大圈中提前放置了大小不一的报纸。

（2）当听到危急指令的时候，各组成员迅速选择一个冰块（大小不一的报纸），努力使所有小组成员站在冰块上。双脚离开报纸即视为掉进大海。

教师引导：组长要发挥引领作用，小组成员要团结协作，迅速跳到冰块上。

3. 冰块融化

（1）全体成员已经安全地站在了冰块上后，我们继续向南极行进。

（2）在往南极行进中，冰块不断融化变小（将报纸撕掉三分之一代表冰块的融化变小）。

如果这一过程中，组员的脚踩到报纸以外的地面，该组员被视为落入海中，出局躺在地上。

引导思考：到达南极是我们每个人的人生梦想，为了不让自己掉入海中，如何向小组同学们求助？

（3）冰块继续变小（报纸再次撕掉三分之一）。组员脚踩报纸以外者出局，躺在地上。

引导思考：同学们如何帮助站在冰块（报纸）边沿上的同学，确保不掉入海里？

（4）冰块再次变小（报纸再次撕掉三分之一）。组员脚踩报纸以外者出局，躺在地上。

引导感受：组员不幸落入海中，就意味着我们有可能再也见不到他了，此时你的心情如何？作为组长和组员的我们是否都尽到了责任？

（5）组员登上南极最多的组获胜。根据情况给各小组加分。

教师引导：让我们给没能一起登上南极的同学深深地鞠个躬吧。请大家齐声说：对不起，我没有照顾好你！

请到达南极的组员庆祝吧！

（三）道具准备

废报纸、胶带若干，音乐《千山万水》。

四、体验感悟分享

（1）轮船不断下沉时，组员给了你什么支持？

（2）当冰块越来越小时，小组怎样确保全体组员都能站在冰块上？你在团队中做了什么？

（3）同学掉进了海里，有可能永远地离开我们时，你有何感受？

（4）你如何看待求助？生活和学习中，你通过哪些方式求助？

五、教师总结点评

（一）遇到危机时善于利用身边的求助资源

大学生在生理上正处于发育期和活跃期，在心理方面好奇心强，在行为方面控制力相对较弱。与此同时，这一阶段还面临着各种压力和问题，如学校适应问题、人际关系问题、情绪问题等，因此大学生容易出现各种心理问题，经常表现为对新环境不适应，很难融入集体当中，不能很好地应对一些困难和挑战，进而产生孤独、焦虑、抑郁等情绪。

对于大学生面临的各种问题和挑战，向外界进行求助是缓解压力情绪和促进个人成长的重要途径。一方面，针对大学生的心理发展需求和心理健康维护，目前高校已经建立起了丰富的求助资源。许多高校成立了心理咨询室，经常举行心理健康讲座、心理健康知识问答等各种形式的心理健康活动，这些都可以在一定程度上为大学生解答心理困惑，缓解心理压力。同时，有关大学生心理健康的网络资源也日益丰富，大学生可以借助网络提供的一些心理健康教育教学资源，加强自身心理素质，对自己的行为进行正面引导，克服生活中的困难。

另一方面，对于生活和学习中更为专业和具体的问题，大学生还可以积极地向身边的同学、老师和长辈求助。因为具有不同知识背景、不同专业知识积累、不同生活阅历的人往往会给我们提供不同的看待问题的视角，这有助于大学生结合前人经验教训开拓思路，少走弯路。

（二）集体成员互帮互爱，攻坚克难

集体是以共同学习活动和直接性人际交往为特征的社会心理共同体。集体具有成员之间的动态互动，心理的感染力、凝聚力和归属感等心理特征。良好的集体氛围是个体

身心健康发展的积极因素，健康和谐的集体是个体获得支持性资源的重要途径。

对于面临各种问题和挑战的大学生来说，集体成员之间的支持是缓冲应激负面效应的重要因素。除了具体的物质支持，集体成员之间的人际支持还能改变个体对负性生活事件的认知，从而积极应对困难和挑战。大量心理学的实证研究也证明，大学生感知的社会支持水平与其心理健康程度呈正相关，即社会支持水平越高，心理健康程度越高。正如大家在本次活动中感受到的那样，当别人给予你帮助时，你会感受到友爱、温暖、支持和力量。

集体中成员间的支持是相互的。获得其他成员的帮助，感受到积极的支持，有助于个体产生正向的认知和情绪。同样地，给他人提供帮助也会提高个体的幸福感和生命意义感。已有的实证研究发现，助人能够对个体产生许多积极的效应，如减轻疼痛、缓解抑郁、增加成就感和幸福感等。正如大家在本次活动中感受到的那样，当给予别人帮助时，你自己也感到快乐和幸福，"送人玫瑰，手留余香"。

（三）面对困难，更要坚定信念、团结合作

人生中的每个阶段都有其发展任务，需要解决不同的发展问题。大学是一个全新的环境，充满着未知与挑战。对于步入新环境的大学生来说，有意识地培养行为的自觉性和自控性十分重要，也就是要培养个体坚定的信念和坚强的意志力。

面对困难和挑战，更要坚定信念，学会团结合作。当面对巨大的挑战时，个体内心时常会出现不确定、怀疑甚至退缩的声音，比如"我能应对这个挑战吗？""这个任务是不是太难了，我可能应对不了。""坚持下去也没用，我还是放弃吧！"等。因此，培养个体面对困难和挫折时的坚定信念非常重要。正如丁玲所说："人，只要有一种信念，有所追求，什么艰苦都能忍受，什么环境也都能适应。"坚定的信念能够帮助人们克服困难。正如在本次活动中同学们感受的那样，当"冰块"越来越小时，若不相信团队能完成这个挑战，自己很快就会败下阵来。当然积极而坚定的信念并非凭空而来。过去自身积极成功的经验能建立起有助于个体形成积极的信念，同时学习他人成功的经验和信念也有利于自身积极信念的建立。对于当代的大学生而言，人生的每个阶段都有每个阶段的精彩，重要的是有没有发现自己内心坚定的信念。

寸有所长，尺有所短，人也如此，人人皆有其优势，也皆有其劣势。在困难时刻向他人或组织求助，取他人之长，补自己之短，实现优势互补，人才能走得更远，发展得更好。遇到困难和危机时，向集体或组织求援，向老师、同学、朋友、亲人乃至同事求助，是自我良好发展的必然要求。

六、活动效果强化

（1）成长宣言（全体起立，高呼三遍）："团结就是力量！""有危难要求助！"

（2）个人作业：每人写50字左右的课堂体会，谈谈你是如何在冰块越来越小时寻求同学帮助和帮助同学的。

（3）小组活动：讨论一下，在危急关头个人要如何求助？集体如何更好地发挥作用？

七、拓展阅读参考

中国女排精神

　　每逢大赛，中国女排几乎都会来到福建漳州体育训练基地参加集训。基地里的腾飞纪念馆，挂满女排照片的冠军墙、当年训练用的护膝和球衣，仿佛穿越时光，讲述着中国女排激励几代人的光辉历程。从"滚上一身泥，磨去几层皮，苦练技战术，立志攀高峰"的竹棚起步，中国女排以拼搏为梦想筑梯，用一个又一个世界冠军，书写了奋斗不息、为国争光的动人诗篇。

　　2019 年 9 月 30 日，习近平总书记在会见获得 2019 年女排世界杯冠军的中国女排队员、教练员代表时指出："广大人民群众对中国女排的喜爱，不仅是因为你们夺得了冠军，更重要的是你们在赛场上展现了祖国至上、团结协作、顽强拼搏、永不言败的精神面貌。女排精神代表着一个时代的精神，喊出了为中华崛起而拼搏的时代最强音。"

　　"爱国是灵魂，团结是法宝，拼搏是特质。"2004 年雅典奥运会的惊天逆转、2016 年里约奥运会的绝地翻盘、2019 年日本世界杯的十一连胜……中国女排一次次将"不可能"变成现实。她们的可贵，不只在于征服对手，更在于战胜自我。哪怕形势再险峻，也始终保持昂扬士气，咬紧牙关拼到最后一刻。

　　"学习女排，振兴中华。"这句叫响了 40 年的口号，激荡了无数人内心的共鸣，凝聚起奋发进取的意志。行进在实现中华民族伟大复兴的新征程上，历久弥新的女排精神依然不断激发出团结奋斗的强大力量。

　　国家需要精神引领，人生需要价值导航。对于刚刚迈入大学生活的学生而言，面临的挑战与竞争就如同赛场比拼。我们应当学习女排精神，将个人目标与社会目标结合在一起，将个人价值与社会价值结合在一起，遇到困难时坚定信念、相信集体、团结协作、迎难而上、努力拼搏，实现人生理想。

第三节　合作共赢

导入案例

　　大一学生小王，担任班长期间，感到工作压力很大。班级人心涣散，班里的同学都有自己的个性，不愿参加班级举行的集体活动，因此班级活动很难开展，组织活动要么不受欢迎，要么效果不理想。班委内部意见也经常不统一，不少班委抱怨工作太累，不想干了。很多同学觉得自己该上课的时候上课，该吃饭的时候吃饭，在大学里做好自己的事情就可以了，班集体怎样跟自己没太大关系，班集体的主要功能就是传达学校或老师的通知和要求、收材料等，班上组织活动也不愿参加。

　　如何帮助小王管理好班级，增大班委的向心力，增强班级的凝聚力？

一、学习目标

（1）通过集体竞赛活动，培养学生的合作意识。

（2）感悟合作的重要性，探讨提升集体合作的有效方法。

（3）感受小组完成任务的过程，提升团结合作的能力。

二、心理动能解析

（一）合作意识

合作是 21 世纪公民的必备素养，对个体和社会发展都具有重要意义。具有良好合作素养的学习者学业表现更好，具有较强合作素养的个体更容易成功，提高年轻学习者的合作素养，有助于形成民主文明和谐的社会生态。也就是说，合作不仅有助于促进个体发展，还有助于实现组织目标，维系社会运转，推动社会进步。[1]

在心理学领域中，合作是社会性动物所具有的一种行为类型，它是个体或群体为实现某种共同目的，由两个及两个以上个体或群体经过协调和相互配合而达成的一种联合行动。其中，目标一致性是个体或群体合作的前提，合作中的协调互补是合作的关键，成员之间经交流协商、分工协作完成一定的任务才能达到共同的目标。合作行为的发生，往往是合作意识与合作能力两大要素交互作用的结果。

合作意识是指与他人合作的意愿和认识，是一种相对稳定的意识倾向。[2] 合作意识是在个体行为的基础上，在不断学习新的知识和与他人交往的过程中，持续受到文化、品德素质和能力等多种因素的共同作用而形成的一种稳定的意识倾向。由此可以看出，合作意识受到多方面因素的影响，包括个人过去合作的经验、人际交往、文化知识背景、人格特征、能力等。合作意识产生的前提是个体具备一定的合作认知，并在此基础上对合作形成一种带有积极情感色彩的心理觉悟。培养和强化大学生的合作意识，是提升大学生合作能力与合作行为的重要途径。这种合作意识的培养要使大学生明确合作意识的重要性和正确性，懂得积极合作精神与消极合作精神的区别。另外，要从大学生的学习、生活、工作等多个方面入手，形成高校、家庭、社会的合力，建立良好的环境和氛围，强化大学生的合作意识。

合作能力是从合作意识到成功的合作行为发生的一个必备条件。合作能力是一种以协调的方式作用于行动的综合能力，它由自我认知、换位思考、沟通协商、互补协作等能力组成，因此它涉及合作的认知、情感和行为技能等多方面能力的培养。从合作这一过程来看，合作能力涉及对初始愿景目标的认同、合作过程中的责任分担和协商共进。

---

[1]　徐冠兴、魏锐、刘坚、李静懿、康翠萍、马利红、甘秋玲、刘妍：《合作素养：21 世纪核心素养 5C 模型之五》，《华东师范大学学报（教育科学版）》2020 年第 2 期，第 83—96 页。

[2]　程灵：《心理辅导视域中的合作意识与合作能力培养》，《新教师》2021 年第 10 期，第 12—14 页。

因此，合作意识是合作行为发生的前提，合作能力有助于合作行为的成功，成功的合作行为会进一步强化合作意识、开启新的合作行为、促进合作能力的提升。

(二) 领导力

领导力是指在某一组织中个体主动影响并带动其他人员实现某一目标的能力。领导力水平较高的个体具备擅长合作、决策智慧、组织巧妙、授权精确、敢于冒险等多种心理品质，这些优秀的品质使得组织成员心甘情愿地追随领导者。具有领导能力的领导者能抓住领导要素内部的联系，采用符合规律性的方式动员组织成员。目前领导力的内涵主要有"能力说""影响说"与"过程说"三种："能力说"强调领导者所具备的综合能力；"影响说"强调领导主体与领导客体产生的单向或双向影响力；"过程说"强调领导力是在一定情境中领导主体采用适宜的方法来鼓励领导客体的过程。综合来讲，领导力是三种论说集于一体的效能，能力是前提，过程是条件，影响是结果。领导力是一种以综合统率能力为前提，为一定的系统目标优化，在某种活动流程中，产生于领导主体与领导客体之间的动态影响效能。

随着时代的发展，社会各行各业对高素质领导型人才的需求日益迫切。大学阶段是世界观、人生观和价值观形成的关键时期，也是领导力培养的关键时期。科学、系统地培养大学生的领导素质，开发其领导潜能、完善其领导素质，不仅可以改善大学生的人际交往能力，促进大学生职业生涯的发展，还有助于大学生一生的全面发展，进而提升我国后备干部整体素质与我国的国际竞争力。

基于扎根理论，我国学者对大学生领导力的概念模型进行了探索性分析，构建了大学生领导力圈层模型（图 3-2），认为大学生领导力从内而外包括领导性格、领导

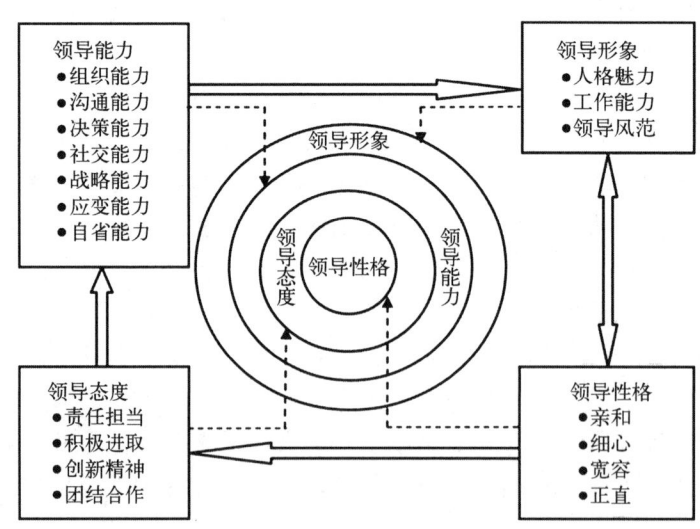

图 3-2　大学生领导力圈层图①

———————————

① 吴小云：《我国当代大学生领导力内涵的探索性研究》，《领导科学》2014 年第 20 期，第 23—25 页。

态度、领导能力和领导形象四个维度，领导性格是大学生领导力的源泉，领导态度是大学生领导力的关键，通过领导能力的展现，领导者可以在追随者心中形成积极的领导形象。

（三）群体动力理论

"群体动力"是美籍德国社会心理学家勒温于1939年提出的概念。群体是为了实现特定的共同目标，由两个或两个以上相互作用、相互依赖的个体组合而成的集合体；团队是群体的特殊形式，在群体的基础上，团队成员间具有高度的相互依赖性和共同性，即团队在期望、沟通、过程和亲密程度四个维度上都高于群体。勒温用场论来解释人的心理与行为，他认为个人的一切行为（包括心理活动）是随其本身与所处环境条件的变化而改变的，也就是说，一旦两个或两个以上的人在一起，就会产生一种复杂的人与人之间的关系，这种关系确定了人们的行为，这些力量的相互作用和它们对群体的影响，就构成了群体动力。影响群体活动方向的因素很多，如群体规范、群体压力、群体凝聚力、群体士气等。

群体动力理论就是关于群体中各种力量对个体的作用和影响的论述①。该理论从心理和社会环境两个方面寻找对群体行为与个体行为的推动力量，揭示群体行为与群体中的个体行为的动力源。群体动力有同伴依慕、权威关系、利群行为、合作、竞争和共生等关系类别，这些因素在群体中相互作用、抗衡、消化、转化，推动群体的演化和发展，这就形成了群体约束力、凝聚力、驱动力和耗散力四个方面的特征。约束力特征是指群体成员依据一定的群体规范来约束自己的行为，这有助于调节和解决群体成员之间的矛盾。凝聚力特征是指群体成员之间相互吸引，使成员愿意留在群体中，这是维系群体存在的前提和必要条件。驱动力是指创造群体效应、促使群体发展演化的主要动力因素，群体成员的内在素养、群体运行机制及管理者的品质等都会影响群体驱动力。群体耗散力源于群体冲突、消极环境等带来的群体成员之间相互抵消的力量。

群体动力理论应用非常广泛，如教学设计、社区团队建设、合作学习等。大学生都处于某个群体中，作为其中一员，如何增强群体凝聚力、更好地促使群体朝向某一目标，是每个大学生都可能面临的问题。因此，了解群体动力的影响因素是非常必要的。

三、心理行为活动设计

（一）活动名称：车轮滚滚

通过制作履带的过程考验成员的合作创新能力，通过让履带行进的过程考验团队的协作能力和团队成员的领导力。通过车轮滚滚活动，全体同学可以体会到团队的重要

---

① 宋亦芳：《基于群体动力理论的社区团队学习研究》，《职教论坛》2017年第9期，第40—47页。

性，增强团结协作精神。

（二）活动设计

（1）每组分发报纸和胶带，用材料制作一条履带。

任务要求：履带必须足够大，能让全体组员都站进履带圈内。

重点引导：组长如何发挥领导组织作用？全体组员如何积极参与？组员之间如何沟通、交流、配合、协作？

（2）所有组员站在履带内排成一列，带动履带前进。

任务要求：如果履带断裂，需要重新粘贴履带再前行。

引导思考：组员如何步调一致，让履带快速前行？

（3）最快走完规定的路程到达终点，且履带不断裂、无组员掉队的组获胜。

引导感受：

① 感受顺利到达终点的喜悦。

② 履带断裂的组总结落后的教训。

（4）根据各组完成任务情况给小组加分。

（三）道具准备

废报纸每组若干张，胶带每组一卷。音乐《蓝莲花》。

四、体验感悟分享

（1）使"车轮"快速行进且不断裂的技巧是什么？

（2）你在团队中做了哪些贡献？你是如何配合团队完成任务的？

（3）当方案使团队失败时我们该如何对待？

（4）团队成功的秘诀是什么？如何帮助本节导入案例中的小王管理好班级？

五、教师总结点评

（一）合作需要求同存异

通过本次活动，大家体会到良好合作需要求同存异。在活动之初确定解决方案的时候，小组成员会提出不同的策略，一旦确定最终策略，其他成员就要放下自己的意见，朝向共同的策略和目标行动，这就是求同存异。

在合作中，首先要建立"共同意愿"之上的集体或团队精神，"求同"的部分是群体存在的基础。培养集体合作意识，使每个群体成员遵从群体意志和群体规范。同时，集体在协调合作中要充分尊重每位成员的个性，给予成员充分的自由和信任，以提高集体的凝聚力，这是"存异"的部分，尊重才是真正的"存异"。集体合作意识通过求同存异才能达到集体的和谐，才能保持集体的凝聚力。

（二）积极合作，健全自我

在本次活动中，成功到达目的地的团队成员都非常开心，在这一过程中，团队成员发动集体智慧，步调一致地朝向共同目标，最终体验到合作成功后的快乐和自豪。

良好的合作不仅能促使团队目标的达成，还有助于成员的心理健康和潜能发挥。合作行为不仅可以加强个体的人际沟通，缓解个体的心理压力，促进个体的心理健康，还能促进个体社会化，使个体健全自我意识。大学生如果广泛地与集体中的他人进行合作交流，那么就能更好地处理自己与他人、自己与集体的关系，明白自己对集体、社会应尽的义务，从而增强集体主义教育的效果。另外，良好的合作氛围能够使群体中的个体自觉地与他人进行优势互补，并相互激励，充分发挥个体的潜能和优势。

（三）并不是领导才有领导力，领导力是可以培养的

在活动中，团队成员能体验到小组长对于活动的领导和推进作用。与此同时，团队中的其他成员（非小组长）也对活动的推进起到重要的作用，如在确定目标方案、协调分工、影响他人等方面发挥作用，虽然他们不是小组长，但也充分体现了领导能力，起到了领导作用。因此，并不是领导才有领导力。领导力不是取决于你有什么职位，而是取决于你做了什么。在团队中，只要你动员团队解决难题，你就有领导力。领导力更多的是一种后天积蓄的能力，是在解决一个个问题的过程中形成的。

不论是对个人还是对社会的发展，领导力都非常重要，每位同学都要重视自身领导力的培养。目前国内高校已形成多种帮助大学生提升领导力的模式和途径，如集中培训班模式、实训项目模式、课程模式，大学生可以充分利用身边的资源，积极参与集体活动，多总结、多反思，提升自己的领导力水平。

六、活动效果强化

（1）成长宣言（全体起立，高呼三遍）："求同存异，合作共赢！"

（2）个人作业：每人写 50 字左右的课堂体会，谈谈在活动过程中，小组成员是如何求同存异，最后实现了协作共赢的。

（3）小组活动：讨论一下，小组今后如何团结协作，共同搞好学业？

七、拓展阅读参考

默默作奉献　祖国知道我

"军迷"们近日又迎来一个好消息。中国航空工业集团有限公司透露，今年珠海航展上"20 系列"高端航空装备有望集体公开亮相，其中已列装部队的第四代隐形战斗机歼-20 备受瞩目。低空通场、快速爬升、空中滚转和大坡度盘旋……很多人还记得两年前的珠海航展上两架歼-20 战机的首秀，短短一分钟的亮相让观众振奋不已！

当时在现场的歼-20研发团队却无暇抬头欣赏这英姿，他们都在低头看着仪表，密切关注着一个个数据。作为研发团队，他们远不如歼-20战机那样引人注目。"什么也不说，祖国知道我"，他们早已习惯了默默付出……

创新融入团队基因。走进航空工业成都飞机设计研究所，绿意葱茏，4个鸟巢形的研发大楼让人眼前一亮：歼-20的诞生地，没有想象中的紧张沉闷，而是一个充满创新活力的技术"极客"聚集地。飞机研发是跨学科、大型复杂的系统工程，涉及上百个专业，尤其是跨代飞机的研制，是在自由王国里的自主探索。这个上万人的研发团队，不断拓展创新边界，引领技术发展。

歼-20身负很多"首创"和"第一"。总设计师杨伟介绍说："我们在世界上独创了歼-20的'升力体边条翼鸭式布局'，使飞机既有很好的隐身性能，又有很强的超声速和机动飞行能力，此外在态势感知、信息对抗、机载武器和协同作战等多个方面，歼-20都取得了不少突破。"歼-20的研制过程中，首次建立了全域覆盖的飞机数字化协同设计制造系统、虚拟仿真和试验验证环境；在国内首次实现全三维模型贯穿新机研制全过程，推进全生命周期无纸化、无实物样机、数字量传递、数字化管理。设计手段、研发体系的创新，大大缩短了歼-20的研发周期，创造了在超短研发周期内实现首飞的"奇迹"。

党建凝聚团队合作。联合党建搭建设计和制造沟通桥梁。一款新飞机的研制，包括方案设计、初步设计、详细设计、试制和试飞、定型等多个不同阶段，各阶段、各环节均涉及单位之间、部门之间的协同作战，相互之间通力合作至关重要。比如，设计方需要了解相关制造和装配技术，否则会影响成本和制造周期；制造方也需要了解设计技术和要求，才能把图纸变为现实且实现功能。有时候难免因为相互认知不够全面而持有不同看法。弥合分歧、加强沟通，联合党建就成了制胜法宝。

"在新机研制中，复合材料用量和结构类型都有了飞跃性的发展，这对设计和制造双方都是巨大的挑战。"成都飞机设计研究所结构部党总支书记甘学东表示。如何密切配合应对挑战？从2013年开始，成都飞机设计研究所结构部、强度部以及成都飞机工业（集团）有限责任公司复材厂定期联合举办党团共建活动。"既有思想建设交流，也有业务技术探讨，还有文体活动，在活动中，大家渐渐熟悉起来，协作氛围也越来越好。"甘学东说。良好的合作促进了技术突破：复合材料在歼-20上的应用从非主承力结构扩大应用到机翼等许多主承力结构，结构实现整体化，大幅提高了我国战斗机的复合材料应用水平。

攻坚锻造团队品格。"确保首飞节点，还是把原有设计推倒重来？"成都飞机设计研究所机电部张志剑至今仍记得机电综合管理系统方案调整时的两难抉择：随着设计工作的推进，总师系统团队发现机电管理系统改成新的系统架构，飞机性能会有质的飞跃。这也意味着之前的工作要全部推倒重来，耗时耗力。不改，保首飞节点没问题，但首飞之后还得改；改了，就得推迟首飞时间。怎么选？"改！"最终，歼-20团队选择了后者。

困难挫折是"必修课"。成都飞机设计研究所新机任务系统主管总师王阳告诉记者，在靶试现场，眼睁睁地看着新机发射的导弹偏离靶机，大家的情绪都失控了：几年时间的研发与努力，难道就要付之东流了？痛哭过后，王阳率领团队马上跑回工作室进行数据分析，仅两三个小时就迅速锁定了故障原因。"在试飞期间，及时发现问题对项目本身的发展、对团队的成长都不是坏事……这次过后，我们就没再失败过。"王阳说。吃在办公室，睡在试验场；错了就从头再来，病了也不下火线；看到了新飞机的首飞，却错过了自己孩子的降生……"我们搞的不是一个'轮子'，不是一个'把手'，而是担着国家未来安全的担子。从事这么重要的事业，什么困难不能克服呢?"杨伟说，在使命感的激励下，团队在攻坚克难中始终保持打破常规的创新热情。

歼－20研发团队内部把新机叫作"威龙"，网友们也给它起了很多昵称："黑丝带""银河战舰"……"这些名字，我们都非常喜欢。"说起歼－20，团队成员都有一种看着自家孩子慢慢成长的自豪感。

（资料来源：中国日报网，2018－07－17）

1. 什么是安全感？安全感与大学生身心健康之间有什么关系？
2. 合作是大学生的必备素养，结合自身实际，谈谈如何提高自己的合作能力。
3. 结合本章第二节的案例，谈谈如何帮助小 A 尽快适应大学的环境和生活。

第四章　情绪与健康教育

　　大学阶段，在忙碌又充满竞争的学习、工作、生活和人际交往中，部分大学生出现了焦虑、恐惧、嫉妒、愤怒、自卑、抑郁等情绪偏差，这些情绪偏差会给大学生的身心健康、学习、工作和生活带来影响。本章通过体验式的活动，帮助大学生了解情绪的本质和功能，使大学生学会识别、探索、管理情绪，学会用合理情绪疗法来正确地认识情绪事件，有效地调节和管理情绪。

第一节　认　识　情　绪

导入案例

　　小张，女，20岁，大学二年级数学系学生，爱好美术、音乐，长相出众。小张是家中独女，自小成绩优异，父母均为教师，对其要求严格。小张性格内向、好强，做事认真、力求完美，高考以第一名的成绩考入某大学，因第一年未能如愿获得奖学金而深受打击，觉得自己很差劲，以至于变得郁郁寡欢，无心学习，注意力难以集中，也无力处理好与同学的关系。她开始痛苦、羞愧、自责，感到自己没有价值，对前途悲观失望，整夜失眠。SCL90测试结果显示，她的焦虑和抑郁水平都比较高。
　　什么原因导致了小张的焦虑和抑郁？如何帮助小张缓解负性情绪？

一、学习目标

　　（1）了解情绪的含义，认识情绪对个体的认知和行为的影响。
　　（2）认识情绪的价值。
　　（3）学会通过认知转换调节负性情绪。

二、心理动能解析

（一）情绪的含义与功能

1. 情绪的含义

　　情绪是以主体的愿望和需求为中介的一种心理活动。如果客观事物或情境符合主体的愿望和需求，就能引起积极、肯定的情绪。例如，因考上理想的大学而感到满意，因交到很好的朋友而感到欣慰，因找到心仪的爱人而感到幸福等。如果客观事物或情境不符合主体的愿望和需求，则会引起消极、否定的情绪。例如，无端遭到攻击会引发愤怒，失恋会感到伤心难过等。[①]

情绪是一种混合的心理现象，主要由主观体验、外部表现和生理唤醒三种成分组成。主观体验是个体对不同情绪状态的自我感受，属于情绪的心理内容；外部表现通常被称为表情，是在情绪状态发生时身体各部分的动作量化形式，包括面部表情、姿态表情和语调表情；生理唤醒则是指情绪产生的生理反应。

2．情绪的功能

（1）适应功能。情绪是有机体适应生存和发展的一种重要方式。比如，动物遇到危险时会发出呼救声；婴儿出生时不能独立地生存和进行语言表达，主要靠情绪传递信息，从而得到有效的哺育。情绪反映了人的生存状况，是人的心理活动的晴雨计，如微笑表示处境良好，愁苦表示面临困难。人还通过情绪进行社会适应，如通过微笑表示友好。总之，人通过情绪了解自身或他人的处境，适应社会环境，进而更好地生存和发展。

（2）动机功能。情绪是动机系统的基本成分之一，良好的情绪会提高大脑活动的效率，能激励人开展活动，提高人的活动效率。研究表明，适度的兴奋可以使身心处于最佳活动状态，促使人们有效地完成任务；适度的紧张和焦虑使人的唤醒程度达到中等水平，进而促进人们积极地思考和解决问题。同时，情绪也会放大生理内驱力，成为驱使人们行动的强大动力。如人在缺氧时需要补充氧气，这时人的恐慌感和急迫感就会使内驱力增强，进而成为强大的动力。

（3）组织功能。情绪的组织功能是指情绪对其他心理过程和行为的影响，主要表现为积极情绪具有增力作用，而消极情绪具有破坏、瓦解等减力作用。例如，中等强度的愉快情绪有利于提高认知活动的效果，而消极情绪如恐惧、痛苦等则会对认知操作产生负面影响。当人处于积极、乐观的情绪状态时，容易注意到事物美好的一面，其行为比较开放，愿意接纳外界的事物；而当人处于悲伤、焦虑、抑郁的情绪状态时，则容易悲观、失望，放弃自己的愿望，或者产生攻击性行为。

（4）社会功能。情绪在人际关系中具有传递信息、沟通思想的功能，且在人与人之间的社交活动中具有广泛的功能。它可以作为社会的黏合剂，也可以作为社会的阻隔剂，使人们接近或远离某些人。如当看到某人暴怒时，你可能会后退或压抑消极情绪，不让它表露出来。总之，人所体验到的情绪，对其社会行为有重大影响。[②]

（二）合理情绪疗法

合理情绪疗法又称理性情绪疗法，是由美国心理学家阿尔伯特·艾利斯创立的，整体模型是"ABCDE"：A（activating events）是指诱发性事件；B（believes）是指由 A 引起的信念，即对 A 的评价和解释等；C（emotional and behavioral consequence）是指情绪和行为的后果；D（disputing irrational believes）是指与不合理的信念辩论；E（new emotive and behavioral effects）是指通过治疗达到的新的情绪及行为的治疗效果。

① 彭聃龄：《普通心理学》（第 5 版），北京师范大学出版社 2019 年版，第 368 页。
② 彭聃龄：《普通心理学》（第 5 版），北京师范大学出版社 2019 年版，第 369—372 页。

情绪 ABC 理论模型彩图

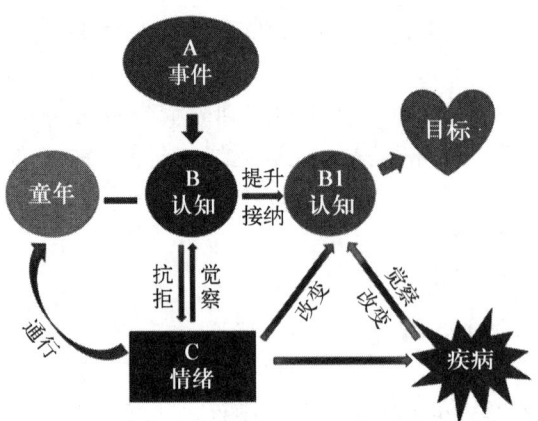

图 4-1 情绪 ABC 理论模型图

1. 情绪 ABC 理论

合理情绪疗法的基本理论是情绪 ABC 理论（图 4-1）。该理论认为，人的消极情绪和行为障碍结果（C），不是由某刺激事件（A）直接引发的，而是由经受这一事件的个体对它不正确的认知和评价所产生的错误信念（B）直接引起的。也就是说，诱发事件（A）只是引起情绪及行为反应的间接原因，人们对诱发性事件所持的信念、看法、解释（B）才是引起人们的情绪及行为反应（C）更直接的原因。

合理情绪疗法就是要以理性信念治疗非理性信念，帮助人们以合理的思维方式和信念代替不合理的思维方式和信念，从而最大限度地减少不合理的信念给情绪带来的不良影响。也就是说，合理情绪疗法主要通过改变认知来帮助人们减少或消除他们已有的情绪障碍。

2. 不合理信念的三个特征

（1）绝对化的要求。这主要是指人们以自己的意愿为出发点，对某事怀有其必定会发生或不会发生的信念。这种信念通常通过必须、应该等绝对化字眼进行表达，例如，我必须成功，别人必须对我好，工作应该很好找到，等等。

（2）过分概括化。这是一种以偏概全、以一概十的不合理思维方式的表现。一方面，表现为对自身的不合理评价。自己一旦做错了一件事，就认为自己一无是处，以某一件或几件事来评价自己的整体价值，其结果往往会自责自罪、自卑自弃，进而产生焦虑和抑郁等情绪。另一方面，表现为对他人的不合理评价。别人稍有一点做不好就认为对方坏透了，完全否定他人，责备他人，从而产生敌意和愤怒等情绪。

（3）糟糕至极。这种想法认为，如果一件不好的事发生了，就将非常可怕糟糕，甚至可谓一场灾难。糟糕至极常常是伴随着人们对自己、对他人及对周围环境的绝对化要求而出现的，这将导致个体陷入耻辱、自责、自罪、焦虑、悲观、抑郁等极端不良的情绪体验的恶性循环之中，且难以自拔。

三、心理行为活动设计

（一）活动名称：扔掉烦恼

通过学习情绪 ABC 理论，学生了解了不合理认知会诱发负性情绪，影响行为方式，甚至导致疾病。让学生写出近期发生的最令自己愤怒或焦虑的事件，帮助其更好地了解与运用情绪 ABC 理论，找到改善情绪和行为方式的方法。

（二）活动设计

（1）每位同学写出近期发生的令自己最愤怒、焦虑或烦恼的事件。

引导感受：当时的心理感受、生理反应、行为表现是怎样的？

（2）将书写有情绪的纸条折叠，用力扔到盒子里。

引导感受：体会把纸条（愤怒、焦虑或烦恼的事件）用力扔进盒子后的感受。

（3）所有学生从盒子里随意抽取一张他人写的纸条。

引导感受：

① 看到其他同学写的事件和解决方案，你有怎样的生理反应和情绪体验？

② 全身放松，做三次深呼吸。

引导思考：

① 你觉得他的认知（B）合适吗？

② 根据情绪 ABC 理论，请你帮他找出 1～2 个更合理的认知和解决此问题的方法。

引导感受：当你给出了新的认知和解决方案时，你有怎样的生理反应和情绪体验？

（三）道具准备

A4 纸若干、盒子，音乐《四月十一》。

四、体验感悟分享

（一）分享方式

（1）两人相互分享。

（2）自愿上台分享。给上台分享者所在小组加分。

（二）分享内容

（1）看到抽取的他人的负性情绪事件后，你的情绪、身体有何反应？

（2）你抽取到的事件中不合理的认知是什么？可以用哪些新的认知解决此问题？

（3）当认知发生转变后，自己的情绪体验和生理反应又发生了哪些变化？

五、教师总结点评

（一）认识到负性情绪中蕴含着正面意义

1. 情绪没有好坏之分

每一种情绪都是一种语言，都会带着信息来与我们沟通。当我们带着觉知去看这些情绪时，就会发现情绪没有好坏对错之分，也不存在绝对负性的情绪。

情绪就像是送信人，每一封信都来自我们的内心。如果我们能理解并应对好这封来自内心的信，送信人就会自己离开；但是，如果我们关闭自己的心门，送信人就会一次次地不请自来，会通过各种形式来敲门、撞门，甚至在梦中闯入。越强烈的情绪，包含的信息就越大越重要。因此，当我们处于强烈的情绪中时，先不要回避情绪，更不要自我批判、自我谴责，因为感受到强烈的情绪绝不是坏事。没有不好的情绪，只有不被尊重的情绪；没有可怕的情绪，只有缺乏了解的情绪。

2．困惑（负性情绪）是成长的良机

研究表明，负性情绪的种类远超过正性情绪，这其实是由进化决定的。因为对负面事件做出适应可以保护人们的生命安全。从进化层面来看，负性情绪既有快速预警的作用，又是一种保护机制。时至今日，有价值的负性情绪依然是一种行动信号，是成长的良机。想要好好利用负性情绪，就要先识别情绪，搞清楚情绪背后的真实需求，然后用行动去缓和负性情绪造成的不良影响，乘机成长自己。

3．负性情绪的正面意义

生活中除了恨之外，大多数负性情绪都有其正面意义。例如，压抑会让人们获得安全感，尤其在我们暂时还没有能力或者没有准备好应对冲突时，压抑保护了我们；愤怒包含着自尊自重的力量，当个体因边界被侵犯而不断退缩时，很难不愤怒，但只有合理地表达愤怒，才不会伤害他人，也不会伤害自己；悲伤包含着疗愈与安慰，悲伤的尽头是接纳与转化，每一次悲伤之后，人们的内在都会进行一次蜕变和升级；焦虑暗示我们需要调整头脑里的刻度，焦虑常见的原因是欲望和内在的空虚，所以当觉察到焦虑时，可以适度地调整欲望和期望值，这样就可以避免更多的挫败、无望、自卑、慌乱和失眠。负性情绪是最好的提醒，现有能力无法解决问题时会产生负性情绪。负性情绪是成长的良机，从负性情绪中寻找和发现问题，可以提升发展自己。

（二）负性情绪控制的 STOP 技术

负性情绪失控时，人就容易冲动，造成不好的结果。STOP 情绪控制技术能帮助我们科学、有效地控制负性情绪，快速平复冲动，保持理智，提升心理防护和自我调节能力，预防冲动发生。STOP 情绪控制技术具体分为四个部分。

（1）Stop 停止。当愤怒、焦虑、悲伤、恐惧等情绪降临时，容易伤害他人或自己。因此我们应先给情绪刹个车、叫停它。在采取任何行动之前，给自己点时间和空间，冷静一下。让自己不再像个笼子里的困兽一样，不停地在负性情绪里打转而出不来。

（2）Take a breath 呼吸。停下来后，先做三个缓慢、均匀、深长的呼吸，不要太用力。注意力放在一呼一吸中。深呼吸会使我们的心率逐渐有序、平缓，有利于激活我们大脑额叶部分的理智中枢，让我们可以有时间冷静思考，而不是盲目冲动地做出自动化的情绪反应。当我们的注意力随着深呼吸从负性情绪转移到一呼一吸中来的时候，那种不舒服的情绪状态会有所缓解。

（3）Observe 觉察。把自己和自己的感觉分开，剥离情绪和负面评价。试着站在旁观者的视角去感受、觉察、体会，接受此刻发生在自己身上的情绪。想一想当下，自己真正需要的到底是什么。通过以上三步，你会发现糟糕的情绪平复了许多。

（4）Proceed 继续。此时想想为了得到自己想要的，现在需要做什么。想到了之后，采取行动，在理智的状态下，放手去做对自己有价值的事情。如果你想要说出的话可能会激怒其他人，那就说一些能在当下保护好自己的话，做出合时、合理、合适的应对方式。

（三）通过改变不合理认知调节负性情绪

根据合理情绪疗法理论，负性情绪是由于不合理的信念引起的，人们可以通过改变认知来调节自己的负性情绪，也就是与不合理的信念进行辩论。辩论的基础是从自己的不合理信念出发，推导出荒谬的结论，然后通过不断修正自己的想法，进而得出合理信念并放弃自己之前的不合理信念。在日常生活中，可以采用以下几种方法：

（1）珍惜当下所拥有的。大家每天吃饭、睡觉、上学、上班、聊天，可能并不觉得幸福，可是当我们生病只能躺在病床上，就连随意走动都成为一种奢侈的时候，我们就会觉得平时所拥有的其实已经是最好的，不要等到失去之后再追悔莫及。

（2）酸葡萄甜柠檬心理。每个人都会面临许多选择，不同的选择通常会带来不一样的结果，所以在做选择时要权衡利弊，"两利相权取其重，两弊相权取其轻"，三思而后行。人生都是自我选择的结果，等到结果出现的时候，就不要纠结、后悔、自责。当事实无法改变时，请珍惜得到的结果，即使得到的是"柠檬"，也可以是甜的，是对我们有很多好处的。

（3）常怀感恩之心。我们所享有的一切都是有其他人对我们保护的结果，所以应该常怀感恩之心。大自然给予的平等馈赠，父母给予的无私付出，朋友给予的贴心帮助，路人给予的善意微笑……生活中的种种都给予我们温暖和力量。常怀感恩之心，我们便会少一丝戾气，多一份善良；少一份指责，多一份包容；少一份贪婪，多一份舒坦。这样我们就会拥有更多积极情绪，减少许多消极情绪。

（4）塞翁失马，焉知非福。事物都是一分为二的，凡事都有利有弊，"祸兮福所倚，福兮祸所伏"，福祸互为因果，互相转化，坏事可以变成好事，好事也可以变成坏事。凡事多往好处想，无论什么事都想到它有利的一面，否极泰来，在我们身处逆境的时候，一定要心怀希望，相信柳暗花明又一村。

六、活动效果强化

（1）成长宣言（全体起立，高呼三遍）："情绪是我们的良师，她提醒我们：快快提升吧！""疾病是我们的益友，她警示我们：快快改变吧！"

（2）个人作业：每人写50字左右的课堂体会，谈谈当你面对别人的事件时，你和事件主人的认知有何不同，为什么。

（3）小组活动：分享自己通过改变认知改善了哪些负性情绪，上传至班级微信群。

七、拓展阅读参考

乐观不屈的人——霍金

斯蒂芬·霍金是20世纪世界最伟大的物理学家之一，其主要研究领域是宇宙论和黑洞，他证明了广义相对论的奇性定理和黑洞面积定理，提出了黑洞蒸发理论和无边界的霍金宇宙模型，在统一20世纪物理学的两大基础理论——爱因斯坦创立的相对论和普朗克创立的量子力学方面走出了重要一步。他的科普著作《时间简史》已经被翻译成 33 种文字，发行了 550 万册。

可惜的是天妒英才，21 岁那年他突然不受控制地摔倒在母校剑桥大学的课堂上，经诊断，他不幸患上了"肌萎缩侧索硬化症"，俗称"渐冻症"。"渐冻症"是一种无法根治的病症，患者全身的肌肉会不断萎缩以至于无法活动，直至无法说话、呼吸衰竭甚至死亡。当时几乎所有的医生都断言霍金活不过两年，没有想到的是，他不仅挺过了最危险的两年，还结了婚，拥有了三个孩子。虽然他被禁锢在轮椅上，只有三根手指和两只眼睛可以活动，疾病使他的身体严重变形，头只能朝右边倾斜，肩膀左低右高，双手紧紧并在当中，握着手掌大小的拟声器键盘，两脚则朝内扭曲着，嘴已经几乎歪成 S 形，只要略带微笑，马上就会显出"龇牙咧嘴"的样子。这已经成为他的标志性形象。他不能写字，看书必须依赖一种翻书的机器。读活页文献时，必须让人将每一页平摊在一张大办公桌上，然后驱动轮椅如蚕吃桑叶般地逐页阅读。

令人更加钦佩的是，他的贡献是在他被"渐冻症"禁锢在轮椅上的情况下做出的，他一直以乐观向上的心态与病魔斗争，他说，"生活是不公平的，不管你的境遇如何，你只能全力以赴"，"虽然我行动不便，说话需要机器的帮助，但是我的思想是自由的"，"我的手指还能活动，我的大脑还能思考，我有终身追求的理想，有我爱和爱我的亲人和朋友，对了我还有一颗感恩的心"。他不悲观、失望，也绝不轻言放弃，在坐轮椅的 47 年中，他发表了量子引力论、量子宇宙论等具有开创性的学说，将对宇宙的研究从经典统计物理学、量子统计物理学提高到了量子引力学的第三个层次，被誉为继爱因斯坦之后最杰出的理论物理学家。

第二节 正性情绪

导入案例

小辉，男，20 岁，某大学二年级学生。他由于意外腿部骨折，情况较为严重，腿部被打了厚石膏，仅能靠轮椅、拐杖行走。回到学校后小辉非常苦恼，情绪很低落，担心生活和学习受到影响。班上老师和同学知道情况后，纷纷站出来帮助他，老师协调换宿舍并给予心理安慰，有的同学帮他补缺的课程，有的同学帮他打饭，有的同学帮他上下楼梯、推轮椅等。小辉感受到来自老师和同学的关心、爱护与支持，身体和心理恢复很快，幸福感很强。同学们也在此过程中，感受到帮助别人的快乐。

小辉受伤后情绪发生了什么变化？是什么让小辉的幸福感增强了？

一、学习目标

（1）感受和欣赏美好的事物，探索快乐的意义。
（2）通过强化正性情绪体验，体会正性情绪对身体和动能的影响。
（3）学会发现美好的事物，挖掘正性情感，发挥正性情绪的积极效能。

二、心理动能解析

（一）幸福的五要素

积极心理学之父马丁·塞利格曼在其《持续的幸福》一书中指出，幸福有 5 个元素：① 积极的情绪。积极的情绪是一种轻盈的、微笑的、放松的生命状态。② 身体的投入。投入指完全沉浸在一项吸引人的活动中，时间好像停止，自我意识消失，即废寝忘食，聚精会神。这种境界是一种很安详的境界，也可称为福流，心在流动，感觉停止，是特别专注于自己熟悉和喜爱的工作时达到的幸福酣畅的状态。③ 和谐的人际。生命无法脱离关系而独立存在。幸福的一个基本条件就是与人交朋友。爱和友谊是我们赖以生存的基础，他们承载着温暖、责任和生命的意义，成为我们前进的理由。④ 有意义的生活。意义带来的幸福感能对抗很多消极情绪，包括抑郁。当人生找到了目的和意义，我们就会坚定沉着，不懈努力，就拥有了幸福。⑤ 追求成就。成就是一种终极追求，哪怕它不能带来任何积极的情绪、意义、关系。希望自己成为人生赢家，为了一种更忠于内心的状态，一种生命的自我超越。

（二）能量层级理论

美国心理学家大卫·霍金斯提出的能量层级理论（图 4-2），以勇气为分割线，将意

精神能量层级彩图

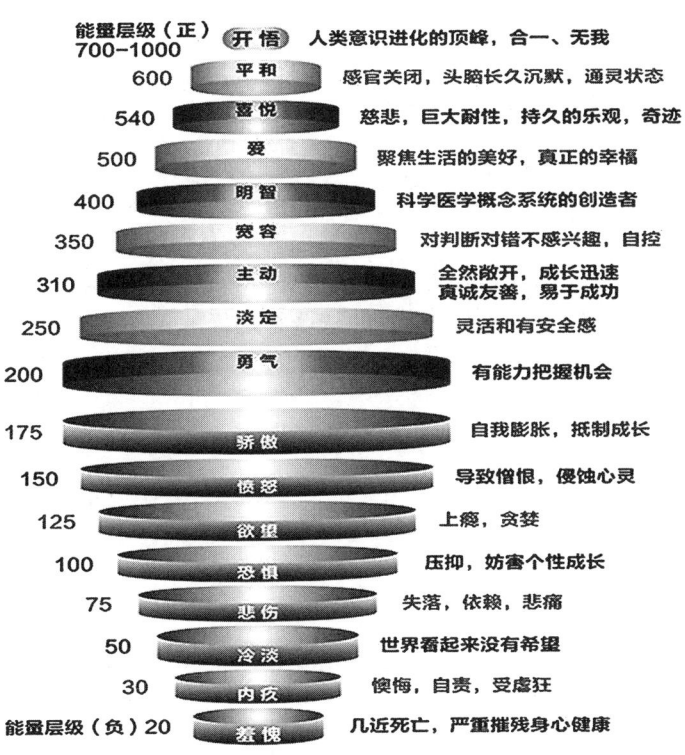

图 4-2　精神能量层级图

识的能量层级分为正和负两个部分。从勇气向上每发展一个正向情绪层级，都代表着人生的一个质的进步，能量就会增加；而从勇气向下每发展一个负向情绪层级，能量就会减少，品质就会降低。诚实、同情和理解能增强一个人的意志力，进而改善身心健康。

　　情绪是时刻伴随着我们身体和意识的，如果我们不刻意体会，就感知不到情绪。人的能量层级有时候高，有时候低，一个人的能级水平是所有这些时刻的平均数，而能量层级的起伏跟一个人的心境直接相关。因此，长时间让自己处在平和、喜悦、充满爱的心境，自然就会提升我们的平均能量层级。

三、心理行为活动设计

（一）活动名称：开心事件

　　此活动通过正性情绪体验，让学生认识到正性情绪对身体和动能的影响，学会发挥正性情绪的积极作用，建立自信、自尊、自强的人格，在此基础上尊重他人，形成良好的社会关系。

（二）活动设计

　　（1）活动准备：每人都回忆近日来三件自己做的好事或者令自己开心的事。时间三分钟。
引导感受：回忆开心的事情时自己的身心感受是什么？
　　（2）学生分组：每三人一组，每组 A、B、C 三人围圈站立。
　　（3）活动内容：每人分享三件好事或令自己开心的事，接受同学的赞美、嘉许。
　　① A 同学首先分享。
　　② A 同学站在中间，B、C 两位同学站在 A 同学两侧，在 A 同学两耳边快速持续地说出赞美、嘉许的语言。
　　引导感受：A 同学被赞美、嘉许时的身体和情绪变化是怎样的？
　　两侧同学赞美、嘉许他人时的身体和情绪变化是怎样的？
　　③ 互换位置，每人尝试一次站在中间接受赞美和嘉许，也尝试赞美、嘉许他人。
　　引导感受：听到同学赞美嘉许自己时的感受是怎样的？

（三）道具准备

　　纸、笔，音乐《Entorevolution》。

四、体验感悟分享

（一）分享方式

　　先在小组内分享，后自愿在班级分享，给在班级分享者所在小组加分。

（二）分享内容

　　（1）回忆和讲述自己的三件好事或开心事时的感受和身体能量的变化。

（2）听到他人分享的好事和赞美他人时的感受如何，自己的情绪有什么变化？

（3）听到其他同学赞美、嘉许自己时的感受如何，情绪和身体能量有哪些变化？

（4）本节导入案例中的小辉是因为什么原因增强了幸福感？

五、教师总结点评

（一）情绪是一种能量

在刚才的活动中，同学们能体验到积极情绪会带来强大的能量。情绪的本质是频率和波长不同的振动，有的快，有的慢，有的强，有的弱，有的在两个极端波动。每一种情绪都是一种无常的、流动的、自然存在的能量。人们每天都会有很多的能量波动。例如，当你生气的时候，血液流动就会特别快，体内会有一种快速强烈的能量使身体的各个循环系统加快；当你悲观失望的时候，会感到全身无力，各个循环系统的速度遭到拖延；当你快乐的时候，则会感到全身轻松自在，身体的循环系统得到了恰当的疏通和推动。

被压抑的每个情绪，都会累积在身体里，到了一定的爆发点，压抑不住的时候，它就会通过某一种途径爆发出来。我们要承认情绪存在的合理性，不管此时此刻你在怎样的情绪状态下，都应去感受它、体验它，给它一个深深的感恩，说一句"感谢你，我感受到你了"。当我们能做到乐观、正见、正思时，不良的情绪反应就不会升起，我们会感受到轻松自在，充满力量。

（二）幸福就在你身边

刚才的活动让我们体会到，幸福不一定是轰轰烈烈的大事，也可以是很小的事情。它就在身边，可是生活中我们往往容易忽视它，无视它，错过它。例如，饿时，饭就是幸福；渴时，水就是幸福；穷时，钱就是幸福；累时，闲就是幸福；孤独时，有人陪伴就是幸福。幸福，从来不是奢侈品，而是身边的必备品。与其寻找幸福，不如经营幸福。只有学会知足，不贪婪，只有心宽大度，不嫉妒，幸福才会与我们常伴。

（三）幸福可主动寻找

芭芭拉·弗雷德里克森在其《积极情绪的力量》一书中，专门探讨了增加积极情绪的五种方法：

（1）找到生命的意义。在日常生活中，更加频繁地寻找积极的意义。在生活中发现好的方面并且由衷地强调积极意义的机会是始终存在的。消极情绪并非来自人们遭遇的不幸，而是来自人们如何看待不幸。当你将不愉快甚至是悲惨的情况以积极的方式重新定义时，你就提高了自己的积极情绪。

（2）梦想自己的未来。为自己构想最好的将来，将美好未来形象化，使自己每天的目标和动机与自己的梦想相契合。

（3）利用自身的优势。心理学研究表明，每天都有机会做自己最擅长的事情的人，更容易在工作与生活中成功。发现并确定自己的优势，并据此重新制订工作与日常生活流程，重塑自己，由此而产生的积极情绪既明显又持久。

知识窗：杜彻尼微笑与积极情绪

（4）与人相处在一起。与他人相处，可以获得更多的积极情绪。心理学研究表明，当你和别人在一起的时候，即使你只是假装外向，也会表现得更大胆、健谈、自信、积极主动和充满活力，也能获得积极情绪。此外，培养对他人的关爱，培养自己的温和性情和同情心，也会从中获得更多的积极情绪。

（5）享受自然环境。自然环境也能给人带来积极的情绪体验。在明媚的好天气出去走走，就会体验到温暖、愉悦。在春季和初夏，在好天气下的户外待上 20 分钟的人，会表现出更加积极的情绪和更加开阔的思维。

（四）送人玫瑰留余香

在活动中，当我们赞美嘉许他人时，不仅会让对方体会到满满的幸福感，自己也会感受到能量和幸福。当我们满怀兴奋和感恩的眼光去看待这个世界时，我们会惊喜地发现每个人的闪光点。有的人才华出众，有的人低调稳重，有的人诚信可靠，有的人体贴周到，有的人专注高效，有的人充满灵感，有的人幽默风趣。不要犹豫，此刻就看着你身边的人，看着他的眼睛去赞美他的与众不同，谈论他独一无二的特质，讲述连他自己都不知道的精彩。当我们发自内心真诚赞美彼此的时候，默契和喜悦就在我们的心里流动。当我们看到每个人的不同时，就是在他们身上照见自己无可比拟的精彩，那就是对自己的嘉许。

六、活动效果强化

（1）成长宣言（全体起立，高呼三遍）："幸福就在身边，现在就出发去寻找吧！"

（2）个人作业：每晚睡觉前记录当天发生的一件令自己快乐的事情，至少坚持一周，体会自己情绪和能量的变化。

（3）小组活动：小组成员或朋友之间持续地相互分享开心的经历。

七、拓展阅读参考

培养幸福的感知力

你是不是有时候对自己的工作现状不满？对枯燥无味的学习感到厌倦？那么，试着想象一下，换一种工作环境，处在悠闲的工作状态之中，你就能感到幸福了吗？不上课，睡觉睡到自然醒，打游戏、看电视、刷视频，是不是就一定会感到幸福？你想过没有，这种幸福能维持多久？

《幸福的方法》的作者泰勒·本-沙哈尔告诉我们：幸福与状态无关，幸福是一种能力。幸福的能力是一种感知力，即对幸福的感知。现在，很多人都在丧失这种感知力。比如说，父母给你做好了饭，你觉得难吃；你觉得在家上网课是一种束缚；你嫌父母啰唆。诸如此类。

那么，怎样锻炼幸福的感知力让自己更幸福？泰勒·本-沙哈尔认为，更幸福不来自你挣了更多的钱，也不来自你的社会地位得到了更高的提升，甚至不来自你的身体变得更健康，这些都未必能够给你带来真正的幸福。真正的幸福的来源是你在追求这些东西的同时，还能随时地感受到快乐。

颜回和孔子是感知幸福能力的高手。"一箪食，一瓢饮，居陋巷，人不堪其忧，回也不改其乐。"孔夫子也是"饭疏食饮水，曲肱而枕之，乐亦在其中矣。不义而富且贵，于我如浮云"。孔、颜之乐就在于：无论处于何种处境，都改变不了他们内心当中那种淡定从容、来自内在的喜悦状态，这就是幸福的能力。

在《幸福的方法》一书中，按照人的心态，可分为四种类型。

（1）及时行乐型。夜夜笙歌的人、沉迷于网络游戏的人，属于现在幸福、未来不幸这一类，他们推崇及时行乐，而及时行乐的人会在他们有一天需要钱或需要自己有一个能力的时候，发现自己一无所有。

（2）无助型。据说得了严重抑郁症的人基本是无助型的。无助型的人就像走在一个黑暗的隧道当中，他们很难看到前方有产生乐趣的可能，觉得生活没有意思，干什么都提不起劲来，很无助。

（3）忍辱负重型。这个类型的人虽然现在不幸，但相信自己未来会幸福。然而真相其实是忍辱负重型的人永远都不会幸福，因为任何期望通过改变外部环境来改变自己幸福状态的想法，都是不切实际的。而忍辱负重型的人在现实生活中却占大多数，因为我们的教育经常给我们这样的暗示。

（4）现在幸福，未来也幸福。学会让自己能够感受到此刻打拼的幸福，这才是幸福的方法。我们在为未来努力，但是我们在开心地享受这个努力的过程，我们每时每刻都体会到自己的存在。要能够学会享受当下，活在当下，这才是人生智慧所在。

如果大家想从无助型、及时行乐型、忍辱负重型转变过来，最重要的是改变思维方式。我们有两种思维方式：一种叫溺水型心态，即永远都是那种被人压在水池子里的感觉，憋着一口气；另一种是郊游型心态，上山是快乐，下山也是快乐。当你能够感受到每一步的快乐的时候，你的人生所积攒下来的就将全是快乐的相册，而不是痛苦的回忆，这就是幸福的方法。

这对我们来说有什么启发呢？高中生活很苦很累，但是我们要享受这个过程，以苦为乐。不要想着过了这三年，考入大学就轻松了。人生中的各个阶段都是不轻松的，问题一个接着一个来。我们只要转变思维，乐观以对，积极解决问题就行了。转变思维之后，还要有行动，要真正地做出改变。

第三节　情绪管理

导入案例

小王，男，20岁，某大学二年级学生。父亲在外地打工，母亲在家务农，家人对他抱有很高的期望。小王自幼学习上进，勤奋努力，对自己要求严格。性格内向的他上大学后仍然没有什么爱好，也很少与同学们交往，精力都放在了学习上，但是大学英语四级他考了三次都没有过。马上期末考试了，近一个月来小王一直很担心，很焦虑，很失落，很自卑，怕考不好被人看不起。他很想用优异的期末成绩证明自己，但是看不进去书，感觉脑子一片空白，背过的内容很快就忘了。为此他吃不下饭，睡不好觉，体重也下降了，天天怀疑自己，感觉自己一无是处，内心非常痛苦。

小王为什么会产生考试焦虑？如何帮助小王缓解考试焦虑？

一、学习目标

（1）了解负性情绪的来源和背后的真实诉求。
（2）学会分析负性情绪的内在动机，体会转变认知后情绪的变化。
（3）掌握跳出他人情绪的桎梏，以及给予合适反馈的思维和方法。

二、心理动能解析

（一）情绪冰山模型

情绪与个体的认知、期待、行为等都有密切的关系，了解情绪背后的心理机制可以帮助人们更好地了解情绪。美国心理治疗师萨提亚用了一个非常形象的比喻：自我就像一座漂浮在水面上的巨大冰山，能够被外界看到的行为表现或应对方式，只是露在水面上很小的一部分，大约只有八分之一，另外的八分之七藏在水底。而暗涌在水面之下更大的山体，则是长期压抑并被我们忽略的"内在"。揭开冰山的秘密，人们会看到生命中的渴望、期待、观点和感受，看到真正的自我。

萨提亚的冰山隐喻理论主要包括七个层次（图 4-3），从上到下依次是行为、应对方式、感受、观点、期待、渴望和自己。

图 4-3　冰山隐喻模型

　　（1）行为——行动、故事内容等。行为是冰山最上端露出水面的部分，是我们通过感官可以直接体验到的内容。例如，我们看到了什么，听到了、触摸到了什么，我们做了什么。这是故事的最原始版本，是直接呈现的问题，是让我们最困惑和烦恼的部分。

　　（2）应对方式——姿态、讨好、指责、超理智、打岔和表里一致等。应对就是对事物的反应态度。我们对外在处境选择如何回应或反应，就是我们的应对。应对是冰山的水平线，是行为的起点。

　　（3）感受——喜悦、兴奋、着迷、愤怒、伤害、恐惧、委屈、嫉妒等感受。感受是我们在经历事件的时候所产生的情感体验，每刻都存在。感受有轻重，微弱的感受只有在细致觉察的时候才可以被觉察到，而强烈的感受则会直接影响到我们的行为。强烈的感受被直接体验到并命名的时候就是我们所说的情绪。感受既有负面的又有正面的。

　　（4）观点——信念、假设、预设立场、主观现实、认知等。观点住在我们的大脑里，是存在于我们大脑里的认知，是我们对事物的态度，包括我们的想法、思想、信念、规条、价值观、人生观、解释等。这是我们基于现在和过去经验的结合产生的念头，是我们思考的内容，是我们认识世界的规则，而不只是此刻所见所闻的事实。观点是我们从过去学习而来的经验。

　　（5）期待——对自己、对别人和来自他人的期待。期待就是想要什么，想怎么做，希望发生什么。它来自我们过去没有被满足，现在依然想得到的东西。当我们没有得到想要的，或得到的只是我们不想要的，我们就可能会一直死抱着那些未满足的期待，消耗我们的能量。

　　（6）渴望——人类共有的被爱、被认可、被接纳、有目的的、意义、自由等。如果说期待是想要，那么渴望就是需求。渴望是人类共同的需求，是人类生存的基本需求。马斯洛曾发展出需求层次理论，阐述了人类普遍的需求：萨提亚认为人类普遍的心理需求主要有爱、价值、自由、尊重、认可、关注与接纳。

　　（7）自己——自我的生命力、精神、灵性、核心、本质。人类所有的行为，不过是想证明自己。你是否是有力量的、有能量的、有价值的？如果你不能相信，你会调动自己的整个冰山希望从别人那获得证明。自我就是人的本质，是人的核心，是生命力，是自我价值的瓶子，是冰山的核心。它决定了"我是谁"，决定了我们与自己和世界的关系。

　　萨提亚模式借助冰山隐喻来探索人们不同层次的自我，倡导对所有的体验水平展开工作，鼓励人们将注意力转向他们的内在过程，而不是只关注内容，并把人们带入觉察中，将那些隐藏的观点、信念、感受和期待，转化成为正面的能量。

（二）情绪调节

　　情绪调节是个体管理和改变自己或他人情绪的过程，个体在这个过程中通过一定的策略和机制，使情绪在生理活动、主观体验和表情行为等方面发生一定的变化。这里介绍几种常见的情绪调节方法。

（1）认知重评法。认知重评即认知改变，属于合理情绪疗法，个体通过改变对情绪事件的理解和评价而进行情绪调节。认知重评试图以一种更加积极的方式理解使人产生生气、受挫、厌恶等消极情绪的事件。认知重评会产生积极的情感和社会互动结果，且不需要消耗许多认知资源，是一种有益的情绪调节方式。

（2）转移注意力。注意转移包括分心和专注两种策略。分心是将注意力转移到与情绪无关的方面，或是将注意力从当前的情境中转移开；而专注是对情境中的某一方面长时间地集中注意力，在这种状态下可以创造一种自我维持的卓越状态。例如，看电影、听音乐、下棋、打球、郊游等都是转移注意力的方法。

（3）合理的情绪表达。人的情绪处于压抑状态时应给予合理的宣泄途径，才能调节机体的平衡，缓解不良情绪的困扰，恢复正常的情绪、情感状态。例如痛快地哭一场、跑跑步、打打球、打扫一下卫生、画个画、唱唱歌等，这些方法既可以宣泄情绪，也可以使原本低落的情绪得以转变。

（4）自我安慰。当心理不平衡的时候，可以偶尔通过自我安慰来冲淡内心的痛苦，也可以适当地进行自我激励，进而从困难和逆境造成的不良情绪中振作起来。例如，失败乃成功之母，绝不怕失败，再接再厉，越挫越勇。

（5）积极地自我暗示。在参加一些紧张的活动时，积极地自我暗示可以降低焦虑情绪，增强自信心。例如，我是最棒的、我能行、我是最好的等。

（6）身心放松调节。采用呼吸放松、肌肉放松、想象放松、音乐放松、催眠放松、正念冥想等方法，不仅可以缓解紧张，还有利于心理健康。

（7）自然陶冶调节。当自己由于学习或人际关系的原因情绪低落时，不要一个人闷在屋子里，要走到大自然中去，到绿色的世界中去。到自然中欣赏美好的风光是摆脱苦恼、调节情绪的方法之一，令人心旷神怡的风景将冲洗掉心中的苦闷，惆怅的情绪将融化在大自然的壮丽之中。

（8）幽默自嘲调节。幽默是精神的消炎剂，能使人更好地适应环境，不良情绪到来时，用幽默抵挡，会使不良情绪退之千里之外，使好情绪悄然而至。幽默给人以快乐，使人发笑，而笑可以驱散心中的积郁，也是衡量一个人能否适应周围环境的尺度。自嘲是一种自我接纳的表现。有时候我们越不敢面对一件事情，这件事情对我们的影响就越大。自我解嘲同时也是一种压力下的自我释放和治疗。

（9）人际调节。当心中有了不平之事时，可以找老师谈话，也可以向同学、家长倾诉，还可以寻求专业心理咨询师的支持和帮助。感情的充分表露与外界给予的反馈信息，能促进自我评价，进而改变不适当的行为。

三、心理行为活动设计

（一）活动名称：报数比赛

通过越靠后难度越大、出错率越高的报数比赛，观察自己和他人的情绪表现，了解矛盾的升级或平息过程，分析对待自己和他人犯错时的反应模式，掌握"看到情绪背后真实诉求"的方法。

（二）活动设计

1.分组

全班同学重新分组，每组 10 人左右。

2.选队长和监督员

每组使用自荐或投票的方式选出一名组长和一名监督员。监督员负责在每组报数时统计各组出错数。

3.比赛规则

（1）报数方法。从每组第一个人向后依次报数，起始数字在 2—20 之间随意选择，第一个人报 1 个数，第二个人报接下来的 2 个数，第三个人报接下来的 3 个数，第四个人报接下来的 4 个数。

举例，第一个人报 11，第二个人报 12、13，第三个人报 14、15、16，第四个人报 17、18、19、20，以此类推。

（2）报数纪律。小组报数期间，所有成员禁止讲话。

（3）计分方法。每报错一个数给该组计 1 分；小组报数期间组员讲话一次计 1 分，组长讲话一次计 3 分。

全部报数结束，监督员统计并公布各组总分。

各组总分 N = 报数所得分数 + 讲话所得分数。

（4）惩罚组长。除了得分最低的组，其余小组由该组组长做 N 个俯卧撑，N 为该组总分，禁止他人代替。

4.小组讨论

如何遵守规则？如何确保小组报数不出错？

5.开始比赛

（1）小组全体成员排成一横排，组长整理队伍。

（2）各组监督员出队列，集中站在监督者位置。

（3）组长抽签，各组按抽签的顺序报数。监督员们开始计分。

引导感受：

当我报错数或违规时我的情绪反应是怎样的？

当其他同学报错数或违规时我的情绪反应是怎样的？

听到其他同学抱怨和指责时我的情绪反应又是怎样的？

（4）各组报数结束，监督员共同合计并公布各组得分。

引导感受：当你听到自己小组成绩时的情绪反应如何？

（5）组长接受惩罚：各组组长做 N 个俯卧撑，任何人不得帮忙或代替。

引导思考：

由于你的失误或过错让组长受到如此的惩罚，你的心里有什么感受？内疚吗？后悔吗？还是有其他感受？你为什么会有这样的负性情绪？这些负性情绪产生的诱因和背后的诉求是什么？

（6）小组讨论：小组成败的原因是什么？小组成员都产生了哪些情绪？讨论后各组

推荐一名同学在班级分享（时间为 10 分钟）。

（三）道具准备

纸，音乐《Through the Arbor》。

四、体验感悟分享

（1）活动中自己有哪些情绪反应？情绪产生的诱因和背后的诉求是什么？

（2）你观察到其他同学受到抱怨、指责时有什么情绪反应？他们情绪产生的诱因和背后的诉求又是什么呢？

（3）如果换一种沟通方式，你可以在当时如何表达呢？

（4）如何帮助本节导入案例中的小王缓解考试焦虑？

五、教师总结点评

（一）情绪的出现有其内在的深层原因

在活动中，有些同学因为个体或者团体的成功需求被满足，体验到积极愉快的情绪，有些同学则因为个体或者团体的失败而体验到消极失落难过的情绪。确实，情绪是以主体的愿望和需求为中介的一种心理活动。因此，情绪的出现与主体自身的愿望和需求相关联，而同一个人会有多重的愿望和需求，不同人的愿望和需求自然也不尽相同，因此，只有知道导致某种情绪出现的内在的深层原因，才能更好地调节和控制情绪。

（二）挖掘情绪背后的诉求有利于调节情绪

情绪作为一种外显的行为表现，只是一个人"自我"能看到的表面部分。根据冰山理论，当事情发生和情绪出现时，冰山的 6 个层次体验是同时发生的，因此，个体可以按照冰山隐喻模型一层一层地觉察，分析事情发生和情绪出现时，自己的感受、期待、观点、渴望、自我价值到底是什么。个体通过了解行为及情绪背后的真实诉求，进而更好地接纳自我和他人。结合情绪调节的方法，可以使个体情绪的反应及表达适时适度，促进其情绪健康。

（三）提升情绪管理能力的技巧

情绪管理能力即情绪智力（EQ），包括情绪的自我觉察能力、情绪的自我调控能力、情绪的自我激励能力、对他人情绪的识别能力和处理人际关系的能力。以下技巧可以帮助我们提高情绪管理能力。

1. 活在当下，训练自我关注的能力

自我关注是指关注自己当下正在做的事情，尽量不对已经发生的事情进行评判，避免引发负面的衍生情绪，影响自己的心情。缺乏自我关注的人，容易被过去的事情困扰。例如，已经与前任分手几个月了，还在抱怨前任，这就是被过往的情绪控制住了，被过去的不良情绪困扰。对于这种情况，有一个应对技巧，就是把自己的想法和情绪形象化，想象它们以某种形式离你远去。例如，想象你站在公交站台，你的情绪和想法就是过往的汽车，开过来了，稍作停留又开走了，它们会离你越来越远，最后消失不见。

2. 观察自我，积极安抚消极情绪

要学会随时觉察自我情绪，学会与自我对话。当遇到困难时要及时觉察自己的情绪，用对话的方式与自己沟通：以前类似情况都能处理好，这次也会处理好的，船到桥头自然直，等等。当别人做了你感觉不舒服的事情时，及时觉察自己的情绪，主动安抚自己。例如，一个关系很好的朋友遇到不愉快的事情向你发泄情绪时，可以告诉自己：他还不善于调节自己的情绪，因为信赖你，才敢于把喜怒无常的情绪完全展示给你，谢谢他对你的信任。

3. 着眼目标，训练平衡思考能力

平衡思考是指把理性思辨和情感体悟结合起来进行综合思考的思维模式。当受到负面情绪困扰时，让自己先冷静下来，把引发情绪的事件放在长远的、全局性的目标链条上考量，然后再作出最有效的决定。例如，当下遇到一些烦扰的人和事时，去关注自己的长远目标，你会发现很多人是无关紧要的，很多事也算不上什么大事。又如，当你开开心心与父母视频沟通时，父母会问你学习怎么样，有没有谈恋爱，以后工作有什么打算……你可能迅速觉得父母不是真的关心你，而是想控制你。这时候，如果采用平衡思考的方式，你会考虑到父母的不容易，意识到父母完全是一片好意，只是表达方式不合适，你就会在平衡思考后采用最佳的沟通方式。

4. 未雨绸缪，刻意练习形成习惯

人的情绪很容易一触即发，这是一种本能，尤其在需要瞬间决策的危急关头，情绪更难控制，这就需要平时加强刻意练习。可以采用以下小技巧：① 换位思考。当你朋友的情绪失控让你很难堪时，想想对方到底发生了什么，他的真实诉求是什么。② 撰写日记。自己之前处理被情绪困扰的问题时，做过哪些错误的决定？做过哪些有益的事？哪些方面需要改变？用笔写下来。③ 制定愉悦的计划。想一想：做什么事能够让自己高兴？做什么事可以转移注意力？做什么事可以轻松舒适？然后经常练习，让自己大部分时间都能保持愉悦的情绪。

六、活动效果强化

（1）成长宣言（全体起立，高呼三遍）："觉察情绪背后的诉求，努力成为情绪的主人！"

（2）个人作业：记录一个觉察到自己情绪背后的真实诉求后情绪发生变化的事件，发至小组微信群。

（3）小组活动：每人分享本周作业内容。

七、拓展阅读参考

乐观向上的孟佩杰

出生于 1991 年的孟佩杰是山西临汾隰县人，有着不幸的童年。5 岁，生父因车祸去世，生母无奈将女孩送人领养，不久生母因病去世；5 岁的孟佩杰由养母刘芳英照顾，三年后养母因病瘫痪，不久后，养父不堪生活压力离家出走，此后杳无音讯。

8 岁的孟佩杰从此承担起了侍奉瘫痪养母的重任：每个月两人就靠养母微薄的病退工资生活。孟佩杰每天在上学之余要买菜做饭，替刘芳英洗漱梳头、换洗尿布，为其全身涂抹三种褥疮药膏。"那时候，她人还没有灶台高，每天就踩在小凳子上生火做饭，不知道摔了多少跤，但从没喊过疼。"刘芳英说，"一开始她分不清各种蔬菜，就自己编口诀'长长的青葱圆圆的蒜，扁扁的豆角绿油油……'；有时家里没钱了，她就自己出门去找街坊邻居借。"转眼间 12 年过去了。

刘芳英说："12 年来，她每天早上 6 点起床，帮我穿衣服、刷牙、洗脸、换尿布、喂早饭，然后一路小跑去上学；中午放学，回家做饭、喂饭，给我擦洗身子、活动筋骨、敷药按摩、洗漱更衣、倒屎倒尿，换洗床单、被褥，再匆匆忙忙去上课；放学回来，匆匆赶回家做晚饭、做家务，服侍我睡觉。每次全部收拾完都得到 9 点以后，然后她才歇下来做自己的功课。"

2009 年，孟佩杰被距离家乡百公里外的山西师范大学临汾学院录取，不放心养母的她决定"带着母亲上大学"，在学校附近租了房子，继续悉心照料着养母。

孟佩杰的中学同学、大学同学杨姣姣告诉"中国网事"记者，从中学到大学，孟佩杰给大家印象最深的是她什么时候都是小跑着，一路小跑着去上学，一路小跑着回家照顾养母，经常跑得气喘吁吁，面红耳赤。"孟佩杰妈妈病倒后，又要生活又要治病，为补贴家用，她一有时间就上街帮人发传单，原来白白的女孩生生地晒成了'黑姑娘'。"

照料养母生活起居是孟佩杰每天耗时最长的"必修课"。刘芳英瘫痪后大小便失禁，为了尽可能避免弄脏床单被褥，孟佩杰就在褥子上铺上塑料布，塑料布上又铺上床单。即便如此，洗尿布、衣裤、床单仍是她每天必做的"功课"。另一项必做的"功课"是帮助养母做康复训练。去年，临汾一家医院听闻孟佩杰的感人故事后，将刘芳英接入医院免费治疗。为配合医院治疗，孟佩杰每天要帮养母做 200 个仰卧起坐、拉腿 240 次、捏腿 30 分钟……长年瘫痪在床的养母排便困难时，孟佩杰就用手指帮她一点点地抠出来。

刘芳英说："这么多年来，佩杰的乐观感染了我，让我找回了生活下去的勇气。""刚瘫痪那几年我心情不好，常发脾气，但她从来没和我争过吵过，而是笑着给我讲故事，我不知她的故事是从哪来的，她还买了一本笑话书读给我听，经常挤眉弄眼、出丑变怪逗我乐。再苦再累，她都没在我面前流过一次眼泪，什么时候都是一脸阳光高高兴兴的样子。她还常鼓励我，说'妈妈别怕，有我呢，只要精神不滑坡，办法总比困难多'。"

说起这些年的不易，孟佩杰不觉得有特别之处。她说："我只不过是做了每个女儿都会做的事。"

2009 年，临汾市委授予孟佩杰母女"文明和谐家庭"称号，2010 年孟佩杰成为临汾市年龄最小的"十佳道德模范"，还被山西电视台评为"2010 年十大记忆人物"。许多网友在投票帖子上留言发表感慨，有网友称 19 岁的她是"年龄最小的候选人，却是最'大'的人"；还有校友留言鼓励："也许你不认识我，但我认识你，你一定要加油，一定要坚强。"面对大家的热情，她写下这样的话："谢谢各位！在这样落寞现实和浮躁的社会里，也许，你们更让我感动！"

2012 年 2 月 3 日，孟佩杰获得感动中国十大人物荣誉称号！《感动中国》节目组给她的颁奖词是：在贫困中，她任劳任怨，乐观开朗，用青春的朝气驱赶种种不幸；在艰辛中，她无怨无悔，坚守清贫，让传统的孝道充满每个细节。虽然艰辛充满四千多个日子，可是她的笑容依然灿烂如花。推选委员王振耀说：童稚的年岁，她一力撑起几经风雨的家。她的存在，是养母生存的勇气，更是激起了千万人心中的涟漪。

思考
练习题

1. 简述幸福的五要素。
2. 简述情绪调节的方法。
3. 结合情绪的冰山模型，分析考试焦虑产生的深层原因，简述如何正确认识考试。
4. 合理情绪疗法的基本理论是什么？结合本章第一节小张的案例，分析导致小张焦虑和抑郁的原因，简述帮助小张缓解焦虑和抑郁情绪的方法。

第五章 学习与健康教育

学习是大学生的主要任务，也是大学生活重要的组成部分。学习不仅能够提高大学生自身的修养，培养大学生健全的人格，也会对职业生涯发展产生重要影响，因此学习对大学生来说有着极为重要的意义。

第一节 认识学习

进入大学以来，小 A 就没有努力学习过，上课不认真听讲就罢了，甚至有时课也不上，躲在寝室上网、打游戏。他告诉同学们，高中老师总给我们讲，"现在拼搏是为了将来考上好大学，找个好工作"。现在考上大学了，目的达到了，该好好歇歇、好好玩玩了。辅导员多次找他谈话，他仍然坚持己见，我行我素。小 A 也知道大学好好学习将来才可以找到更理想的工作，更好地为社会做贡献，但就是不想学，不想上课，想彻底放松高中时期累坏了的身心，把高中没玩的"缺憾"补回来。

你认为小 A 遇到了什么学习问题，我们应该怎样帮助他？

一、学习目标

（1）了解学习对我们每个人的重要作用、意义和价值。
（2）认识大学生的学习特点及常见的学习问题。
（3）调节学习心理障碍，激发学习动力，增强学习的自觉性。

二、心理动能解析

（一）学习的界定与作用

学习是个体在特定情境下由于练习或反复训练而产生的行为或行为潜能的比较持久的变化。

学习对于个体的生存和发展具有重要作用。首先，学习是机体与环境取得平衡的条件。人类要适应环境、改造环境，使环境更好地为人类服务，必须通过大量的学习才能实现。其次，学习可以影响身心的成熟。如果对初生的动物剥夺某方面的刺激作用，则可以影响其相应的感觉器官的发育和成熟。最后，学习能够激发人脑智力的潜能，促进个体心理的发展。有些人小时候学习成绩一般，但后来成了伟人，有了很高的智力水平和成就，这就是学习激发了个体的潜能。即使是到了中年、老年，人的头脑中的潜能仍能发挥出来。①

（二）大学生的学习特点

大学生的学习表现出自身独有的特点，具体表现为以下几个方面。

1. 学习的专业性

大学生的学习是在确定基本专业方向后进行的，学习的职业定向性较为明确。了解本专业的基本架构、未来的职业方向，增强对本专业的学习兴趣，是大学生学习的基本动力。大学学习阶段不仅要掌握本专业的基本知识，还要拓宽视野，充分利用校园里的各种资源，了解或者辅修自己感兴趣的课程，多参与不同领域的讲座，多与导师沟通交流，参加一些与专业相关的项目活动。

2. 学习的自主性

自主学习是指学习者积极主动地参与学习活动的过程，其核心是学生积极主动控制调节自己的学习。② 大学阶段，自主学习能力应是大学生的必备技能。大学生的学习自主性存在以下特点：① 对自己的学习风格和策略有很好的了解；② 对手头的学习任务采取积极的态度；③ 具有较好的学习时间管理能力。③

3. 学习的策略性

学习策略是指学习者为了提高学习的效果和效率，有意识地制订关于学习过程的方案和对学习活动进行调节控制的心智活动。④ 学习策略有助于知识的整合和经验的激活，对于促进有效学习、实现高校教育教学目标都具有十分重要的理论和现实意义。大学生的学习策略的总体水平较为稳定，且相较于义务教育阶段，其学习策略的应用能力有了显著增强。

4. 学习的探究性

高等教育必须重视培养学生具备会思考、探索问题的本领。这种探索既包括学习和接受前人总结出来的已有知识和经验，还包括探索人类已发现但未解决的问题及未知领域。因此，大学生的学习必然是探索性的、创造性的。

大学生学习的探索性和创造性是有条件的：① 要有扎实雄厚的基础知识和专业知识；② 要充分了解最新的科研成果和前沿的学术动态，要细心钻研，不可浅尝辄止；③ 提倡和培养大学生的探索精神与创造精神。⑤

----

① 陈琦、刘儒德：《当代教育心理学》（第 3 版），北京师范大学出版社 2019 年版，第 66 页。
② 畅肇沁：《大学生学习特点探究》，《山西师大学报（社会科学版）》2010 年第 5 期，第 131—133 页。
③ 何莲珍：《自主学习及其能力的培养》，《外语教学与研究》2003 年第 4 期，第 287—289 页。
④ 杨宁：《从元认知到自我调节：学习策略研究的新进展》，《南京师大学报（社会科学版）》2006 年第 4 期，第 101—105 页。
⑤ 畅肇沁：《大学生学习特点探究》，《山西师大学报（社会科学版）》2010 年第 5 期，第 131—133 页。

（三）大学生学习活动的心理机制

1. 学习动机

学习动机是指直接推动学生进行学习的内部动力。学习动机对于学生的学习活动具有激活、导向、强化等功能。学习动机水平的高低，直接影响学生学习活动的状态和持久性。大学生处于特定的年龄和人生阶段，每个人的世界观、人生观、价值观、理想抱负水平和个性心理特点互不相同，因此学习动机存在个体差异。[1]

2. 学业情绪

学业情绪在大学生学习中扮演着重要的角色。学业情绪能够有效地预测学业成绩，且对个体的身心健康有重大的影响，尤其是积极学业情绪对学业成绩的预测作用更为显著。[2] 一般来说，轻松、愉快、乐观、豁达、开朗的情绪状态会使人精力充沛、思维敏捷、想象丰富、记忆力增强，也让人容易接纳不同意见。

3. 意志品质

意志品质是指个体在行动中具有明确的目的，不屈从于周围人的压力，按照自己的信念、知识和行为方式进行行动的品质。大学生的意志品质对其学习活动有显著影响，研究发现，意志品质的坚韧性、自制力与学习的主动性、计划性，学习态度，学习努力程度各维度之间均存在显著相关[3]。

（四）大学生常见的学习障碍

学习障碍最直接的表现是学业成绩不良，间接表现就是出现如兴趣淡漠、自我效能感降低、负性情绪增加、人际交往困难、逃课等情绪和行为[4]。

1. 学习动机不足

学习动机不足的大学生学习缺乏明确的目的，缺乏相应的积极性和主动性，在课堂上看似在学习，心思却已飞走。也有一些学生的学习具有明确的目的，但目标过高过远、任务过难过重，这种目标难以达到，致使部分学生自我效能感低下，自卑自弃的心理和行为占据上风[5]。长此以往，这类学生容易出现厌学、焦虑、自卑的倾向。

2. 学习策略不佳

大学的学习与高中有许多不同之处，如果到了大学依然采用高中时期的学习方法，就会在学习上遇到很多困难，学习效果不佳。学习方法不得当体现在几个方面：① 不能高效管理自己的学习时间；② 学习策略单一；③ 不会求助；④ 选择和创造良好学习环

---

① 盛瑶环、曾祥福、李启华：《大学生学习动机的调查分析及培养》，《教育与职业》2006年第20期，第101—103页。

② 赵淑媛、陈志坚：《大学生自我效能感对积极学业情绪和成就目标定向的中介作用》，《中国健康心理学杂志》2022年第1期，第156—160页。

③ 许慧：《积极情绪对大学生学习韧性的影响》，《高等教育研究》2015年第3期，第74—77页。

④ 吴金昌、刘毅玮、李志军：《大学生学习心理障碍成因、负效应与对策》，《中国高教研究》2010年第5期，第81—82页。

⑤ 穆刚：《大学生学习困难的类型与特点》，《林区教学》2021年第9期，第103—105页。

境的能力较弱。

3．与学习相关的情绪问题

大学生在学习过程中，经常伴随着一些负性情绪，如焦虑、抑郁、厌烦、回避等。如果这些情绪问题长期得不到有效的调节和改善，大学生就容易出现与学习相关的情绪障碍，如学习倦怠、学习焦虑、考试焦虑等问题。

4．学习意志力不强

学习意志力不强主要表现在学习过程中没有恒心定力、自律性差、没有担当，遇到困难和挫折容易产生畏难和退缩的行为，容易受到其他事物的诱惑而中断学习。大学生学习意志力的强弱与自身的成败经验、归因方式、价值观念、未来取向等因素有关，应当分析大学生意志力薄弱的具体原因进行有针对性的指导。

三、心理行为活动设计

（一）活动名称：学习动力

每个人都有前进和学习的动力，只是有时候学习目标并不明确，很容易为习惯所掩盖，为惰性所消磨。通过"裁 A4 纸"活动，大学生可以认识到动力对学习的重要作用，掌握制订目标—树立自信—确定方法—坚持不懈的思维方法，激发大学生的学习动力和心理能量。

（二）活动设计

1．发放道具

以小组为单位，每组发放 1 把剪刀、3 张 A4 纸，其中 2 张 A4 纸用于练习，另外 1 张用于完成最后的验收成品。

2．活动规则

（1）各小组想办法把 A4 纸剪成一个最大面积的、封闭的圆，可以使尽可能多的小组成员从这一圆中穿过，且圆不能断开。

（2）钻进纸圈内的组员最多，且纸圈不断开的小组获胜。

引导思考：怎样才能将这张 A4 纸剪成一个最大的圆，让所有同学从圆里穿过去，并且纸不被撕断？

3．动手实践

全组同学可以在充分讨论的基础上再动手实践。

4．方法揭秘

（1）将纸对折：对折宽边，长边不动。

（2）剪第一刀（关键一步）：从折叠的边往上裁剪，顶端空一部分不裁剪。

（3）剪第二刀：从对面的顶端开始裁剪，和第一刀一样，裁剪到顶端的时候空一部分不裁剪。

（4）以此类推，直到剪完，一直裁剪到最后一刀的时候，和第一刀一样，一定要从折叠的那条边往另外一条边裁剪。

（5）打开裁好的折纸，就形成一个封闭的圆圈。裁剪的纸条越细，展开后的圆圈越大。

（三）道具准备

A4 纸、剪刀（也可用手撕代替），音乐《回忆观影券》。

四、体验感悟分享

（一）小组讨论

（1）你们是怎样裁剪的？还可以让圈再大些吗？有没有更好的方法？

（2）当裁剪不出圆圈时你们的心情怎样？有灰心过吗？你们相信一定能够裁剪出最大的圆圈吗？此时大家的心理能量如何？

（3）这个游戏带给你怎样的启示？怎样才能够有好的学习成果？

（二）发言及评比

小组讨论后选出小组发言代表。给发言好的小组多加分。

五、教师总结点评

（一）建立明确的学习目标

学习目标是个体从事学习活动所要达到的标准或预期结果。建立明确的学习目标，是大学生学习活动的前提，是提高学习积极性、自觉性和效率的关键。对于大学生而言，学习目标的内容不只是单纯的知识学习，还应该是有助于大学生今后发展的综合的目标体系。这一目标体系包括身心素质目标、科技基础目标、学习能力目标、创新能力目标、专业知识与技能目标、人文素质和文学艺术修养目标、政治思想品德素质目标七个方面，旨在培养德、智、体、美、劳全面发展的社会主义建设者和接班人。

大学生的学习目标必须适应社会、经济、学科和人的个性发展需求，要善于把社会需求与个人发展结合起来，确立适合自己的学习目标。要对社会发展的趋势有正确的预测和判断，使自己的学习目标具有前瞻性和超前性。要认识到自己的不足和欠缺，不断完善发展自己，建立超越自我的学习目标。目标要具有可行性，不能不顾自己的实际情况将目标定得太高，否则不仅目标难以实现，还容易伤害自己的身心健康。大学生还可以随着客观环境的变化而不断修正和调整目标。

（二）树立自信的心理特质

自信是一个人成功的先决条件，自信者相信自己通过不懈的努力可以实现未来的学习目标。有句话叫作强烈的意念就是强大的力量，我们相信自己能够成功，就会吸引来许多有助于成功的理念、信息、方法和智慧。自信并非凭空而来，它需要大学生能够对自身的能力和个性具有更为客观的认识和评价。如果个体对自己的评价过低则容易产生自卑，过高则容易产生自负，这两种情况都容易使个体在实践中遭受更多的挫败，挫败会增加个体对自己的质疑和不信任。

一个个小的成功经历有利于自信心的建立。在确立了合理的目标之后，大学生要全力以赴、不畏艰难、千方百计地达成自己的目标，从而获得一个个小的成功体验和经验，同时赞美、嘉许、奖赏自己，不断增强自己的自信心。如果目标确立之后并没有全力为之付出，那么失败的概率就会增多，这会增加自卑的情绪。如果目标确立之后并没有全力付出却成功了，决不能增长自负的情绪，因为骄傲往往使人落后。若拼尽全力依然失败了，则要学会合理归因，正确看待成败，坚信失败永远都是成功之母。

（三）不断提升的学习能力

学习能力是达成学习目标的保障，因此大学生要不断提升自己的学习能力。提升学习能力可以从以下三个方面着手：① 选择良好的学习氛围。高校给学生提供了很多有利的学习资源、学习设备等，大学生应积极合理地利用这些资源，多去图书馆、自习室、阅览室等跟学习相关的场所，多参加创新创业、专业竞赛等各类跟学习相关的比赛和活动，给自己营造良好的学习氛围。② 掌握科学的学习方法。学习方法使用不当会导致学习效率较低，事倍功半，且容易伤害个体的自尊心。大学生的学习不同于高中阶段，注重理论与实际的结合，强调学习的自主性，大学生应不断优化自己的学习策略，提升自己的学习能力。③ 克服各种学习障碍。学习是一项长期而艰苦的劳动，在这一过程中难免会出现各种各样的学习问题，如学习焦虑、学习疲倦、学习困难、厌学等，大学生要积极应对这些问题，克服这些问题带来的负面影响。

知识窗：几种科学的学习方法

六、活动效果强化

（1）成长宣言（全体起立，高呼三遍）："激发学习动力，勇于探索未知！"
（2）个人作业：制订自己的大学学习计划。
（3）小组活动：
① 每人分享自己的大学学习计划。
② 每人确定一位监督员，监督自己在大学期间落实学习计划。

七、拓展阅读参考

学在高职，练就一技之长

近日，"90 后高职毕业女生在清华大学担任老师"的话题引发热议。毕业于陕西工业职业技术学院的邢小颖，2014 年以专业综合排名第一的成绩被推荐到清华大学基础工业训练中心任教。而和她一样毕业于陕西工业职业技术学院、在清华任职的前后有 5批 13 人。他们的故事充分诠释了一个最朴素的道理——掌握一技之长就不愁拥有出彩的人生。

就职于清华大学基础工业训练中心的邢小颖老师，2011 年通过高考进入陕西工业职业技术学院材料成型与控制技术专业就读，和很多进入职校后自暴自弃的学生不同，邢小颖很有上进心。为了能够磨炼自己的实操能力，加强专业技术知识的掌握，在校三年期间，每次实训课，邢小颖都是第一个到，课上拆了练、练了拆，反复锤炼，她在学校待得最多的地方是实训基地。这种刻苦的学习方式、严谨的学习态度，让邢小颖打下了良好的基础。

2021 年，她在清华大学基础工业训练中心给同学们讲铸造课的短视频，因为清晰而富有激情的表述，极强的动手能力和具有吸引力的演示，获得了两亿播放量和百万点赞。2022 年 5 月 24 日，在教育部介绍职业教育发展情况的新闻发布会上，她作为职业教育的优秀代表，进行了远程连线。能够在这样的平台发言，对于任何人而言都是一种认可和荣光。

一直以来，专科学历在本科学历面前，就是"矮一头"。高职高专被视为"差生才去的学校"，高考没考上本科，似乎人生就没有了光明的前途。邢小颖作为一名高职生，却能进入最高学府清华当老师，为清华学子上课，这无疑是极其华丽的"人生逆袭"。而她积极向上，努力奋斗，以勤勉点亮人生，用知识改变命运的经历，也为广大职校学子树立了学习的榜样和励志的标杆。

从高职学生到清华老师，这条路谁来走，都不容易。邢小颖有不卑不亢的自信之心、奋发图强的进取之心和日就月将的恒久之心。初入高职，她没有因为自己没考上本科而气馁，也没有打算自暴自弃地混日子，而是充分地利用了学校重实训、强技能的优势，勤学苦练，脚踏实地，不仅学得了一技之长，而且在专业领域精益求精，这为她赢得了被推荐至清华大学基础工业训练中心任教的机会，也为她数年后因为课讲得好而走红网络奠定了基础。

进入清华之后，她也没有骄傲自满、安于现状，而是在教学中继续学习，继续奋进。她一边提升自己的讲课能力，以便让未曾接触实训的学生能够很快听明白、弄清楚；一边在传授技能的同时，从顶尖学府的学子们身上，汲取不断进步的动力和方法。几年来，她通过中国地质大学的专升本拿到学士学位，在专业领域做研究、发论文、申请专利，获评了工程师职称。这条路或许比别人走得更长一些、更难一些，但坚持不懈地走下去，必有所成，必有所达。

当然不是每个职校学生，都能成为邢小颖，但她的经历，至少告诉了我们两个道理。其一，在国家大力发展职业教育的当下，让职校生拥有和普通高等教育学生平等的权利和机会，让职业教育成就更多精彩人生，并不是一句空话，有人相信便有人能做到；其二，人生无论起点如何，都需要不懈努力，才能抵达自己想要的终点。起点高也不能故步自封，起点低也无须自怨自艾，不被偏见束缚，不被困难吓倒，就像跑马拉松一样，笑到最后，才能笑得最美。

我国目前正在从制造大国迈向制造强国的路上，产业结构升级转型、智能制造快速发展，对高层次、复合型技术技能人才的需求越来越迫切。拥有一技之长的高技能人才，可以看到更高、更远、更广阔的世界，也将真正拥有属于自己的舞台。"职校毕业在清华当老师"这样的案例，让公众看到时代在变，职校生正在拥抱更宽广的舞台，走上多元发展的路径。起点从来不决定终点，路终究要靠自己去走。成功没有捷径，努力和勤奋就是不二法门。找到自己热爱的领域，并为之持续努力，不断深挖专业理论，苦练技术技能，不断筑高成长的阶梯，职校生一样可以拥有远大前途。

第二节　学习能力提升

导入案例

学生小李进入大学后，在学习、生活上表现得不好，具体表现为：生活上，长期不洗澡、不刷牙，衣服长期不洗，导致宿舍有异味；学习上，经常上课迟到甚至旷课，课堂学习效率不高；校园活动上，基本不参加学校、系部、班级活动。班级辅导员准备对其进行适时的思想教育引导，帮助他提高自我管理能力，更有效地融入大学生活。

小李在学习、生活和校园活动上出现问题，是哪方面的能力缺失导致的呢？我们应该怎样帮助他提高个人能力，改善他在学习、生活上的习惯？

一、学习目标

（1）了解能力的类型与能力发展的影响因素。
（2）掌握实现个人理想需具备的必要能力素质与能力提升策略。
（3）有效培养个人综合能力，促进潜能开发。

二、心理动能解析

（一）能力的概念与类型

能力是直接影响活动效应，保证活动顺利完成的个性心理特征。能力总是和人完成一定的活动联系在一起，离开了具体活动既不能表现人的能力，也不能发展人的能力。例如，一个有绘画能力的人只有在绘画活动中才能施展自己的能力，同时通过不断进行绘画练习提高自己的绘画能力。

能力是顺利完成某种活动直接有效的心理特征，而不是顺利完成某种活动的全部心理条件。因为成功完成某种活动受许多主观因素的影响，如知识经验、性格特征、兴趣与爱好等，但这些因素都不直接影响活动的效率，不直接决定活动的完成，只有能力才有这种作用，它是完成某种活动所必备的心理特征。例如，思维的敏捷性和言语表达的逻辑性，是直接影响教师能否成功地完成教学任务的能力因素。

根据能力表现的不同领域，能力可以分为一般能力和特殊能力。一般能力是指进行各种活动必须具备的基本能力，包括个体在认识活动中所必须具备的各种能力，如感知能力（观察力）、记忆力、想象力、思维能力、注意力等。一般能力也称为智力，抽象思维能力是智力的核心，它制约着能力发展的水平。特殊能力又称专门能力，是顺利完成某种专门活动所必备的能力，如音乐能力、绘画能力、数学能力、运动能力等。特殊能力有其独特的结构，如音乐能力就是由四种基本要素构成：音乐的感知能力、音乐的记忆和想象能力、音乐的情感能力、音乐的动作能力。这些要素的不同结合，构成了不同音乐家的独特的音乐能力。

（二）能力发展的影响因素

能力的形成与发展主要受先天素质和后天因素的影响，后天因素主要指对先天素质产生作用的环境、教育和实践活动等，这些因素交织在一起，对能力发展产生影响[1]。

1. 先天素质

先天素质是人们与生俱来的解剖生理特点，它包括感觉器官、运动器官、神经系统和脑的特点。这些解剖生理特点主要由基因决定，它是能力形成和发展的自然前提和物质基础。没有这个基础，任何能力都无从产生，也不可能发展。

2. 产前环境及营养状况

胎儿生活在母体的环境中，这种环境对胎儿的生长发育及出生后智力的发展有重要的影响。许多研究表明，母亲怀孕期间服药、患病、大量吸烟、遭受过多的辐射、营养不良等，会造成染色体受损或影响胎儿细胞数量，使胎儿发育受到影响，甚至直接影响出生后婴儿的智力发展。

3. 早期环境

从出生到青少年时期是个体能力发展的重要时期。"狼孩儿"的例子可以说明早期环境在个体智力发展中的作用，由动物抚育的孩子能力发展明显落后，且孩子落入动物环境的时间越早，智力发展所受到的损害就越严重。这一时期的负性事件也会影响个体认知功能的发展，如父母重病或离世、虐待儿童、其他家庭变故等都可能损害个体的认知功能的发展。

4. 教育条件

个体发展水平的高低、速度的快慢，主要取决于后天的教育条件。家庭环境，生活方式，家庭成员的职业、文化修养、兴趣、爱好，以及家长对孩子的教育方法与态度，对能力的形成与发展有极大的影响。在教育条件中，学校教育对学生的能力发展起主导作用。

5. 实践活动

实践活动是人与客观现实相互作用的过程，是人所特有的积极主动的运动形式。尽管先天素质、早期环境、教育是能力形成的重要因素，但这些因素只有在实践活动中才能影响能力的形成与发展，可以说实践活动是能力形成与发展的必要条件。人的自学能力是在学习活动中形成与发展的；人的组织能力也是在长期的社会实践中逐渐形成的。人的各种能力，脱离了具体的实践活动是无从提高和发展的。

_____

[1] 彭聃龄：《普通心理学》（第五版），北京师范大学出版社 2019 年版，第 419—423 页。

6．其他个性因素

环境和教育是能力形成与发展的外部条件，外因必须通过内因起作用。一个人要想发展能力，除了必须积极地投入到实践中去，还要充分发挥自身的主观能动性——积极的个性心理特征，即理想、兴趣、勤奋和不怕困难的意志力。

（三）大学生能力的培养与潜能开发

1．把握学习的关键期

能力和潜能是变化发展的，这就要求在开展学习、教育活动之前，学生、教师和家长都必须充分认识并具体分析各种"可能状态"。学习存在关键期，大学生的有效学习、能力的发展、潜能的开发都要抓住机遇，充分利用资源，在学习的关键期内尽可能掌握更多的知识。

2．培养大学生的自主学习能力

自我激励是进行自主学习的前提，大学生可以通过自我激励提升自主学习的能力。持续激励自己，保持勤奋刻苦的学习劲头、探索求知的学习热情和坚韧不拔的学习毅力，是所有人学有所成的必要条件。大学生自主学习能力的培养需要教师的支持和帮助，如教师对于学生问题的倾听、对学生努力的肯定与赞赏、为学生在困境时提供的帮助、对学生观点的包容与认可都能激发学生的进取心，增强其自主学习的意愿。

3．培养大学生的创新能力

大学生创新能力的培养可以从三个方面着手。首先，大学生要增强自信，不断培养自己的创新意识。部分大学生在学习生活中往往迷信权威，不敢质疑和批判权威的人物或观点，大学生要相信自己、增强创新意识、敢于批判与质疑。其次，大学生要学习创新思维的方式，并在实践中不断尝试与发展。大学生可以学习总结已有创新成果或产品的创新思路或模式，并有意识地应用于自己的实践中。最后，大学生还要紧跟行业或领域发展趋势，不断地学习和积累，为创新提供基础。

4．优化时间管理策略，提升学习时间管理能力

在大学生的学习和生活中，时间管理能力对提高学习效率和学业成绩，减轻心理压力和降低焦虑，提高主观幸福感起到很重要的作用。时间管理能力是可以通过学习而提高的。

三、心理行为活动设计

（一）活动名称：达成目标

通过此活动，同学们可以明确个人奋斗的目标，体验达成理想目标路途的艰难曲折，感悟脚踏实地、坚持不懈、创新创造、求助支持后实现目标的喜悦，并思考目标达成需要怎样的能力素质，制订大学期间个人能力素质发展计划。

（二）活动设计

（1）把自己欲实现的人生理想目标写于贴纸，贴在随身小物件上。

（2）全体同学站在人生海洋线外（提前划好）。

（3）尽力将理想职业抛向最理想的人生海洋位置（3～4 米）。

（4）拿回人生海洋中的理想目标，寓意实现了人生理想。

（5）拿回理想目标的规则：

① 自己亲手拿回，不可让他人代替。

② 人生海洋内除了两手外，身体其余各部位均不可着地。

③ 可以寻求外援协助，但必须自己亲手拿回，所有援助者同样仅仅双手可以着地。

引导思考：

① 在拿回自己的人生理想目标时遇到了哪些困难？你能战胜它吗？你准备怎么战胜它？

② 你能独立拿回自己的人生理想目标吗？需要他人帮忙吗？你是如何寻求他人帮助的？

③ 你在同学的帮助下拿回了自己的理想目标，此时的心情如何，有什么感悟呢？

（三）道具准备

粉笔或彩绳，音乐《慢慢》。

四、体验感悟分享

（1）在拿回理想目标的过程中有何体会？是什么在支撑自己？

（2）目前自己的能力离实现理想目标还有哪些差距？

（3）达成自己的理想目标需要怎样的能力素质？

五、教师总结点评

（一）能力是可以培养和发展的

能力受到遗传等先天因素的影响，但是后天的环境和个体的经验更会影响能力的发展。例如，0—25 岁，个体的流体智力会随着年龄的增加而不断增长，而个体的晶体智力在 25 岁以后还会不断增长。

将智力看成可以增长的观念也被称为智力发展观，这种观念有利于个体选择那些具有挑战性的任务，不断提升自身的能力。人的能力有时像黄金一样，有着良好的延展性，因此，要相信人的能力是学习和培养出来的，要有主动学习、着力培养自己能力的意识，努力创造提升自己能力素质的机会，不断成长，以适应飞速发展的社会文化生活。

（二）重视实践对能力发展的作用

人的能力是在实践中得以形成和发展的。大学生要重视实践对自身能力发展的作用，努力在实践中提升自己的能力。拿回"理想目标"的过程正是在实践中了解自我能力、不断调节自己、提升自我能力的过程。

对于大学生而言，要通过实践促进自我能力的发展应注意以下三个方面。① 掌握全面的专业理论知识。课堂和书本知识的学习，可以使个体以较短的时间掌握大量的间接知识，这些间接知识来源于实践，但又高于实践，是系统的科学文化知识，可以很好地指导未来的实践活动，这是能力发展的重要基础。② 积极在实践活动中运用理论知识。大学有很多实践教育机会，如见习实习活动、创新创业项目与专业竞赛项目等，大学生应积极主动参与这些实践活动，将理论知识应用、转化为自己的能力。③ 在实践中提升创新能力。实践情境是不断发展变化的，大学生应敢于在实践中灵活利用理论知识，勇于在实践中创新和发展理论知识，善于在解决一个个问题的过程中提升自己的创新水平。我国正处在一个科技大创新大发展时期，大家要在大学期间培养出创新的意识和素养，为祖国的科技发展进步、为民族的繁荣富强贡献青春力量！

（三）培养良好的意志品质

能力的发展不是一蹴而就的，需要个体坚持不懈、不断克服困难才能实现，大学生要发展能力，实现未来人生理想，必须培养良好的意志品质。

（1）树立高尚的理想。大学生应该树立符合祖国利益、集体荣誉和有利于自我实现的理想，这样才能得到社会的认可和环境的支持，才能做社会的有用之才。

（2）树立正确的挫折观。挫折是普遍存在的，是坚强意志品质形成的强大动力，许多大的成功往往是在历经许多挫折后才能取得的，中国共产党的发展史足以说明这一点。

（3）锻炼坚强的意志。体育锻炼不仅可以提高人的身体素质，还能改善情绪，培养机智、勇敢、坚强等意志品质。同时大学生应有意识地选择优秀的英雄人物作为自己的榜样，不断激励自己，培养自己的意志力。

六、活动效果强化

（1）成长宣言（全体起立，高呼三遍）："不断提升能力，培养优质素养！"
（2）个人作业：每人写出一位自己敬佩的意志坚强的英雄模范人物。
（3）小组活动：每人分享一位自己敬佩的意志坚强的英雄模范人物。

七、拓展阅读参考

打破魔咒创造历史 奋力一跃改写人生

"奋斗是青春最亮丽的底色，在青春的赛道上奋力奔跑，勇敢追梦，青春无悔。"回顾 27 年的体育生涯，徐梦桃不止有耀眼的成绩，更有永不放弃的拼搏精神和超越自我的不懈追求。她和一代又一代的有志中国青年一样勇敢追梦，不断奋斗，为祖国争光、为人生添彩。她一遍一遍地练习，每天各种肌肉训练，从6层楼的高度滑落，起飞，旋转，无畏困难，就是为了一个冬奥梦。终于在北京，32岁的徐梦桃，在半月板只剩下30%的情况下，第四次坚韧地站在了冬奥会赛场，拿下了心心念念的金牌。

四届冬奥会徐梦桃都是那个"拼"金牌的姑娘。在没有雪的夏天，徐梦桃都会到国家体育总局秦皇岛训练基地训练，北京冬奥会期间更是如此。那段时间，徐梦桃就从高台成千上万次地往水池里跳，跳到自己都感到"绝望"，但即便这样，她也不允许自己停下来。"这4年没有人知道我是怎么过来的，真的是每天都在'比赛'。"即便这样的高强度训练，徐梦桃依然觉得不够，常常给自己加练。夏天最热的时候，徐梦桃常常一个人在操场跑圈。数不清跑了多少米，不知道流了多少汗。徐梦桃拼得有多狠，周围的人都看在眼里。身为31岁老将的她，3 000米成绩是12分18秒，在中国冰雪600人体能大比武中排名第四，在空中技巧女队成年组排在第一。

"不要放弃你的努力，你的努力不一定什么时候会帮到你，但一定是在关键时刻！"这是北京冬奥会夺冠后，徐梦桃说得最多的一句话。她觉得，"不论处于什么水平和状态，都需要不断探索、总结、提高，每一次向前迈进、取得成绩，都是对付出的最好回报。同时，让你收获经验，接着再去克服困难，继续突破"。

徐梦桃在实战中不断进行自我总结和反思，修改技术动作的漏洞和不足，反复磨炼，这让她的整体竞争力得到了很大提升。如果说十七岁的苏翊鸣让人有天才少年"横空出世"之感的话，那么徐梦桃的金牌则让我们感叹：原来一颗渴望冠军的心可以如此强大。自由式滑雪空中技巧这个项目，每一次跳跃都是与命运的交锋。在追梦奥运的道路上，徐梦桃先后经历了四次膝部手术，一双膝盖伤痕累累。几乎每一次重伤都可以让她选择退役，但徐梦桃并没有向挫折低头。徐梦桃打破了一切禁锢，简直就是一部励志的传奇故事。她的个人荣誉足够闪耀，伤疤已成她最好的勋章。有些人一辈子成功不了一次，失败是常态，登顶只是小概率。但是，总有一种人，在明白这一切的残酷以后依然选择继续冲顶，不懈努力。

第三节　时间管理

导入案例

小吕，男，21岁，大二学生。父母望子成龙，管教严格。小吕高考成绩挺好，在大学班级成绩排名也很靠前，性格外向，长相帅气，深受同学喜欢，被选为班长。小吕在大一期间表现积极，报名参加了各种社团，想要提高自己各方面的技能。但是由于班长职务比较繁忙，社团活动较多，搞得小吕身心俱疲。在同学的影响下，小吕开始接触网络，想要在虚拟世界得到放松。但由于自控力差，小吕完全沉迷于网络，经常半夜不睡觉玩游戏，白天睡不醒，开始逃课，社团活动也不参加了，成绩也迅速下降。到了大学毕业，因为成绩挂科，被延迟毕业，找工作也很迷茫。

小吕应该如何处理学习、生活和兴趣爱好的关系，才能避免以上后果的出现？我们应该如何围绕自己的职业梦想科学安排时间？

一、学习目标

（1）认识科学管理时间的意义。

（2）觉察自己管理时间的能力。

（3）掌握科学管理时间的方法技巧。

二、心理动能解析

（一）时间管理概念

从管理学角度看，时间管理是指以时间为管理对象，通过科学的方法与手段，对时间进行合理计划和控制，有效安排与运用。科学管理时间意味着要减少时间的浪费，提高时间利用的效率与效果，做时间的主人，将对时间被动地、自然地随意打发，转变为系统地、有计划地、有目的地主动分配使用。而从心理学的角度看，时间管理指个体为有效利用时间资源而进行计划和控制的活动，即个体在同样的时间消耗下，为提高时间的利用率和有效性而进行的一系列工作，其目标是要使人们从被动地、自然地使用时间转到系统地、集中地、有目的地、有计划地主动分配使用时间，从而进行高效的、富有创造性的劳动。

人们的一切活动都离不开时间，一个人能否有效地进行时间管理，不仅与他是否掌握了管理时间的方法与技巧有关，还与他的时间观念和对时间价值的认识有关，从更深层次来看，也与他的人生观和价值观有关。时间管理的核心是个人的自我控制和自我管理。因此，结合以上界定，时间管理可以概括为以提高时间的有效性（效率和效果）为目标，借助科学的方法与手段，对时间进行合理计划与控制、有效安排与运用的一系列管理活动，是个体的自我控制和自我管理。

（二）时间"四象限"法则

时间"四象限"法则是美国管理学家史蒂芬·柯维提出的一个时间管理的理论，他把工作按照是否重要和是否紧急两个不同的维度进行了划分，基本上可以分为四个"象限"（图 5-1）：重要且紧急（如准时完成工作、住院开刀等）、重要但不紧急（如建立人际关系、保持身体健康、学习新技能等）、紧急但不重要（如打电话、招待不速之客、参加部门会议等）、不紧急也不重要（如上网、闲聊、看电视等）。这四个象限的划分有利于我们对时间进行深刻的认识及有效的管理。

按处理顺序划分：先是重要且紧急的，接着是重要但不紧急的，再到紧急但不重要

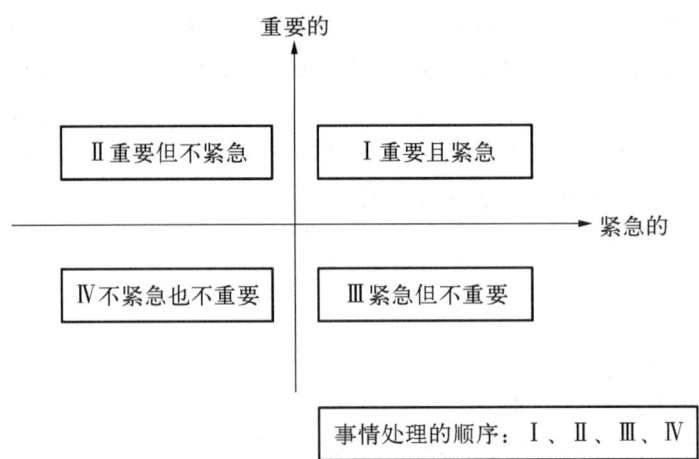

图 5-1　时间管理的四象限

的，最后才是不紧急也不重要的。"四象限"法的关键在于第二和第三类的顺序问题，必须非常小心区分。另外，也要注意划分好第一和第三类事，都是紧急的，区别就在于前者能带来价值，实现某种重要目标，而后者不能。

三、心理行为活动设计

（一）活动名称：七彩人生

科学管理时间是顺利完成学业的重要因素，"七彩人生"活动通过减去已过去的时间，帮助学生认识到时间的飞逝，形成珍惜时间的观念；通过对剩下时间的规划，帮助学生科学管理自己的时间，更有效地实现人生目标。

（二）活动设计

（1）每人发 1 米长彩纸条，1 厘米代表 1 年，1 米代表 100 岁的生命。

引导感受：感受自己的生命长度。

（2）按照自己现有年龄度量出相应的长度，然后剪掉。

引导感受：感受自己剩余的生命长度。

（3）剪掉退休后的年龄 35 厘米（以 65 岁为标准）。

引导感受：感受自己剩余的时间长度。

（4）按照自己每天睡眠约 7~8 小时时长，剪去剩下彩条的三分之一长度。

引导感受：看着剪掉的彩条，你有什么感受？剩下的彩条越来越短，你有什么感受？

（5）冥想时间线规划未来：

① 全体起立，每人寻找一个 50 厘米宽的活动空间，想象着面前有一条时间线，你站在这条时间线上，左侧代表你的过去，右侧代表你的未来。

② 全身放松，闭上眼睛，想象自己剩余的时间线、即将要实现的职业目标，以及

你现在所处的时间点。

③ 向你右侧未来的方向迈上一小步，站到你实现就业的时间点。

引导冥想：你已经找到了你理想的职业，你穿着漂亮的职业服，走进单位的大门。你看到了周围美丽的场景。你的周围都有什么人？他们对你说了些什么？你此时的心情如何？你印象最深刻的是什么？请你把它记下来。

④ 请往左侧迈一小步，回到当下。

引导思考：请你对比一下，现在的你与找到理想职业的你有什么不同？

⑤ 再次向右侧未来的方向迈出一步，站在你理想职业的位置，将连接理想职业与当下之间的时间线调到足够鲜艳、足够明亮、足够清晰。

引导思考：从当下开始到你的理想职业是一条鲜艳的、明亮的、清晰的道路，道路上清楚地写着到达理想职业需要具备的能力、素质，具体是什么内容呢？请把它记下来。

⑥ 请向左侧过去方向迈两小步。

引导思考：回忆你在过去的学习和生活中做的三件让你难忘的错事，放在胸前，请牢牢记住，吸取教训。

回忆你以前做过的三件很成功的事情，放在胸前，请牢牢记住，汲取经验。

⑦ 请再向右侧未来方向迈两步，把珍藏的经验教训放到明亮的时间线上，坚信它可以支持你实现职业理想。

⑧ 请向左迈一步，回到现在的时间点。

引导思考：要达到你理想的职业还剩几年时间？应该怎么规划？

（6）睁开眼睛。根据以上冥想的内容，将你实现职业理想的剩余时间划分，写下每年要完成的重要内容。

（三）道具准备

1 米彩条，音乐《The Tide》。

四、体验感悟分享

（一）分享方式

（1）两人一组相互分享。

（2）自愿在班级分享。给在班级分享者所在小组加分。

（二）分享内容

（1）看到自己的时间带一点点被剪去时，你有何感受？

（2）你在那些被剪去的时间里做了什么？是否充分利用了时间？

（3）围绕你的理想目标，你将如何科学规划大学的剩余时间？

（4）本节导入案例中的小吕应该如何科学安排时间？

五、教师总结点评

（一）利用有限的大学时间，实现理想职业

大学与中学不同，时间自由性很大，大部分时间是自己安排的。但是许多学生还不知道如何管理时间，很多大一学生新鲜感来袭，报了若干社团，参加学生会，一味地希望通过锻炼提升自己的能力；有些学生每天泡在图书馆里，整日埋头读书；有些学生整天待在寝室，没有任何其他的课余生活。不少大学生自认为时间很多，做事喜欢拖延，缺少规划，到大学毕业的时候，才发现自己和其他同学有很大差距，很多高考分数低于自己的同学都取得了比自己优异的大学成绩。因此，我们要想有一个完美的未来，科学有效地规划人生的时间是十分重要的。时间是我们最宝贵的资源，但也是我们最大的敌人。珍惜时间，才能掌握自由；浪费时间，只会受时间摆布。而且时间管理中的"二八原则"告诉我们，合理地利用时间可以事半功倍。新时代的大学生必须做时间的管理者，做时间的主人，只有充分利用有限的大学时间完善自己的知识结构和提升能力水平，才能在最短的时间内取得理想的大学成绩，实现自我价值。

（二）从此刻开始言出必行，做行动的巨人

我们经常说人生应该有理想，但理想不是人生的目的，决定人生价值的不是人的美好理想，而是行动。过去人们曾反复讨论"知与行"谁先谁后的问题，"知"固然重要，但是如果不落实到行动上，"知"就成了夸夸其谈。因此，行动决定一切，行动才是首要的。墨子说"志行，为也"，也就是说意志付于行动，那才是作为。总有人感慨人生苦短，而在这说长不长说短不短的人生中，最让我们得意的莫过于实现了自己的理想。人生有了理想才有动力，而追求理想的开放的人生要求我们必须敢于行动、及时行动、善于行动。而要想成为善于行动者和行动高效者，最重要的就是在做好规划、拥有目标和方向之后，及时把握机会，把想法付诸实践，在实践的道路上坚持不懈，直至看到成功的曙光。从此刻开始，言出必行，做行动的巨人，才能让理想在实践的过程中成为现实。

六、活动效果强化

（1）成长宣言（全体起立，高呼三遍）："科学管理时间，梦想一定实现！"
（2）个人作业：围绕你的大学学业，画出一个月的时间管理表。
（3）小组活动：每人分享自己的时间管理表。

七、拓展阅读参考

人 生 的 瓶 子

一天，时间管理专家为学生讲课。他现场做了演示，给学生们留下一生难以磨灭的

印象。他说："我们来做个小测验。"然后他拿出一个大玻璃瓶放在面前的桌子上，接着取出一堆拳头大小的石块，仔细地一块块放进玻璃瓶里。直到石块高出瓶口，再也放不下了，他问道："瓶子满了吗？"几乎所有学生回应道："满了。"时间管理专家反问："真的？"他伸手从桌下拿出一桶砾石，倒了一些进去，并敲击玻璃瓶壁使砾石填满下面石块的间隙。"现在瓶子满了吗？"他第二次问道。

但这一次学生有些明白了，"可能还没有"，一位学生应道。"很好！"专家说。他伸手从桌下拿出一桶沙子，开始慢慢倒进玻璃瓶。沙子填满了石块和砾石的所有间隙。他又一次问学生："瓶子满了吗？""没满！"学生们大声说。他再一次说："很好。"然后他拿过一壶水倒进玻璃瓶直到水面与瓶口齐平。专家抬头看着学生，问道："这个例子说明什么？"一个心急的学生举手发言："它告诉我们：无论你的时间表多么紧凑，如果你确实努力，你仍然可以做更多的事！""不！"时间管理专家说，"那不是它真正的意思。这个例子告诉我们：如果你不是先放大石块，那你就再也不能把它放进瓶子里。那么，什么是你生命中的大石块呢？与你的爱人共度时光？你的信仰、教育、梦想？或是和我一样，教育指导其他人？但是，同学们，不论你们选择了什么，切记一定要先去处理这些'大石块'，否则，你一辈子都不会成功。"

由上面的例子我们可以得到的启示是：每个人每天需要处理的事情有很多，时间却是有限的，我们要采用行之有效的方法，组织和管理好自己学习、生活、工作的方方面面，最大限度地利用自己所拥有的时间；时间管理的中心原则是"努力集中必要的批量时间去潜心做最重要的工作"；时间管理的现实意义在于，面对流动的时间进行有效的自我管理。

思考练习题

1. 什么是学业情绪？简述学业情绪与大学生学习行为之间的关系。

2. 结合自身实际，谈谈在大学期间应该培养自己哪些方面的能力，如何开发自己这些方面的潜能。

第六章　压力与健康教育

当代大学生面临来自学业、人际、未来发展等各方面的压力，在充满竞争性的环境中，由于社会经验、人际交往能力等不足，在面临困难、阻碍和挑战时容易产生恐惧感、受挫感等。过大的压力和重大的挫折会导致大学生出现情绪、行为、人际关系等问题，甚至会出现极端行为。本章主要通过体验式的教学活动，帮助大学生正确应对压力和挫折，学会从认知、行为和人格层面管理压力与应对挫折，增强大学生心理危机应对能力。

第一节　压力调适

导入案例

小杨，女，大二学生。农村人，家庭条件一般。性格内向，对自己要求严格，家人给予的期望很高。小杨第一学年期末考试不理想，没有拿到奖学金，在班级干部竞选中也没有被选上，自尊心受挫。现在第二学年过了一多半了，不仅有各科老师布置的作业，而且期末考总复习也已临近，面对这种情况小杨更是压力巨大。最近小杨感觉自己被各种压力压得喘不过气，经常出现紧张、焦虑、烦躁不安的情绪，还经常伴随有失眠、食欲不振等情况。

小杨面临哪些压力？如何应对这些压力？

一、学习目标

（1）了解自身的压力及压力的来源。
（2）感受压力下的身心反应。
（3）体会释放掉压力的轻松。
（4）体验和感悟升华压力的兴奋和惊喜。

二、心理动能解析

（一）压力

1. 压力的含义和组成

压力是人或有机体在某种环境下所产生的一种适应环境的反应状态。生理-社会-心理模型把压力理解为一种复杂的身心历程，主要包括压力源、认知评估和焦虑反应三个部分。

压力源是指任何导致个体产生压力反应的具有伤害或威胁的情境、刺激、活动或事件因素。认知评估是指如果个人认为经历的刺激或情境对个人确实有威胁，即构成压力，但如果认为是一种机会或乐趣，则不构成压力，反倒会变为动力。焦虑反应是指当个体意识到他的生理健康、身体安全、心理安静、事业成败或自尊维护受到威胁时，也或者自己所关心的人正处于危险的状况或受到威胁时所做出的反应。

2. 压力的来源

心理压力来源于机体内外环境向机体提出的应对或适应的要求，它主要包括生物性压力源、心理性压力源和社会性压力源。

生物性压力源是指直接破坏个体生存与延续的事件，主要包括躯体性疾病、躯体创伤、饥饿、睡眠剥夺等。

心理性压力源是指破坏个体正常心理需求的内在事件和外在事件，主要包括错误的认知结构、动机冲突、需求得不到满足以及道德冲突等造成的心理失衡。

社会性压力源是指破坏个体社会需求的事件。这主要包括重大的社会政治、经济变动，如战争、动乱等，也包括个人在社交、生活、工作中遇到的各种各样的事件，如家庭冲突、失恋、学业与事业的成败、职位的升降等。如果个体对变化的社会情境与生活事件不能进行有效的自我调整，就会出现各种心理矛盾冲突，尤其当失去了亲人、朋友、社会团体等社会支持时，就会产生严重的无助、焦虑、愤怒、怨恨、忧郁甚至绝望等紧张情绪，从而产生心理压力。

（二）压力管理及策略

压力管理是指个体用有效的方法应对在压力情况下的生理、心理唤起。压力管理包含两个方面的内容：一是针对压力源造成的问题本身去处理；二是处理压力所造成的反应，即情绪、行为，以及生理等方面的缓解。具体的压力管理策略包括以下几个方面。

1. 培养积极品质

乐观的人常常表现为期待未来有很多好事发生，是一种对未来的总体积极期待。即使在糟糕的情况下，乐观的人也能看到积极的力量。他们凡事总往好处想，认为挫折只是暂时的经历，压力是进步的动力。乐观的心态能够促进大学生的身心健康，有效应对生活中的各种挫折，并使得其学业有所成就。

2. 培养健康习惯

培养健康的运动习惯、饮食习惯和睡眠习惯，比如跑步、打球、游泳、饮食均衡营养、规律睡眠等，也有助于缓解压力。

3. 合理管理时间

有效的时间管理通常要做好三步：首先要把事情列个清单，根据重要和紧急程度排列优先顺序；其次根据优先顺序进行时间分配，把固定时间必须完成的事情按时完成，再确定和他人约定的时间，安排自己可以灵活把握的时间；最后就是执行，确立目标后应尽可能按照时间表完成目标。

4．掌握放松方法

身体的放松可以降低精神焦虑，例如可以采用渐进式肌肉放松、腹式深呼吸、想象放松等技术。此外，心理学研究发现，正念训练可以改变杏仁核、左侧前额叶脑区等区域的活动，建立新的神经元通路，从而减少消极情绪，提升应对压力的能力。因此，平时还可以多加练习正念式的冥想、正念式的呼吸、身体扫描、五官感知等正念技术。

三、心理行为活动设计

（一）活动名称：抗压天使

测量学生的心理抗压水平，引导学生保持身心健康。

（二）活动设计

1．活动一

（1）每人在纸上写下目前最大的 3 个压力，将纸折叠放在平伸的左手上。时间为 5 分钟。

引导感受：感受压力带来的身心反应。

（2）释放压力：把自己写满压力的纸撕得粉碎，用力抛向远方。

引导感受：感受此时的心理和生理变化。

2．活动二

（1）分组：2 人一组，如余单数，可有一组人数为 3 人。

（2）活动准备：询问学生最多可以原地转圈几分钟，每人说出自己认为达到极限的时间。

（3）活动内容：

① 要求每人转圈 15 分钟，一人转圈，另一人保护并计时，看谁转的圈数最多。

引导感受：感受此时的压力和心理、生理变化。

② 观看视频《小彩旗》。

引导感受：感受此时的压力和心理变化。

③ 进行传统渐进式放松（播放放松冥想音乐、关闭灯光）。

将身体调整到一个舒服的姿势，双眼微闭，头部放松，颈部放松，然后肩、臂、胸、腰、腹、胯、大腿、膝盖、小腿、脚踝、脚依次放松，然后想象自己来到大海边，自由奔放、轻松愉悦、胸襟开阔、开心快乐的场景。

④ A 同学闭上眼睛转圈，B 同学对其保护并计时，转 15 分钟（播放欢快音乐）。

引导冥想：想象自己在海岸上像视频中的"小彩旗"一样，在海风的吹拂下轻松地、欢快地、不知疲倦地转了一圈又一圈，释放掉了身体里所有的压力，吸纳了大自然所有的能量，感受到了轻松，感受到了愉悦，感受到了自己拥有无穷的能量……

引导感受：感受此时的轻松和身心愉悦。

交换角色，B 同学闭上眼睛转圈 15 分钟，A 同学保护并计时。

引导冥想：同上。

引导感受：同上。

（三）道具准备

A4 纸、笔、计时器，轻松欢快的音乐。

（四）注意事项

活动开始前请评估学生的健康状态，有心脏病等疾病的学生不可参加此活动。

四、体验感悟分享

小组分享后选代表在班级分享。

（1）将写满压力的纸放在手心时有何情绪和身体反应，将纸撕碎并用力扔出去后身心有何变化？

（2）放松冥想后转圈的感受，比之前设想的极限时间长多少？为什么会出现这种现象？对此你有何感悟？

（3）为什么面对同一件事情，放松冥想前后的压力感受会不同？

（4）如何帮助本节导入案例中的小杨应对压力？

五、教师总结点评

（一）过度的压力影响身心健康

通过刚才的活动，大家都感受到了我们在压力状态下身体状态和心理体验的变化。心理学研究发现，一个人在大发雷霆时，身体产生的压力激素，足以让小老鼠致死。《黄帝内经》记载："百病生于气也。怒则气上，喜则气缓，悲则气消，恐则气下，寒则气收，灵则气泄，惊则气乱，劳则气耗……"现代医学发现，人类 65%～90% 的疾病与心理的压抑感有关，如癌症、动脉硬化、高血压、糖尿病、消化性溃疡、月经不调等，因此，这类病被称为身心疾病。相反，人在快乐的时候，大脑会分泌多巴胺等益性激素，益性激素让人心绪放松，产生快感。这种身心都很舒服的良好状态，可使人体各项机能互相协调、平衡，让人变得健康、自信、富有能量。这也是转圈任务在放松冥想前后给我们造成的压力感受不同的原因所在。

（二）适当的压力利于效率提高

压力太小会让人不思进取，压力过大会伤害身体，适度的压力可以激发人们的潜能，帮助人们高效率地完成任务，更好地应对生活的挑战。心理学研究表明，中等强度的压力水平可以激发人们的热情、敏锐度，让人充满斗志，从而获得较好的成绩。在转圈的游戏中，大家首先冥想放松，相信自己有能力转出更好的成绩，并在转圈的过程中听着音乐，跟随老师放松的、激发自信和潜能的引导，最终取得了较好的成绩。因此，那些在考试、运动比赛、脑力竞赛时能够把压力调适到中等水平，甚至放松自己的人，成绩大都会更好。

（三）压力的影响取决于认知方式

压力是客观存在的，人生中随时随地都可能会出现压力，对压力的认知不同，其结果也截然不同。美国对 3 万名成年人进行的一项长达 8 年的研究发现，真正提高死亡风险的并不是单纯的压力，而是压力加上认为压力有害的信念。调查数据显示，那些认为自己承受着高压力，但不认为压力对人有害的参与者，是整个调查中死亡风险最低的，甚至比那些觉得自己没什么压力的受访者还要低。只有那些认为压力对自己有害的参与者，遭受了压力更多的伤害。这项研究结果表明，压力管理的最佳方式，不是减轻或避免压力，而是重新认识它，甚至是拥抱它。因此，根据"压力新科学"，如果我们主动面对挑战、拥抱压力，而不是选择逃避、被其耗得油尽灯枯，我们反而能运用压力带来的能量，更好地应对生活的挑战。

（四）压力变动力益于进步成长

人没有压力就会满足于现状，就容易放纵自己；没有压力，就没有目标和方向；没有压力，就没有动力和鞭策。实质上，人活着就是在不断地接受压力，使心智和意志在压力中接受洗礼，在拼搏、奋斗中不断增强。压力是动力的源泉，在辽阔的草原上，当第一缕阳光出现时，狮子和羚羊就开始赛跑。生存的压力使羚羊变成了奔跑的"健将"，狮子则变成了强大的"猎手"。在人类社会中，正是压力所产生的积极动力推动了个人的成功和社会的进步。斯大林曾说，只有伟大的压力，才会产生强大的动力。因此，要想追求进步并成就一番事业，就要学会利用和善待压力，把压力当作磨砺意志的"磨刀石"，不断变压力为动力，使自己每天进步一点点，不断成长进步！

六、活动效果强化

（1）成长宣言（全体起立，高呼三遍）："压力是我的朋友！我会将压力变为动力！"
（2）个人作业：写出自己将压力变为动力后的情绪、身体和效率变化，提交至小组微信群。
（3）小组活动：分享 1 周内自己将某种压力变为动力的故事，分享压力的积极作用。

七、拓展阅读参考

中国北斗的艰难破局

目前，美国、俄罗斯、中国、欧盟都建立了自己的卫星导航系统。1994 年，中国在财政十分拮据的情况下，为什么要建立自己的卫星导航系统？其直接原因，可以用两件事说明。第一，海湾战争引发了新军事革命。1991 年，海湾战争开创了以空中打击力量决胜的先例；最亮眼的是精确制导武器，美国 GPS 为精确制导提供了关键技术支持。海湾战争引发了一场世界性的新军事革命，GPS 定位系统成为各国关注的焦点。第二，"银河号"事件迫使中国发展自主卫星导航。1993 年 7 月 23 日，中国"银河号"货轮行驶到印度洋上，导航系统突然没有信号，船只无法继续航行。后来得知，原来是美国对伊朗禁运，故意停掉了这个海域的 GPS 信号。

"银河号"的消息传回国内，孙家栋院士与国防科工委副主任沈荣骏联名建议启动中国的卫星导航工程。1994 年 12 月，北斗导航实验卫星系统工程获得国家批准。尽管卫星导航系统最早源于战争需求，但它的作用远不止军事领域，在国民生产生活诸多领域都扮演着重要的角色。在无人驾驶、测绘、航海、救灾等众多领域，卫星导航系统发挥着无可替代的作用；今天，开车在大城市中穿行，很多"路盲"离开卫星导航，已经寸步难行；我们生活中的共享单车、电子围栏停车等也离不开卫星导航系统；卫星导航系统也为大面积农业机械化耕作提供了便利。

北斗卫星导航系统经历了哪些艰难险阻？北斗卫星导航系统经历的艰难险阻实在太多，我们只能了解"冰山一角"。

第一个艰难险阻是研制原子钟。原子钟的精度直接决定着卫星导航系统的精度。按北斗总设计师杨长风制订的目标，原子钟误差要达到 10 的负 12 次方，即每十万年只出现一秒误差。原子钟对整个工程的重要性如同人的心脏，这种核心技术别人绝不会给我们，中国只能靠自己。中国组建了中科院、航天科技、航天科工三支队伍，同时攻关。经过两年拼搏，国产星载原子钟被研制出来，性能比欧洲原子钟还要好。当初我们想买，欧洲不卖；现在欧洲立刻同意卖，而且降价一半，但中国仍坚持用自己的原子钟。

另一个惊险的瞬间是争分夺秒打赢频率保卫战。任何一个国家，想要发展自己的卫星导航系统，必须首先向国际电信联盟（ITU）申请频率，所以频率成为美、俄、中、欧四方必须争夺的宝贵资源。2000 年 4 月 17 日，中国向国际电信联盟提出频段申请；同年 6 月 5 日，欧盟伽利略卫星导航系统也提出了频段申请。关于频率，国际电信联盟有两个规则："先用先得"和"逾期作废"。所谓"逾期作废"，指频率有效期从申请日期开始计算，7 年不用作废。也就是说，中国北斗二号的首颗卫星必须在 2007 年 4 月 18 日零点之前成功发射并成功播发信号，否则"逾期作废"。所谓"先用先得"，就是说中国要和欧盟竞赛，因为中欧双方申请的频率有一段高度重合，双方需要竞争频率。中国北斗二号 2004 年启动，在起跑线上已经输了欧盟伽利略系统 2 年。2005 年 12 月 28 日，欧盟伽利略计划的首颗实验卫星被顺利送入太空。让人意外的是，这颗卫星没开通频率，原因是开通频率需要花钱，此时欧盟手头紧。中国必须赶紧抓住机遇，但偏偏好事多磨：中国北斗二号首颗卫星上了发射架后才发现卫星上的应答机出现异常。经过争分夺秒抢修，2007 年 4 月 14 日 4 时 11 分，北斗二号首颗卫星成功发射；4 月 17 日 20 点，卫星发出第一组信号，比国际电信联盟设定的"七年之限"提前了 4 个小时。中国的频率保卫战取得成功。

北斗二号首颗卫星发射成功，解决了频率问题，也扫清了主要技术障碍。随后中国逐渐进入"北斗速度"模式：2018 年一整年，北斗共发射了 18 颗卫星，创造了世界纪录。2020 年 6 月 23 日 9 时 43 分，最后一颗北斗组网卫星在西昌发射成功。至此，中国耗时 26 年、先后发射 59 颗卫星的自主卫星导航系统终于建成。

2022 年，国内支持北斗系统的新入网智能手机出货量共计 2.6 亿部；截至 2023 年 1 月，国内知名地图调用的北斗卫星日定位量已超过 3 000 亿次。基于北斗的手机终端，将包裹派送路径精确到楼栋、单元，准确率接近 99%。

（澎湃新闻特约撰稿 时青昊，作者系中共上海市委党校副教授）

第二节　挫折承受力提升

导入案例

小明，男，大二学生。高中时为了迎合父母和老师的期待，本性活泼、开朗、爱交际的小明把时间精力都用在了学习上。到大学后，在自主的学习环境下，小明开始放飞自我，花大量的时间在学生活动、社会交往上，还经常熬夜看剧、玩游戏，甚至旷课。大一期末考试，挂了两门课。进入大二之后，课程任务加重很多，小明要开始认真学习时才发现无从下手，英语四级和计算机考级都没有通过。各种挫败接踵而至，小明感觉很焦虑，睡眠质量变差，学习效率低下，他通过上网玩游戏来回避自己的焦虑，可是近期觉得玩游戏也没有意思了，觉得自己一无是处，变得郁郁寡欢。

小明受到了哪些挫折？有哪些挫折反应？怎么帮助小明应对挫折？

一、学习目标

（1）认识到人生中挫折不可避免，关键在于以什么心态面对挫折。

（2）掌握提升逆商和心理弹性的方法。

（3）掌握提高挫折承受力，变坏事为好事的方法。

二、心理动能解析

（一）心理弹性

心理弹性最早是由美国心理学家安庆尼于 20 世纪 70 年代提出，是指主体对外界变化了的环境的心理及行为上的反应状态。该状态是一种动态形式，有其伸缩空间，它随着环境变化而变化，并在变化中达到对环境的动态调控和适应。路特提出，心理弹性是一个动态的过程，是与危险因素产生交互作用的因素或保护过程，涉及危险性因素和保护性因素这两个关键性因素。其中危险性因素是指阻碍个体正常发展，使个体更容易受到伤害并产生不良发展结果的生物的、心理的、认知的环境方面的因素。这一因素在对压力、逆境、挫折、创伤等处境不利儿童的研究中，更是备受关注。保护性因素是指能够促进儿童或青少年良好适应的人格、社会以及体制等方面的各种因素和资源，包括个体、家庭、社会中的影响因素。博登等人的研究表明，心理弹性是指在遇到糟糕的事情或处于消极情绪中时不受其影响，仍然能够进行正常行为的能力，它是维持个体心理健康的重要因素。在经历挫折后，高心理弹性的个体表现出的负性情绪较少，攻击性行为或内隐的问题行为也较少。

（二）逆商

逆商又叫挫折商或逆境商，是指人们面对逆境时的反应方式，即面对挫折、摆脱困境和超越困难的能力。保罗·史托兹指出，逆商由控制感、担当力、影响度和持续性四个维度构成。掌控感是指自己对逆境有多大的掌控能力；担当力是指个体在多大程度上会承担起责任，为改变负责；影响度是指挫折对个体生活的其他方面会产生多大的影响；持续性是指认识到问题的持久性，以及它对个人的影响会持续多久。

三、心理行为活动设计

（一）活动名称：鸡蛋进化

鸡蛋进化是一个通过与对手进行竞争，逐层往上晋升的过程。此活动最具特色的是每次竞争失败就退回到原点，用简单的游戏类比人生，让学生深刻体会到生活中遇到各种困难、挫折是不可避免的，增强面对困难、战胜困难的决心和信心，才有利于转败为胜。

（二）活动设计

1. 分组
全班分成 A、B 两组，A 组活动，B 组观察、监督并加油，然后两组互换角色。

2. 目标
每人都有"鸡蛋""小鸡""大鸡""凤凰""金凤凰"五个逐渐增高的身份卡，每人的起点均为"鸡蛋"，通过两两 PK 完成从"鸡蛋"到"小鸡"到"大鸡"到"凤凰"的进化。到达"凤凰"即视为达成目标。"金凤凰"可自由选择是否进化。

3. 规则
除"鸡蛋"层级外，低位身份可向同级别或高级别身份者发起 PK 挑战，被挑战者不能拒绝应战。PK 方法为剪刀、石头、布，三局两胜。挑战同级别赢者进入下一层级，挑战上层级赢者进入该层级，所有输者后退至"鸡蛋"。

4. 记数
每位同学都记一下自己返回到"鸡蛋"的次数。
引导感受：
（1）为什么我总是失败，我需要总结什么经验教训？
（2）到达"凤凰"或"金凤凰"又回落至"鸡蛋"的感受是怎样的？
（3）经历多次失败，最终到达"凤凰"或"金凤凰"的感受又是怎样的？

5. 感想
最终没能到达"凤凰"或"金凤凰"的同学有何感想？

引导行为：

对于最终没能到达"凤凰"的同学：

（1）请老师给一个温暖的拥抱。

（2）请全体小组同学共同给一个大大的温暖的拥抱。

（3）请全班同学共同鼓励他，高声地、有力量地齐喊多遍"×××，你一定会越来越棒的"！

（三）道具准备

彩色线绳，歌曲《飞得更高》。

四、体验感悟分享

（一）分享方式

先进行小组分享，再由小组选出代表在班级分享。

（二）分享内容

（1）到达过"凤凰"或"金凤凰"层级又回落至"鸡蛋"的同学共返回了"鸡蛋"几次？有什么心路历程？最终停在"小鸡""大鸡""凤凰"的同学有什么感悟？

（2）你经历了多少次失败才最终到达"金凤凰"？是什么力量支撑着你历经挫折仍勇往直前的？

（3）如果把这个过程类比人生，你能获得哪些启示？

五、教师总结点评

（一）胜败乃兵家常事，贵在总结提升

在鸡蛋进化的活动中我们发现，胜败乃兵家常事，胜中有败，败中也有胜。唐代诗人杜牧的《题乌江亭》写道："胜败兵家事不期，包羞忍耻是男儿。江东子弟多才俊，卷土重来未可知。"一时的胜败算不了什么，总结失败教训，从头再来，未来可期。人的一生，总是失意的时候多，得意的时候少，无论失意还是得意，都要坦然、淡定。如果能以淡然的心态去面对暂时的失败，成功也只是时间问题。尤其在百年未有之大变局下，年轻人更需要有淡然的心态，在当前积蓄力量，投资自己，等到时机到来之后，方能够把握住机遇。

（二）不惧挫折失败，重在愈挫愈勇

日常生活中失败和挫折在所难免，如何能够不惧失败，积极应对逆境，越挫越勇，这里总结概括几种应对方法。

1.遇到困难及时求助

人的一生中，困难、挫折在所难免，遇到困难及时向同学、老师、家人、朋友或其

他你敬佩的人求助，找小组等集体、组织求助，有利于打开思路、拓宽心智、少走弯路、取得成功。求助与助人不仅可以让受助者获得精神和物质上的支持，渡过难关，助人者在讨论问题、思考应对方法的过程中间接经历挫折，同样可以从中学习、受益良多。世上没有解决不了的困难，更没有过不去的危机。遇困难多求助，是人生的一项基本技能。

2. 志存高远保持希望

面对压力事件，要试着将压力情境放在一个更加广阔的大背景中、更长远的人生目标下去看待，把它当作人生长河中的一个波澜，有它人生才有跌宕起伏，有它人生才充满诗意，有它人才获得历练，有它人才能不断成长。人生就是一个不断修行的过程，从无知到知之甚少，由知之甚少到知之甚多，由知之甚多到有智慧、有能力战胜许多困难，都是在一个个困难中历练而成，在一个个危险中锤炼而成的。在一个个危机中抓住机遇，不断进步、提升、发展、精进，终将不断取得一个个成功！

3. 逆境中照顾好自己

既然压力、挫折、逆境在人生中不可避免，那么人就要学会在压力、挫折、逆境来临的时候觉察自己内心的需求和感受，关爱自己、照顾好自己，使其对自己的心灵造成的创伤达到最小，身体损失达到最小。要主动投入到能让自己放松的活动中去，例如听音乐、外出散步、体育锻炼、看电影、追剧，释放一下压力，滋养一下身心，为身体和心理赋能，以便有精力、智慧随时去应对复杂的情况，慢慢地走出困境，然后总结经验教训，从而提升自己。

（三）步步脚踏实地，成在勇往直前

对于当代大学生而言，一方面，从入学起就承受着较大的思想压力，例如环境的适应、学业的进步、综合素质的提高、未来就业的不确定等。另一方面，大学生正值青春年少，人生经验不足，解决问题的方法较少。面对困境与重压，大学生要一步步地提高抗挫折能力，脚踏实地地提升自我调控能力，勇往直前地提升自己的逆商。可以通过四步来实现：第一步，倾听自己对逆境的反应。当我们感觉到自己出现负性情绪的时候，就要提醒自己注意挫折这件事，让大脑保持警醒。要觉察挫折对自己的影响力、持续的时间、自己对挫折的掌控力，以及战胜挫折的信心，进而才能应对挫折。第二步，探索自己对结果的担当。只有接受适当的责任，从自己的行动中吸取教训，并对结果的一部分承担责任，我们才能重拾掌控感，让事情朝着问题解决的方向发展。第三步，分析证据。这是一个简单的质疑过程，让我们得以审视、质疑并最终摆脱自己对逆境反应的消极部分。第四步，列出行动清单。选出一个需要率先实施的行动，在大脑中不断将自己期待发生的事情具体化、形象化，然后付诸实施，促使更多的可能性发生。

六、活动效果强化

（1）成长宣言（全体起立，高呼三遍）："我们越挫越坚强，越挫越有能量！""我们还年轻，有从头再来的机会！"

（2）个人作业：写一个自己战胜挫折的故事，以及战胜挫折后的体会。

（3）小组活动：每人分享个人作业。

七、拓展阅读参考

无臂钢琴师——刘伟

1987年出生的刘伟，小时候梦想成为一名职业足球运动员。他最欣赏的球队是巴西队，偶像是哥伦比亚的"金毛狮王"巴尔德拉马。因为他够狂野。可一切在10岁的一天终止了！那天同往常一样在和小伙伴们玩耍的刘伟在爬墙时，不幸触碰到了裸露的高压电线。脱离生命危险后，刘伟被告知，他将永远地失去双臂。他的脑子一片空白。整整三个月觉得生不如死。但在康复中心两年的日子里，他看到了许多病友的生生死死。小刘伟渐渐明白了自己能活下来是多么庆幸的事，他发誓一定要坚强起来。他说："只要你能迈出你的第一步，迈出自己，你就成功了。"12岁的他进入了北京残疾人游泳队，并在两年后的全国残疾人游泳锦标赛上获得了两金一银。正当他满怀信心备战2008年北京残奥会时，万万没想到又一个巨大的不幸降临在这个原本已经残缺的身体上，他患上过敏性紫癜，必须放弃训练，否则将危及生命。他陷入深深的迷茫，此时的他多么渴望找寻到一个新的方向。绝不低头的刘伟选择再一次从头开始，再一次向命运挑战。在刘伟看来，很多事情你努力去做了可能什么也得不到，但你不努力去做肯定就什么都得不到！在无数的挫折和不停地摸索中，刘伟用脚弹钢琴的水平有了大幅度的提升，这让刘伟异常地兴奋。2010年8月，刘伟登上了《中国达人秀》的舞台，他获得了成功，毫无悬念地登上"达人秀"冠军的宝座！

"我从来没有把我当什么特殊群体，我觉得我跟别人没有任何不一样，我只觉得你们用手做的事情，我用脚做，只是换了一种方式而已，没有不一样。"刘伟感人的事迹使他成了感动中国十大人物之一。感动中国组委会给予了刘伟这样的颁奖词：当命运的绳索无情地缚住双臂，当别人的目光叹息生命的悲哀，他依然固执地为梦想插上翅膀，用双脚在琴键上写下：相信自己。那变幻的旋律，正是他努力飞翔的轨迹。

脚下风景无限，心中音乐有梦。刘伟用事实告诉人们，努力就有可能。命运让刘伟失去了双臂，却给了他一双隐形的翅膀！

第三节　自我潜能挖掘

导入案例

小丽，女，20岁，大二学生。小丽长得不高，性格内向，不擅长交际，家庭经济困难，学费是通过学校的"绿色通道"筹得的。入学之后，她积极参加各种勤工助学活动，为生活奔波，学习勤奋刻苦，努力上进，但很少参加集体活动。小丽很希望能够在大一获得奖学金，但是由于忙于工作，学习成绩一般，与同学关系也不好，未能获得奖学金。另外，她有喜欢的男生，但是被拒绝了。渐渐地，小丽情绪愈发低落，变得更加自卑、敏感、多疑、嫉妒，自暴自弃，还常常失眠。

什么原因导致了小丽的情绪和睡眠问题？如何应对生活中的压力、挫折？

一、学习目标

（1）了解人都有超越自我的需求。

（2）认识到打破自我心理预设的方法。

（3）学会敢于挖掘自身的潜能，挑战自我的极限。

二、心理动能解析

（一）超越的需求

美籍心理学家弗洛姆认为，超越的需求是人的基本需求。超越的需求是人基于理性和才智，不甘于充当被动消极的角色，渴望超越当前状态的倾向。由于人具有理性、自我意识和想象力等，能够抬起头观望和思考，观照自身、他人和自然万物，因而人们不甘于处在自然的掌控之中，试图超越被动的自我。此外，人们也需要知道自己有力量控制自己的命运，而不是受自然摆布。[①]

人要满足超越的需求，就要成为一个"创造者"，从事创造性的活动，如种植、养殖、生产、艺术创作等，这种创造使人成为超越自然本能、能够掌握并利用自然规律的生物，创造性需求的满足会让人产生幸福感；否则就会成为"破坏者"，弗洛姆认为破坏性是人的次一等潜力，破坏也会使人有超越自身的自信，但是会对人带来痛苦。

（二）成就目标理论

成就目标理论是以成就动机理论和成败归因理论为基础，在德韦克能力理论的基础上发展起来的一种学习动机理论。德韦克认为，人们对能力持有两种不同的内隐观念，即能力增长观和能力实体观。持能力增长观的人认为，能力是可以改变的，随着学习的进行是可以提高的。持能力实体观的人则认为，能力是固定的，是不会随学习而改变的。

由于人们持有的能力内隐观念不同，因而导致他们的成就目标也就存在差异。持能力增长观的人倾向于确立掌握目标，他们希望通过学习来提高自己的能力；持能力实体观的人倾向于确立表现目标，他们希望在学习过程中证明或表现自己的能力。研究表明，虽然这两类成就目标都可促进个体主动而有效地从事挑战性任务，但它们在更多的方面是不同的，具有不同的学习效果。

---

① 艾里希·弗洛姆：《健全的社会》，孙恺祥译，上海译文出版社 2011 年版，第 24 页。

德韦克等人认为，成就目标定向的差异影响着个体在成就情境中的认知、情感和行为，两种成就目标分别对应着两种动机模式。在学习目标定向的情况下，个体倾向于寻求挑战并将任务的成败归因于努力，面对失败仍然能够保持积极的情绪，努力不懈，表现出一种积极的、可掌握的动机模式；而成绩目标定向通常与不适应的、无助的动机模式相关，个体倾向于对成败进行能力归因，面对失败往往作出较低的自我评价，产生焦虑、羞愧、沮丧的消极情绪，并放弃努力。

（三）最近发展区理论

维果斯基的最近发展区理论认为，学生的发展有两种水平：一种是学生的现有水平，指独立活动时所能达到的解决问题的水平；另一种是学生可能的发展水平，也就是通过教学所获得的潜力。二者之间的差异就是最近发展区。维果斯基认为，教学应着眼于学生的最近发展区，为学生提供带有难度的内容，调动学生的积极性，发挥其潜能，超越其最近发展区而达到下一发展阶段的水平，然后在此基础上进行下一个发展区的发展。

三、心理行为活动设计

（一）活动名称：手指力量

这个活动要求同学们齐心协力尝试使用一根手指完成托举一名成年人的任务。通过在逐渐减少托举者人数的情况下完成，超越心理预设的极限。超越极限的瞬间是对自己能力重新认识后的感动，也告诉同学们不要把假想敌预设得过于强大，也许假想敌只是"纸老虎"。

（二）活动设计

1. 分组

（1）每 10 人左右为一组。

（2）各组选出 1 名组长，指挥本次活动。

（3）选出被托举者。每组选一名中等体重的同学作为被托举者，其他同学为托举者。

2. 活动规则

（1）被托举者平躺在桌面上，双臂抱胸。其他同学各伸出食指，分别把食指放在被托举者的头、颈、肩、背、臀、大腿、小腿或脚的下方。听口令大家一起向上用力，尝试将被托举者举起离桌面至少 10 cm。

（2）各组组长主持小组讨论如何托举成功。

引导思考：你觉得小组全体成员能用食指托举起这位同学吗？

（3）各组预备，听口令，一、二、三，举！

引导思考：看到本组成功托举起被托举者时，你有何感受？与你之前的预期相同吗？

引导行为：第一次托举成功后，请各组减少 4 名托举者，再次进行托举。

引导思考：为什么有的小组托举成功，有的小组未能成功？请组长和组员们观察你们组的位置分布、步调一致性和齐心协力情况。

引导实践：没有托举成功的小组请调整后再次托举！

预备，听口令，一、二、三，举！

引导思考：为何这么少的人就可用食指托举成功？为什么事实与你之前的预期有如此大的差距？

你觉得最少几个人可以托举起一名成年人？

引导行为：继续减少 4 位托举者。

托举成功后再次减少托举人数。

各组最终完成托举的最少人数是几位？

按照小组最少人数托举成功顺序依次给各组加分。

引导感受：由活动开始的不相信，到仅用几个人就能抬起一个同学，你的感受是什么？

（三）道具准备

每组一张可以躺上一个人的桌子，音乐《奔跑》。

四、体验感悟分享

（一）分享方式

先小组分享，再自愿在班级分享，给在班级分享者所在小组加分。

（二）分享内容

（1）你最初相信小组每人用一根食指能够托举起同学吗？你认为需要多少同学可以完成食指托举起人的任务？

（2）由开始的不相信，到仅用几个人就能托举起一个同学，你的感受是怎样的？

（3）完成了看似不可能完成的任务后，你对自我挑战极限有何感想和启示？

（4）如何帮助本节导入案例中的小丽应对生活中的压力、挫折？

五、教师总结点评

（一）只有想不到的，没有做不到的

在活动中我们发现，小小的手指能够托举一个大大的身体，这说明生活中，很多事情只有自己想不到，没有自己做不到。思路是出路之端，出路是思路之果。因此，我们的人生是可以规划的，而且可以按照规划好的轨迹去发展，前提是敢想，敢于创造，敢于实践，相信自己一定行。正如查尔斯所说："要用全新的角度看待生活，任何事情都会有转机。只要我们能从细微之处发现不平凡的东西，表面上的失败就能转化为现实的

成功。"

（二）勇于战胜困难，冲破心理防线

2022 年的夏天格外难熬，极端异常的气候和高温干旱引发了重庆山火。但是与澳大利亚无视森林大火，任其持续 4 个月，6 万平方公里国土变成焦土，近 30 亿动物因此死亡不同的是，在消防员、武警和无数志愿者的全力以赴下，仅仅十余天，重庆山火便被基本扑灭。消防员用生命冲在第一线，无数的志愿者则在背后组成了安全的防线。他们用脚步踏出通往山野的路，用身躯铸造了防火的长城。他们不屑黄土蒙面热风烫脸，不畏山路崎岖乱石遮道，一定要把消防员战士送上去，要把灭火器、头灯、冰水、食物送上去！这就是"逢山开路遇水搭桥，不惧任何坡坡坎坎，遇到坡我们就爬上去，遇到坎我们就翻过去"的重庆精神，也是中国精神。

（三）挖掘自身潜能，挑战自我极限

人类潜能是人类潜在的体能与智能的总和。潜能是一种尚未显现的潜在能力，它一旦外化，与活动联系起来并影响活动效果，就会变成外显的能力。我们知道自己具有的能力只是自我潜在能力外化的极小部分，即使是成就卓著的伟人，其所开发的潜能也只不过是极小的。国外潜能研究专家和心理学专家指出，如果人的潜能充分发挥出来，一个人能记忆 50 座美国国会图书馆全部藏书储存的信息，能熟练掌握 40 种语言。

既然每个人身上都蕴含着极大的潜能，那么，只要我们敢于激发自己的潜能，不断地挑战自己的极限，就会获得更大的成功。首先，要敢于从思想上超越。我们认为能，并且为之行动起来，我们就有可能做到。如果我们认为一件事不可能，行不通，我们就不会去行动，那就不可能成功。只有认为能做成的事，我们才会去实践，也才有实现的可能。其次，要敢于从行动上尝试。莎士比亚说："我们的疑虑使我们害怕尝试，它是心灵的叛徒，出卖我们可能获得的成功。"如果我们真的去尝试了，我们就学到了所有成功秘诀中最重要的一项，我们就有可能实现自己的愿望。再次，要敢于从心智上承受。面对挫折，要有坚韧不拔的意志力。在通往成功的道路上，锲而不舍是必须的。遇到困难挫折依然坚韧不拔、持之以恒地努力，才能真正地走向成功。最后，要敢于挖掘内在潜力。人生只有不断地认识自己，不断地发现和挖掘自身的潜能，才能不断地超越自己，历练出完美的品质，才能不断成功，登上人生的最高峰。

六、活动效果强化

（1）成长宣言（全体起立，高呼三遍）："相信相信的力量！"
（2）个人作业：写出一个曾经自我超越的故事。
（3）小组活动：每人分享一个自我超越的故事。

七、拓展阅读参考

青藏铁路精神：挑战极限，勇创一流

70 年前，新中国动用 4 万多峰骆驼向西藏运输物资，平均行进 1 公里，就要消耗 12 具"沙漠之舟"。如今，一条钢铁"天路"绵延千里，列车一日便达，为雪域高原送来安康。在把青藏铁路建设和运营成为世界一流高原铁路的过程中，凝聚成了"挑战极限、勇创一流"的青藏铁路精神。"挑战极限"是指挑战青藏高原高寒缺氧、风大干燥、极端恶劣的自然环境，以及青藏铁路所处末端的路网位置和地理位置；"勇创一流"是指通过扎实的工作、科学的管理，把青藏铁路建设、运营成为世界一流高原铁路，造福青藏两省区人民的宏伟目标。

"有昆仑山脉在，铁路就永远到不了拉萨。"20 世纪美国旅行家保罗·泰鲁在《游历中国》一书中如是写道。历史似乎也在印证着这个断言。直到 1984 年，西格段才建成通车。受限于恶劣的自然环境、经济实力等多方面因素，格拉段只能停建。"到了昆仑山，气息已奄奄；过了五道梁，难见爹和娘；上了风火山，进了鬼门关。"当地民谣道出青藏铁路沿线生存环境的险恶。

一组组数字，记载着悲壮与残酷，诠释着何为"生命禁区"：1953 年修建青藏公路时，平均每修 1 公里就有 1 人牺牲；1985 年公路改建时，一个工程部门在三个月里，仅止痛片就用掉 13 万片……

2001 年 6 月 29 日，经过多轮论证，青藏铁路格尔木至拉萨段工程正式开工。十万筑路大军满怀建功立业的壮志，迅速集结，高擎"筑国脉、架金桥、扬国威、促团结"的旗帜，坚定地迈向"生命禁区"。

施工到底有多难？在海拔 4 000 米以上地段铺架，工人们穿着两层毛衣毛裤，再套上带羊毛的皮衣、皮裤都不顶用；工地上修机器，四五分钟就得换人，卸不了两个螺丝，人就冻得不能动弹。氧气瓶与钢轨、道钉、枕木一道，成为施工现场最为常见的物件。工人们常常背着 5 公斤重的氧气瓶施工，难受了就吸几口氧，缓一缓再接着干。在海拔 4 600 多米的昆仑山隧道工地，一年不到工人们就耗尽了约 12 万瓶氧气。

"艰苦不怕吃苦，风暴强意志更强，缺氧不缺精神，海拔高追求更高！"铁路建设者以惊人的毅力和勇气，冒严寒、顶风雪、战缺氧，挑战着生命的极限。2006 年 7 月 2 日 0 时 31 分，拉萨火车站内，从格尔木出发的"青 1"次首趟进藏列车缓缓驶入站台。中国向世界宣告：铁路修到了拉萨！"谁有可能在稍动一下就要找氧气瓶的情况下铺铁轨？这条铁路是中国'敢为'精神的最佳例证。"英国《卫报》写道。

随着清脆的爆炸声响过，眼前的情景让不少施工人员惊讶：风火山隧道炸出的不是土石，几乎全是冰碴子。风火山隧道全长 1 338 米，轨面海拔约 4 900 米，全部位于永久性高原冻土层内，这样的地质环境被视为隧道施工的"禁区"。高原冻土施工关键在于控制温度。温度低了，混凝土无法凝固；温度高了，围岩又会遇热融化，造成洞壁滑塌。在国内外没有成熟经验可直接应用的情况下，广大科技工作者和建设者自力更生、

自主创新，创造性地研制了两台大型隧道空调机组，将隧道施工温度精准控制在一定范围内，保证了掘进需要。

浅埋冻土隧道进洞、冰岩光爆、冻土防水隔热……20 多项世界性高原冻土施工难题相继被攻克，世界海拔最高的铁路隧道在风火山建成，打破了国外专家"青藏铁路过不了风火山"的预言。

高寒缺氧、多年冻土、生态脆弱，三大世界性工程难题当前，这是一场与恶劣环境的斗争、与技术瓶颈的较量，更是一场精神的淬炼。

战高寒。铁路沿线平均不到 10 公里就有一座医院，工人生病在半个小时内就能得到有效治疗；在风火山，建成世界上第一座大型高原制氧站，填补了世界高海拔制氧技术的空白……十万大军、五年征战，无一人因高原病死亡。中国工程院院士吴天一说："这是中国在高原病防治方面创造的一个世界奇迹。"

斗冻土。掌握冻土技术是青藏铁路工程的关键。建设者们反复实验，掌握了铁路沿线多年冻土分布特征和变化规律，确立了一套以"主动降温、冷却地基、保护冻土"为技术思想的冻土工程中国模式。青藏铁路开通运营以来，旅客列车运行时速达 100 公里，创造了冻土铁路运行时速的世界纪录，其所创新的冻土成套工程技术，被认为是中国铁路对 21 世纪世界工程建设领域的重要贡献。

护生态。为了保护青藏高原脆弱的生态环境，环保工程投资约 15 亿元；科研人员开展"高原冻土区植被恢复与再造"研究，使铁路用地上的植物试种成活率超 70%，比自然成活率高一倍多；全线建立了 33 个野生动物通道；为了给藏羚羊让道，工程曾两度停工……

2008 年，青藏铁路格拉段工程获得"国家环境友好工程"奖。一流的勘察设计、一流的施工技术、一流的工程质量、一流的管理、一流的服务水平……青藏铁路以众多的"一流"绘就了世界铁路建设史上的奇迹。建设大军以惊人的毅力和科学的态度，战胜了各种难以想象的困难，实现了建设世界一流高原铁路的目标。

一条"天路"联通雪域内外，一种精神贯穿过去与未来。亘古高原，璀璨星斗，再一次见证了铁路建设者们奋进的步伐。精神因传承而不朽，一代代铁路建设者以挑战极限、勇创一流之志，开启雪域高原发展的崭新篇章。

思考练习题

1. 简述压力及其主要来源。

2. 结合成就目标理论，谈谈自己当前的成就动机，分析哪种动机观有利于自己应对挫折。

3. 结合本章第二节导入案例，谈谈如何帮助小明应对这些挫折。

第七章　人际关系与健康教育

进入大学后，如何处理新的人际关系成为一些同学面临的突出问题。由于不善于沟通、缺乏理解和不被接纳、不懂得与人相处等原因引发的矛盾时有发生，自卑、孤独、焦虑、嫉妒、傲慢、愤怒等心理偏差时有出现。本章通过心理活动的体验和心理知识技能的学习，让同学们了解人际交往中可能出现的心理障碍，剖析不同表达方式背后的心理诉求，领悟人际交往中包容、接纳与交融的意义和价值，掌握一致性沟通的方法和艺术，养成有困难找别人的社会支持系统的习惯，从而提升人际交往的能力，为建立校园和谐人际关系与踏入社会后的人际相处奠定良好的基础。

第一节　认识人际关系

导入案例

蓝风是大三学生，是学生干部，学习成绩优秀，但人际关系较紧张，不仅与寝室同学相处不好，就连班上的许多同学也无法与之正常交往。在同学们的心目中，他是一个清高、傲慢的人，实在不好接近，虽然优秀，但对他的其他方面则不敢恭维。蓝风也为此很头疼，只要是他主持的活动项目，同学们似乎都有意不参加，好像故意和他作对，而他本人长期坚持的做人准则就是：我行我素，万事不求人。他几乎不接受别人的帮助，也认为自己没有帮助别人的义务。他成绩好，可每当班上同学向他求教时，他要么说不知道，要么就在给别人讲完之后，将别人奚落一顿，有时还要加上一句，"拜托你上课时认真听讲，下次不要再来问我这么简单的问题"。时间一长，同学们都不愿意与他交往，他的人际关系越来越差。蓝风也对自己的人际关系状况十分不满意，感到孤独、没有归属感，有时孤独感令他窒息，他焦虑甚至恐惧，但不知如何入手改善现状。

什么原因导致了蓝风的人际关系不佳？

一、学习目标

（1）了解人际交往的真谛，明白付出才有回报的道理。

（2）认识到每个人在选择朋友时，都有自己的期待和标准。

（3）学会人际交往的技巧。

二、心理动能解析

（一）人际关系概述

人际关系是人们在生活或生产中所建立的一种社会关系，这种社会关系会影响人的心理，会在人的心理上产生某种距离感。心理学家认为人际关系是人与人相互交往过程中形成的心理关系，可以通过语言符号系统和非语言符号系统进行交流。语言符号系统包括口头语言和书面语言；非语言符号系统包括手势、面部表情、身体姿势和服饰等身势语言，以及人际距离和音质、音调、语速等辅助语言系统。虽然在日常生活中人际交流主要借助语言符号系统，但是非语言符号系统的作用也是不可替代的，特别是在情感传递的过程中。

人际关系包含三种成分：一是认知成分，反映了个体对人际关系状况的了解程度，是人际关系形成、发展和改变的前提和基础，属于理性条件；二是情感成分，反映了交往双方在情感上的满意程度和亲疏关系，是人际关系的核心要素，是与人的交往需求相联系的一种体验；三是行为成分，反映了交往双方在交流过程中表现出的举止和风度等体现个性和传达信息的行为，是建立人际关系的重要条件，也是反映人际关系状况的重要依据。认知、情感和行为三个成分是相互作用、不可分割的。

（二）大学生人际交往影响因素

1. 首因效应和近因效应

首因，即第一印象。在人际交往中，人们往往注意刚开始接触到的细节，这种由先前的信息而形成的最初印象及其对后来信息的影响，就是首因效应，即我们常说的"先入为主"。近因效应，指的是最后的印象对人们认知具有的影响。与首因效应相比，在总的印象形成上，新近获得的信息比原来获得的信息影响更大，这也就是心理学上所阐释的后摄作用。首因效应与近因效应不是对立的，而是一个问题的两个方面。一般来说，在对陌生人的认知中，首因效应比较明显；而在对熟识的人的认知中，近因效应比较明显。

2. 晕轮效应

晕轮效应又称光环效应，是指在人际交往中，人们依据已知的或某一局部的特征，推及认识对象未知的其他特征，从而形成一个完整的印象。所谓"情人眼里出西施"，说的就是这种晕轮效应，它实际上是个人主观推断泛化的结果。晕轮效应虽是快速认识他人的一种策略、方式，但有时却可能会产生有害的结果。在晕轮效应状态下，一个人的部分优点或缺点一旦变为光环被扩大，那么他的其他优点或缺点也就隐退到光环的背后被别人视而不见了。

3. 投射效应

人际关系中的投射效应，是指把自己的特性投射到其他人身上的倾向，是个体在对他人形成印象时，认为他人也具备与自己相似的特性，把自己的感情、意志、特性投射到他人身上并强加于人，即推己及人的认知障碍。投射可分为两种类型：一种是指个体没有意识到自己具有某些特性，而把这些特性加到了他人身上。例如，一个对他人有敌意的同学，总感觉对方的一举一动都有挑衅的色彩。另一种是指个体意识到自己的某些不称心的特性，而把这些特性加到他人身上，目的是通过这种投射重新评估自己不称心的特性，以求得心理上的暂时平衡。例如，在考场上，想作弊的同学总感觉到别的同学也在作弊，倘若自己不作弊就吃亏了。

4. 社会刻板印象

刻板印象是一种特殊的心理定式，是指对某一类事物或人物的一种比较固定、概括而笼统的看法，主要表现为：在人际交往过程中主观、机械地将交往对象归于某一类人，不管他是否呈现出该类人的特征，都认为他是该类人的代表，进而把对该类人的评价强加于他。例如认为南方人精明，北方人厚道，搞体育的人四肢发达、头脑简单等，都是刻板印象的表现。刻板印象作为一种固化的认识，虽然有利于对某一群体作出概括性的评价，能快速地了解一个陌生或不太熟悉的人或群体的特征，但也容易产生偏见。例如有的大学生认为南方人小气、自私，家庭社会地位高的学生傲气、不好相处等，这种刻板印象容易形成先入为主的定式效应，妨碍大学生之间正常人际关系的形成。

5. 大学生个人方面的因素

（1）性格会影响大学生的人际关系。有人喜欢和与自己性格相近的人相处，也有人和与自己性格完全相反的人做了好朋友。但是，每个人都会有讨厌的性格，你不喜欢对方的性格时，就会不想和对方相处。因此，性格会影响大学生的人际交往。

（2）外表或个人魅力会影响大学生的人际交往。通常对一个人的第一印象，是根据对方的外貌来决定的。有的人会因为外貌，对对方有好感，然后两人就能成为好朋友，有的人因为不喜欢对方的外貌，第一印象很差，甚至可能会造成两人的矛盾。

（3）利益冲突会影响大学生的人际交往。在大学，有的人很在意奖学金，如果两人成绩都很好，两人都想得奖学金，那就存在利益冲突了。利益冲突无处不在，哪怕两人是室友，关系不错，也可能存在利益冲突。

（4）大学生所处环境会影响其人际交往。假如一名学生，身边的人都在学习，他可能会受环境的影响也开始认真学习。如果一名学生身边的人都在玩，他可能就无心学习，只想和同学玩了。这就是因所处环境不同产生的不同结果。

（三）大学生常见的人际关系障碍[①]

1. 社交恐惧症

处于青春期的大学生，对于自己的形象极为敏感，希望自己以满意的形象投入人际交往，特别是希望在异性的心目中留下一个好形象。因此，这种对人际交往过高的期望值，使之在交往中时常显得手足无措，前言不搭后语，重者还会出现一些症状，如心跳加快、呼吸短促、身体抖动等，这在心理学上被称为"社交恐惧症"。患有社交恐惧症的大学生常常陷入焦虑、痛苦、自卑之中，严重影响了他们的身心健康和日常交往。

---

① 孙华峰、鲍丙刚：《大学生人际交往障碍、形成原因及对策浅析》，《安徽理工大学学报（社会科学版）》2004 年第 1 期，第 87—89 页。

2. 孤独感

正处于成长期的大学生有其心理上的独特性，随着心理的逐渐成熟，他们越来越发现自我与众不同的特点，产生了与他人交往、了解别人内心世界并被其他同龄人接受的需求。如果这种需求得不到满足，便容易感到空虚，产生孤独感，进而自我封闭、不愿与人交往。有孤独感的大学生或是出生、成长于优越的家庭环境，长期被父母娇生惯养，养尊处优；或是在成长过程中受到过很大挫折，心理压力大，如不加以正确引导，往往会产生很严重的心理障碍，进而影响学业和身心成长。

3. 自卑感

自卑感是交往的一大障碍，自卑感容易使人离群，抑制自信心的正常发挥。有自卑感的人在人际交往中的表现就是缺乏自信。因为自卑的人会认为自己能力差，认为自己这也不行那也不行，会形成一种消极的自我暗示，从而产生自我认知、自我评价上的偏差，导致自卑者感到不如别人而丧失信心。

4. 嫉妒感

嫉妒感是在交往活动中，因才能、名誉、成就或机遇等不如他人，而产生的羞愧、怨恨、愤怒等复杂的情感体验。每个大学生都有渴求成功的欲望，有超过别人的冲动，这是嫉妒的根源。对超过自己的同学不服气、不满意；对自己的境遇不甘心、不情愿，但又无能为力，于是便贬低别人，甚至打击别人、报复别人，以此来缩小相互之间的差别，满足自己的心理需求。

5. 猜疑心

猜疑心是在交往中由主观推测而产生的对他人不信任的复杂情感体验。有这种心理的人对别人总是有不信任的态度，认为人人都是自私的、虚伪的，总是以一种怀疑的眼光看人，对人存有戒心，总怀疑别人在议论自己、算计自己，自己又不肯讲真话，戴着假面具与人交往。猜疑心不仅会影响人际交往，而且会影响正常的学习和生活，严重者还会诱发心理疾病。

三、心理行为活动设计

（一）活动名称：爱在指尖

在人际交往过程中，很多同学羞于迈出第一步。"爱在指尖"活动能快速让同学之间有一个互动，引导学生面对熟悉或不熟悉的单个同学的交往情境，经历这个交往历程，真切地感受到当勇敢地敞开心扉、拥抱他人时，别人给予自己的反馈，帮助学生建立积极主动的人际交往态度。

（二）活动设计

1. 内外站圈
全班同学平均分成内外两圈，面对面站立。
2. 手势动作
根据老师描述的内容，给自己对面的同学打分。活动分"手势"和"动作"两个口令。

（1）手势寓意：

伸一根手指，代表"我目前还没有与你做朋友的打算"；

伸两根手指，代表"我愿意初步认识你，和你做一个点头之交的朋友"；

伸三根手指，代表"很高兴认识你，希望能与你进一步了解"；

伸四根手指，代表"我很喜欢你，希望能成为与你一起分享快乐、分担痛苦的朋友"。

（2）动作表达：

若双方手势都是"1"，则各自把脸转向自己的右边；

若双方手势都是"2"，则互相微笑着向对方点点头；

若双方手势都是"3"，则热情地握住对方的双手，并开怀一笑；

若双方手势都是"4"，则热情地给对方一个温暖的拥抱。

若双方手势不一致，则不做任何动作。

口令指引：每做完一个动作，听老师口令，内、外圈同学各自向左移动一个位置，然后继续给对面同学打分。

引导感受（每次伸完手指，都做如下引导）：

（1）这次伸手指时你心里是怎么想的？你想到了什么人？你为什么给他伸出这几个手指？

（2）当对方伸的手指比你多时，你心中的感受是怎样的？为什么你伸出的比他少呢？此时你想起了谁？你的真实诉求是什么？

（3）当对方伸的手指比你少时，你心中的感受是怎样的？为什么你伸出的比他多呢？此时你想起了谁？你行为背后的诉求是什么呢？

（4）（最后一遍伸完手指后）当对方伸的手指和你一样时，此时你心中的感受又是怎样的？

引导思考：全部做完后，引导全班同学自由走动，表达想与他人建立友情的意愿。

（三）道具准备

音乐《遇见》。

四、体验感悟分享

（一）分享方式

先小组分享，再自愿在班级分享，给在班级分享者所在小组加分。

（二）分享内容

（1）自己依据什么对别人作出评价？

（2）如何看待自己在别人心目中的形象？

五、教师总结点评

（一）人际关系的"黄金法则"

人和人之间的相处，永远都是相互的，心和心之间的相交，永远都是相依的。我们在看到对方伸出的手指和自己一样，甚至比自己多时，会感到特别高兴，这也是对自己的一种肯定。但是，在看到别人伸出的手指很少，尤其是比自己伸出的手指还要少时，就会觉得特别有挫败感。一般来讲，大家都会希望看到对面的同学伸出尽可能多的手指，因为这在一定程度上代表了对方对自己的第一印象，也反映了自己的亲和力。在人际交往中，大家都会有个共同的倾向，就是希望得到别人的认可、接纳和支持。但是任何人都不会无缘无故地喜欢我们、接纳我们。因此，与人交往时，我们应遵循一个交互原则，那就是想要别人喜欢我们，我们也必须喜欢他们，承认他们的价值。不管是怎样的情感，我们希望别人怎么待我们，就首先要学会用同样的方式对待别人。永远记着：送人玫瑰，手留余香。

（二）敞开心扉去接纳别人

为了得到别人的认可，交到更多的朋友，我们要主动敞开心扉，接纳、肯定、支持、喜欢别人，保持在人际关系中的主动态度，这样才能得到别人的真心相待。良好的人际关系并不是凭空产生的，我们要想赢得别人的好感，同别人建立良好的人际关系，建立起一个丰富的人际关系网，就必须真诚接纳别人的优点和缺点。此外，要做交往的始动者，处于主动地位。当你主动与陌生人打招呼、攀谈时，当你在课堂上主动提问时，你会发现你的努力几乎都是成功的。当你的成功经验越来越多，你的自信心也会越来越充分，你的人际关系处境也会越来越好。

（三）擅长发现别人的闪光点

孔子说："三人行，必有我师焉，择其善者而从之，其不善者而改之。"每个人都有闪光之处，借鉴别人，充实自己，是永远不会过时的真理。古往今来的圣贤伟人都是通过不断向他人学习来提高和完善自己的，我们作为新时代的青年更应该拥有虚心的学习心态，要学习别人丰富的人生阅历，学习别人开明的智慧，吸取别人惨痛的教训。"见贤思齐焉"，向身边优秀的人学习，你能更加清晰地明白自己的差距，从而驱使自己不断奋勇前进；向身边优秀的人学习，你会更容易融入优秀的群体，为自己建立和维护良好的人际关系网奠定基础。

六、活动效果强化

（1）成长宣言（全体起立，高呼三遍）："敞开心扉，广交益友！"

（2）个人作业：讨论一下，你在"爱在指尖"游戏中感受到了什么，受到了哪些启发，准备如何调整自己的人际关系。

（3）小组活动：每人尝试邀请一位班里不熟悉的同学做朋友，并邀请对方到自己的小组进行团队活动。

七、拓展阅读参考

恰同学少年：毛泽东和他的同学们

五四运动前夜的近代中国，正处于令人难熬和困惑的沉闷岁月。这一切使人迷惘，但又迫使新一代的先进分子不得不重新考虑天下国家之大计和个人的立身处世之道等问题。这一群体中就包括毛泽东和他的同学们。

1913年春至1918年夏，毛泽东在湖南第一师范学习（1913年春至1914年春在第四师范，1914年第四师范合并到第一师范），前后共做了五年半的师范生。当时湖南第一师范在校长孔昭绥主政下，"采用最新民本主义规定教育方针"，以"人格教育、国民教育、实用教育为实现救国强种唯一之宗旨"，强调人格和学识的全面培养。与毛泽东差不多同时，一批追求进步的热血青年也纷纷考入第一师范，其中有蔡和森、何叔衡、罗学瓒、张昆弟、周世钊、萧三等。他们纷纷聚集在堪称培养新青年摇篮的湖南第一师范，求知、立志、爱国。在他们的吸引下，被称为周南女校"周南三杰"的向警予、陶斯咏、蔡畅，周南女校初中部的杨开慧等也纷纷加入他们的行列。

勤学好问，以文会友。长沙浏阳门正街南面有一所大公馆，叫李氏芋园，是清代一位官员留下的产业，当时，第一师范的老师大多住在这儿。1914年上半年，毛泽东和蔡和森、陈昌等同学组织成立课外哲学研究小组，经常到芋园问学，杨昌济、徐特立、方维夏、王季范、黎锦熙等一批德高望重的老师都是他们探讨学问的对象。讨论的问题涉及"读书方法""在校研究科学之术"和"改造社会史"等。他们不仅向老师问学，同学之间也是有遇必论。毛泽东经常于假日和蔡和森、陈昌、张昆弟、罗学瓒等五六位好友，到"板仓杨寓"学习讨论各种问题，或谈治学、做人之道，或纵论天下大事，探求救国救民的真理，常常一攀谈就是几个小时。他们约定"三不谈"——不谈金钱，不谈男女之间的问题，不谈家庭琐事，而应关心"大事"，即"人的天性，人类社会，中国，世界，宇宙"。

既读有字之书，又读无字之书。读无字之书，就是指接触社会实际，参加社会实践，学习社会知识。第一师范学校的校章规定，"除照部定教育宗旨外，特采最新民本主义"，即"道德实践""身体活动""社会生活"，强调人格和学识的全面培养。1914年，毛泽东在课堂笔记《讲堂录》中说："闭门求学，其学无用，欲从天下国家万事万物而学之，则汗漫九垓，遍游四宇，尚已。"1917年夏，毛泽东利用暑假空余时间，邀约同学以"游学"的方式进行社会实践。他们身无分文，先后游历了长沙、宁乡、安化、益阳、沅江等5县的一些乡镇，通过给学校、店铺、庙宇和居民写对联、作诗文或提供其他服务来解决食宿和路费，行程900多里，历时一个多月。在游学中，他们广泛接触了农民、船工、财主、县长、老翰林、劝学所所长等各种人。1918年春天，毛泽东又和蔡和森沿洞庭湖到湘阴、岳阳、平江、浏阳等县农村进行了半个多月的实地考察。通过游学，毛泽东和他的同学们了解了农村社会，接触了农村各阶层群众，锻炼了自己的社会活动能力，为他们日后养成注重调查研究之风，关注农民农村问题打下良好的基础。

读书立志，心忧天下。毛泽东和他的同学们都有着一种"奋斗的和向上的人生观"。他们多来自农村，了解民间疾苦，充满以天下为己任的社会责任感，朴实而充满朝气。他们以"为人之学""为国人之学""为世界之学"作为自己学习的目的。1915 年 5 月 7 日，日本向袁世凯提出灭亡中国的"二十一条"，而袁世凯为复辟帝制，准备接受这一不平等条约。消息传出，举国哗然。毛泽东和他的同学们将一些反对卖国条约的言论编印成册，取名《明耻篇》。毛泽东读罢，以激愤的心情在封面上写下誓言："五月七日，民国奇耻；何以报仇？在我学子！"1915 年冬，在全国人民反对袁世凯复辟帝制的斗争高潮中，毛泽东和一师进步师生常去船山学社听反袁演说，并将有关不满袁世凯的文章编印成《汤康梁三先生之时局痛言》小册子，组织同学上街散发。

从 1915 年至 1917 年，他们在一起讨论不下百次，通过讨论，最终的结论是："集合同志，创造新环境，为共同的生活。"在讨论的基础上，他们"顿觉静的生活与孤独的生活之非，一个翻转而为动的生活与团体生活之追求"。1917 年冬天，毛泽东、蔡和森等开始酝酿组织一个团体，立即得到同学们的响应。1918 年 4 月 14 日，这个团体正式组建，是为新民学会，毛泽东、蔡和森、何叔衡、张昆弟、萧三等 13 人参加了成立大会。学会以"革新学术、砥砺品行、改良人心风俗"为宗旨。从此，毛泽东等一批有志于国家的热血青年，聚集在新民学会，开始走上了救国救民的道路。

往事并不如烟。虽然毛泽东和他的同学们的学生时代早已成为历史，但是他们那种求知、立志、爱国的人生取向仍历久弥新，这种真谛虽时代不同仍值得回味、值得总结、值得借鉴，更值得当今青年人去认真体会。

第二节 和谐沟通

导入案例

小李，20 岁，大二学生。考入大学后，辅导员安排他当寝室长，他很开心，也想好好与寝室同学相处。但时间长了，小李发现自己无法和室友们相处，他习惯早睡，室友却喜欢聊到深夜；他爱干净，室友却喜欢乱丢乱放，把寝室搞得乱七八糟。他以寝室长的身份给室友们提出意见建议，他们不但不听，反而恶言相加。就这样，小李与室友们经常因为一些琐事发生争执，他认为自己是对的，但室友们并不接受，慢慢地几乎没人跟他说话。现在小李和室友的关系很糟糕，已经到了孤立无援的地步。

如何帮助小李与性格、习惯不同的同学建立和谐关系？如何把同学变成自己社会支持系统的一部分？

一、学习目标

　　(1) 了解和谐沟通的重要性。
　　(2) 体验不和谐的沟通模式。
　　(3) 学会应用和谐沟通的方法。

二、心理动能解析

(一) 沟通概述

　　沟通指的是人与人之间、人与群体之间进行思想与感情的传递和反馈的双向有效互动交流的过程，其目标是使思想达成一致和实现感情的通畅。沟通作为一种经常性的社会交往，其目的除了收集相关信息、实现相应目标之外，更重要的是通过沟通增进了解与互动，建立良好的合作、联盟或其他对应的人际关系。沟通包括语言的沟通和非语言的沟通两种类型，并且人们相信非语言沟通传递的信息甚至高于语言沟通。另外，人际关系一旦建立，沟通更是经营维护这种关系的重要手段。例如，一个很久没有联系过的朋友，如果你要求他为你做一件事，他一定十分疑惑，这就需要你的沟通，才能使他了解为什么需要帮助你做事。

　　沟通具有五个方面的功能：一是获得消息情报功能，收集、储存、整理和交流必要的新闻、数据、图片、事实、意见、评论，以便获得周围环境的情况从而及时做出反应和决定；二是社会化功能，提供知识使人们能在社会中从事活动，并增强社会联系和社会意识，积极参与公共生活；三是动力功能，促进社会的当前目标和最终目标的达成，激励人们达成意愿和实现理想，鼓励为实现共同商定的目标而进行个别活动和社会活动；四是辩论和讨论功能，为便于达成一致意见或澄清不同观点而提供和沟通必要的事实，促进人们关心本国和国际问题并普遍参与其中；五是教育传播知识功能，以便促进智力的发展，培养人的品格，并使其在人生各个阶段获得各种技能和能力。[①]

(二) 沟通的要素

　　沟通包括沟通的内容、沟通的方法、沟通的动作。就其影响力来说，沟通的内容影响最小，占 7%；沟通的动作影响最大，占 55%；沟通的方法居于二者之间，占 38%。人际沟通有以下三大要素：

　　(1) 要有一个明确的目标。这是沟通最重要的前提，有了明确的目标叫沟通，没有目标叫闲聊。因此在和别人沟通的时候，要表明"这次我找你的目的是……"。沟通时说出要达到的目的，这是非常重要的，也是沟通技巧在行为上的一个表现。

　　(2) 要达成共同的协议。沟通是否结束的标志是看是否达成了协议。如果对沟通内容的理解不同，又没有达成协议，最终会造成无效的沟通。因此，在和别人沟通结束的

---

　　①　贾启艾：《人际沟通：案例版》（第 4 版），东南大学出版社 2019 年版，第 10 页。

时候，一定要用这样的话来总结：非常感谢你，通过刚才的交流我们现在达成了这样的协议，你看是吗？这是沟通技巧的一个非常重要的体现，也是一个非常良好的沟通行为。

（3）沟通的内容是信息。将沟通定义为信息传播行为，就已经间接地说明了二者的关系，即沟通等于信息的运动，信息等于沟通的材料。形式与内容，二者密不可分。信息沟通是指可解释的信息由发送人传递到接收人的过程，它是人与人之间思想、感情、观念、态度的交流过程，是情报相互交换的过程。

（三）沟通的模式

1. 基本模式

语言沟通是一种人类区别于其他生物所特有的沟通形式，指沟通者以语言符号的形式将信息发送给接收者的沟通行为，它是以自然语言为沟通手段的信息交流过程。语言有口语和文字两种形式，因此语言沟通又可分为口头语言沟通（如谈话、讲课、演讲、打电话等）和书面语言沟通（如写信、贴布告、发通知、写字条、讲课中的板书等）。

非语言沟通指沟通者以非语言符号的形式将信息传递给接收者的沟通行为。面部表情及眼神、身体动作及姿势、言语表情、个人空间及个人距离、气质、外形、衣着与随身用品、触摸行为等都是非语言符号，它们都可以作为沟通工具来进行信息交流。举手投足、眉目传情等皆是沟通。相较而言，语言沟通侧重于传递信息，非语言沟通则侧重于传递人与人之间的思想和情感，因此，许多时候非语言沟通往往会比语言沟通取得更奇妙的效果。

2. 萨提亚五种沟通模式

萨提亚在观察人们的互动过程中，依据自我、情境和他人三个维度被忽视的情况，将不一致的、会损害个体自尊的沟通描述为讨好、指责、超理智、打岔四种类型，同时也描述了健康的表里一致型的沟通模式。

（1）讨好型。这种沟通方式占人群的50%。这种类型的个体给予交往中的他人和情境以充分的尊重，但漠视自己的价值，否定自己。这种沟通模式常常让人们感到愉快，也被大部分的文化和家庭接纳，但并不是真正的表里一致所感受到的愉快。这种类型的个体常见的行为是过分的和善，道歉，请求宽恕、谅解，哀求与让步。这种类型的个体常有的内心感受是"我一无是处"，"我觉得自己毫无价值"。

（2）指责型。这种沟通方式占人群的30%。这种类型的个体给予交往中的自己和情境充分的尊重，但漠视他人的价值。这种沟通模式以各种形式的指责来增强自己的气势，从而使自己觉得安全，保护自己的尊严和自我价值感。指责型个体的典型语言是"都是你的错"，"你从来没有做对过"，"如果不是因为你……"。这种类型的个体常见的行为是攻击，批评，吹毛求疵。这种类型的个体常见的内心感受是"我很孤单"，"我很失败"。

（3）超理智型。这种沟通方式占人群的15%。这种类型的个体给予情境充分的尊重，但漠视自己也漠视他人，逃避现实的任何感受，也回避因压力所产生的困扰和痛苦。超理智型的个体常会与交往对象摆事实讲道理，使用毫无生命力的逻辑和冰冷的数据进行沟通。其典型语言是"人一定要讲逻辑"，"一切都应该是有科学依据的"。其常见的行为是顽固，不愿变更，举止合理化，操作固执刻板。其常有的内心感受是"我感到空虚与隔绝"，"我不能露出任何感觉"。

（4）打岔型。这种沟通方式占人群的 0.5%。这种类型的个体在面对压力情境时，避重就轻，习惯闪躲，自己、他人和情境都不是当前关注的中心。他们希望通过打岔，让别人在与自己交往时分散注意力，也减轻自己对压力的关注，想让压力因素与自己保持距离。他们的言语漫无主题，随心所欲，在行为上表现为多动、忙碌、插嘴和打岔。常有的内心感受是"没有人当真在意"，"这里根本没有我说话的地方"。

（5）表里一致型。这种沟通方式占人群的 4.5%。这种模式基于高自尊的内心价值，从而达到自我、他人和情境三者的和谐互动。表里一致的人在沟通过程中既可以接纳、表达自己的感受，又愿意聆听别人，关注情境，从而真正达到真实的情感交流和沟通。表里一致的沟通是在言语上尊重现实、尊重自己、尊重别人；在行为上接纳压力和困难，顾全大局，乐于助人；在内心感受上虽有时惶恐，但仍充满勇气和信心，有坚强的毅力，内心坦然且安稳。

三、心理行为活动设计

（一）活动名称：沟通模式、换位思考

沟通是人与人之间、人与群体之间思想与感情传递和反馈的过程，好的沟通方式可以帮助我们更好地实现情感交流和问题解决。通过学习萨提亚的沟通模式理论内容，并设置场景，同学们可以体验五种沟通模式带来的不同感受，体会哪些沟通模式是有缺陷的，努力实现表里一致型的沟通模式。接着，通过"换位思考"活动，同学们能够学会理解和接纳，放下过去，用积极的心态迎接未来。

（二）活动设计一：沟通模式

两位同学上台相向站立，依次模拟指责型、讨好型、超理智型、打岔型、表里一致型五种沟通模式。

（1）全班同学平分成两队，相向站立。

（2）沟通模式体验：

场景：由于昨晚熬夜打游戏，中午 12 点小王同学还在睡觉，其他室友下课回来没注意到，说笑的声音把小王吵醒了。

① A、B 两队分别模拟以下沟通模式：

指责型——指责型；指责型——讨好型；指责型——超理智型；指责型——打岔型。

引导感受：当对方用指责的方式对待你时，你的身体反应和内心感受是怎样的？

② A、B 两队分别模拟以下沟通模式：

讨好型——指责型；讨好型——讨好型；讨好型——超理智型；讨好型——打岔型。

引导感受：你平时经常遇到这样的沟通模式吗？最常遇到的是哪几种？当对方用这种沟通模式对待你时，你的身体反应和内心感受是怎样的？

③ A、B 两队分别模拟以下沟通模式：

超理智型——指责型；超理智型——讨好型；超理智型——超理智型；超理智型——打岔型。

引导感受：你平时经常用这种沟通模式对待别人吗？当你用这种沟通模式对待他人时，你的身心感受是怎样的？

④ A、B 两队分别模拟以下沟通模式：

Ⅰ.打岔型——指责型

引导感受：你的生活中有没有谁经常用这种沟通模式对待你？当他用这种沟通模式对待你时，你愤怒吗？委屈吗？

Ⅱ.打岔型——讨好型

引导感受：在你的生活中，是谁经常用这种沟通模式对待你呢？他每次用这种方式对待你时，你舒服吗？讨厌吗？

Ⅲ.打岔型——超理智型

引导感受：在你的生活中，你经常用这种沟通模式对待谁呢？你每次用这种方式对待他时，他的表情如何？他开心吗？

Ⅳ.打岔型——打岔型

引导感受：你经常用这种沟通模式对待谁呢？请回忆一下，你每次用这种方式时，对方有什么反应？你有什么感受？

⑤ A、B 两队分别模拟以下沟通模式：

表里一致型——指责型；表里一致型——讨好型；表里一致型——超理智型；表里一致型——打岔型；表里一致型——表里一致型。

引导感受：当对方用表里一致型沟通模式与你沟通时你的感觉如何？你舒服吗？喜欢吗？开心吗？

（3）回忆、审视自己常用的沟通模式是什么，效果如何。

（三）活动设计二：换位思考

（1）每人设 A、B 两个站位，A 代表自己，B 位代表矛盾的对方（B 位无人）。

（2）站在 A 位，对 B 说出不满、愤怒等。

引导感受：感受此时的身心反应。

（3）换到 B 位，以 B 的身份，与自己对话。

引导感受：感受此时的身心反应。

（4）再换到 A 位，对 B 的对话进行反馈。

引导感受：感受此时的身心反应。

（5）再换到 B 位，以 B 的身份，与自己对话。

引导感受：感受此时的身心反应。

（6）反复对话 3～4 次，感受每次自己的身心变化。

（四）道具准备

音乐《冥想》。

四、体验感悟分享

（一）分享方式

先两两分享，再自愿在班级分享，给在班级分享者所在小组加分。

（二）分享内容

（1）你常用的沟通模式有哪些？对方的反应如何？
（2）你常遇到的沟通模式有哪些？感受如何？
（3）如何求同存异从而达成一致型的沟通？
（4）如何用换位思考的方法帮助本节导入案例中的小李把寝室同学变成自己社会支持系统的一部分？

五、教师总结点评

（一）强调和谐沟通的重要性

现代世界是一个沟通的世界。沟通能够拓展人际交往的网络，发展人际关系中的支持系统。它不仅能使交谈简单愉快，使对方感受到我们的尊重和理解，能够迅速激发他人对我们的理解，让他人自愿给我们提供更多的协助，发展互惠互利的合作关系，还能够避免人与人之间无谓的争论，减少因误解所造成的压力，克服愤怒、恐惧、害羞等有害情绪，促进身体健康。沟通是建立人际关系的桥梁，没有沟通就没有人际的互动关系，人与人之间的关系就会处在僵硬、隔阂、冷漠的状态，出现误解、扭曲的局面，给工作和生活带来极大的危害。沟通如同黑暗中的一缕阳光，让一切有了生机和活力。良好的沟通能够使我们很坦诚地生活，很有人情味地分享，以人为本，在人际互动中充分享受自由、和谐、平等。多少感情、婚姻、友谊，多少同事之间、上下级之间的关系，因经常出现指责型、讨好型、超理智型、打岔型沟通模式而濒临破裂，又因良好的表里一致型沟通而冰释前嫌。表里一致型沟通是我们每位大学生都要学习的人生基本功课。

（二）和谐沟通需要具有的思维方式

1.包容接纳

在生活中，人与人之间沟通很难，这是为什么呢？因为在现实生活中，有很多人不能包容别人，不能有一个宽阔的胸怀。俗话说："海纳百川，有容乃大。"包容是对人的尊重，是沟通的桥梁，是系起朋友间亲密无间的纽带。生活中的包容，是一种高尚的美德，它使我们能站在别人的角度去理解事情的前因后果，用善意的方式处理人际关系，表现为人与人之间相互理解、相互友爱的心灵渴望。只有常怀包容之心，才能有和谐的沟通效果，也才能建立起良好的人际关系。

2. 求同存异

人的思维方式分为求同的思维方式和求异的思维方式，持有其中一种思维方式的人和另外一种思维方式的人在接触的时候，尤其是两个都具有求异思维方式的人在沟通的时候，很容易产生思维上的不合和语言上的冲突。在两个人的沟通中，求同者往往能在对方的语言中找到可以交融的点，找到可以扩大自己的知识面和信息量的内容，并常常努力把握住这种机会以丰富完善自己，同时沟通也更加顺畅。求异者的观察角度则比较敏锐，容易发现事物一些特别的角度，并且能够预测风险和不足，但求异者的语言如果不加约束和沟通，则往往引人反感。因此表里一致型的沟通，需要求同存异思维。

3. 换位思考

换位思考就是用别人的眼光来观察世界，或者称感同身受，心理学上也叫移情。移情是从他人的角度去感受、理解他人的感情，是分享他人的感情而不是表达自己的情感。换位思考是人际沟通过程中最重要的变量，是人与人取得理解的首要前提，在有效的人际沟通中发挥着重要作用。理解是双向的，渴望别人理解的人，首先要理解别人，只要你善解人意，自然也能得到别人的理解。一切只考虑自己、自我封闭、以自我为中心，过分地进行心理防卫，则经常会做出不合时宜的行为，容易被他人误解。同学们在学习和生活中要学会换位思考，凡是遇到有不同意见、不爽的交流，都可以找一个相对僻静的地方，做一做换位思考的游戏，这对于和谐人际关系有非常好的效果。

（三）和谐人际关系的其他方法

1. 做倾听者

心理学研究表明，人在内心深处，都有一种渴望得到别人尊重的愿望。倾听是一项技巧，是一种修养，甚至是一门艺术。很多时候，倾听比诉说要难，毕竟倾听时我们不仅需要接收并理解言语信息，还要给予对方适度的回应。因此，作为有效沟通的必要部分，学会如何在交流中做一个优秀的倾听者尤为重要。学会做一个倾听者，应该成为每个渴望事业有成的人的一种责任、一种追求、一种职业自觉。一名优秀的倾听者具备的素质表现为：① 展示关心的态度，并愿意倾听；② 对讲话者的语言和非语言行为保持注意和警觉；③ 等待讲话者讲完；④ 使用语言和非语言表达来表示回应和反馈；⑤ 解释、重申和概述讲话者所说的内容；⑥ 移情（理解讲话者）；⑦ 不批评、不判断。

2. 真诚赞美

赞美不但是人际交往的法宝，也是一种非常伟大的语言艺术。常言道，良言一句三冬暖，恶语伤人六月寒。有时，一句无心的批评就会伤害他人脆弱的心灵；一句无心的赞美可能会让他人扬起自信的风帆，勇敢地面对生活。当然，虽然赞美拥有神奇的魔力，但是既不能泛滥也不能虚伪。真正的赞美和低俗的曲意逢迎不同。赞美是发自内心的赏识，是真诚友善的表达，是没有任何功利目的的真情流露。曲意逢迎往往带着目的性，说话的人也并非出于真心。一个人若能发自内心地赞美他人或者事物，必定是发现了其值得赞美的地方。这种善于发现美的能力，不仅能让自己开心，让我们周围的人与事物更加和谐，也会让我们拥有更多的朋友，受到更多人的欢迎。

3．言出必行

言出必行、有诺必践，是一种诚实守信的品质，在人际关系中就是不轻易承诺，承诺了就要做到。诚实守信是人与人之间相处的首要原则，也是中华民族的传统美德。"信者，言之实也"，心口一致谓之诚，言行一致谓之信。所谓诚信，就是要保持内心的诚实，遵守诺言，讲求信用。孔子说，"人而无信，不知其可也"，"人无信不立"，说的就是在人际交往中，如果不诚实守诺，不讲信用，就会在社会上无立足之地。而言出必行、诚信待人在人际交往中会给别人留下良好的第一印象，也会塑造自己的美德与品牌。诚信待人，诚信做事，会让人理直气壮、正气凛然、心胸开阔。诚信不仅是一种待人的态度，也是一种生活的状态。一个人能够诚信地生活，是因为这个人有智慧。每个人都应该追求这样的生活状态，让生活更美好。

六、活动效果强化

（1）成长宣言（全体起立，高呼三遍）："我爱自己，也爱别人！""我用表里一致型的沟通方法！"

（2）个人作业：写出自己常用的沟通模式及其效果，想想如何实现表里一致型沟通。

（3）小组活动：练习表里一致型沟通模式，分享感受。

七、拓展阅读参考

大学生人际交往能力测验

《大学生人际交往能力测验》从人际认知能力、交往意愿、人际沟通能力、人际情绪控制能力和人际管理能力几个方面衡量一个人在人际交往方面的各种能力，希望你能通过本测验了解自己在人际交往上的长处和弱点，更好地发挥自己的优势，弥补自己的不足。

选出适合自己的答案，请注意答案没有对错之分。

（一）人际认知能力

1．绝大多数时候我对自己充满自信。

A．符合　　　　　　　　B．不符合

2．面对不可知的挑战，我很少担心失败。

A．符合　　　　　　　　B．不符合

3．我对周围人的喜好比较敏感。

A．符合　　　　　　　　B．不符合

4．我很善于察言观色，随机应变。

A．符合　　　　　　　　B．不符合

5．我善于认知和把握同学关系。

A．符合　　　　　　　　B．不符合

6. 我常常会把朋友分类。

A. 符合　　　　　　　B. 不符合

7. 跟一个朋友闹翻了，我相信他依然会帮助我。

A. 符合　　　　　　　B. 不符合

8. 我会定期思考"我是怎样一个人"这类问题。

A. 符合　　　　　　　B. 不符合

（二）交往意愿

1. 我总是希望能结识新朋友。

A. 符合　　　　　　　B. 不符合

2. 我喜欢参加各种社交活动。

A. 符合　　　　　　　B. 不符合

3. 我总是很乐意参加班集体活动。

A. 符合　　　　　　　B. 不符合

4. 在生活中我比较喜欢与其他人共同学习或游戏。

A. 符合　　　　　　　B. 不符合

5. 放假了，与一个人待在家里相比较，我更喜欢找朋友一块儿出去玩。

A. 符合　　　　　　　B. 不符合

6. 我会主动向陌生人做自我介绍。

A. 符合　　　　　　　B. 不符合

7. 一位朋友邀请我去参加她的生日聚会，可是任何一位来宾我都不认识，我还是会很想去。

A. 符合　　　　　　　B. 不符合

8. 如果我在火车上跟某人聊得很投机，下了火车以后我有可能与他长期保持联系。

A. 符合　　　　　　　B. 不符合

（三）人际沟通能力

1. 我的语言表达能力较强。

A. 符合　　　　　　　B. 不符合

2. 与一群人在一起时，通常我会较多地发言。

A. 符合　　　　　　　B. 不符合

3. 在公共场合发言，我不会脸红、口讷。

A. 符合　　　　　　　B. 不符合

4. 课堂即兴发言时，我能条理清晰地表达自己的观点。

A. 符合　　　　　　　B. 不符合

5. 如果让我到陌生的宿舍去推销一本书，我能比较轻松、自然。

A. 符合　　　　　　　B. 不符合

6. 在别人说风凉话的时候，我能巧妙回复。

A. 符合　　　　　　　B. 不符合

7. 当邂逅一位很久没有联系的朋友，彼此忘记了对方的名字，我能让双方都不尴尬并且很含蓄地知道对方的名字。

A. 符合　　　　　　B. 不符合

8. 当知道别人对我有偏见时，我能用自己的行动让对方化解成见。

A. 符合　　　　　　B. 不符合

（四）人际情绪控制能力

1. 即使某些人我并不喜欢，但我还是会在节日发送祝福短信给他们。

A. 符合　　　　　　B. 不符合

2. 路上遇见我讨厌的人，我还是会主动打招呼。

A. 符合　　　　　　B. 不符合

3. 别人当众指出我的缺点时，我不会表露出我的情绪。

A. 符合　　　　　　B. 不符合

4. 在表达自己的重要观点，别人却表现得满不在乎时，我不会表露出我的气愤。

A. 符合　　　　　　B. 不符合

5. 如果别人的恶作剧让我很尴尬，我还是不会轻易发怒。

A. 符合　　　　　　B. 不符合

6. 即使在非常气愤的情况下，我依然会理性地处理这件事。

A. 符合　　　　　　B. 不符合

7. 在与别人争执不下的时候，我仍能心平气和。

A. 符合　　　　　　B. 不符合

8. 我说话非常谨慎，甚至连醉酒的时候依然如此。

A. 符合　　　　　　B. 不符合

（五）人际管理能力

1. 我具备的能力是大多数人很难做到的。

A. 符合　　　　　　B. 不符合

2. 我善于组织大型公共活动。

A. 符合　　　　　　B. 不符合

3. 我善于组织领导一个团体并且成功地完成组织任务。

A. 符合　　　　　　B. 不符合

4. 当我与别人意见不合而又坚持自己想法的时候，我能成功说服对方接受我的观点。

A. 符合　　　　　　B. 不符合

5. 当他人的做事方式令我很不满意时，我能通过一定的方式影响到他，使他自愿改变他做事的方式。

A. 符合　　　　　　B. 不符合

6. 我善于培养及维持人脉。

A. 符合　　　　　　B. 不符合

7. 我善于和不同性格的人（包括与自己性格不合的人）合作。

A. 符合　　　　　　B. 不符合

8. 我能以独特的愿景来激励与引导他人。

A. 符合　　　　　　B. 不符合

本测验中，选"符合"的题目得 1 分，选"不符合"的题目不得分。高分者具有较强的人际交往能力。通过本测试，大学生可以了解自己在人际交往上的优势和劣势，并基于此改进和提高个人的人际交往能力。

第三节　社 交 恐 惧

导入案例

陈某，男，21 岁，大一学生。他发现自己在人际交往过程中常出现问题，主要表现为与人谈话时会出现难看的面部表情，与人对视时会回避，害怕在公共场合发言，害怕自己出错，害怕出丑。陈某回忆，第一次发生这种情况是在高中时期，那时他跟着同学逃课，上网吧玩游戏，他知道这样不对，但是忍不住一次次出去，直到有一天晚上，一个女生在晚自习时间和他说话（当时这个女生对他有好感），女生劝说他不要再跟着那群人去玩了，要好好学习了。这时他突然觉得自己看这个女生时眼睛刺痛，开始回避她的眼睛。从那之后，经常会出现此情况，后来这种情况消失了一段时间。读大学后，他担任学习委员，一直对自己有较高要求，但是好多次都因为紧张而犯错，表情不自然情况频频出现，一旦有人关注自己，马上就觉得紧张、冒汗，面部表情不正常，上课时也不敢看老师了。

什么原因导致了陈某的社交恐惧行为？如何帮助陈某解决社交恐惧问题？

一、学习目标

（1）了解社交恐惧的行为表现及原因，认识社交恐惧产生的负面影响。

（2）克服对社交场合的恐惧和压力，建立交友自信。

（3）改变错误的社交认知，学习正确的社交方法。

二、心理动能解析

（一）社交恐惧概念

社交恐惧症又称社交焦虑症或社交焦虑障碍，是一类以害怕与不熟悉的人接触或可能被他人审视的社交或表演场合为主要表现的心理障碍，通常起病于 17～30 岁，主要发生于青少年期，男女发病率基本相同。

社交恐惧会危害青年人的心理与精神健康。持续性恐惧负性情绪和明显的焦虑心理问题会降低我们对"友谊"的期待和感受，严重的社交功能障碍甚至会给青年人的日常生活、学习、工作带来极大危害。而且，社交恐惧容易形成个人角色定位不准确和对个人与集体关系狭隘或错误的理解，难以与其他社会成员建立互助合作关系，缺少合作意识，不利于形成丰富而全面的社会关系，可能会对集体活动或工作的进程和最终效果造成不好的影响。

社交恐惧和性格内向并不相同。内向性格表现为安静、离群、内省，喜欢独处而不喜欢社交，与人保持一定的距离。内向的人不害怕社交，只是不喜欢社交。而社交恐惧的人会刻意甚至想方设法逃避各种社交场合，非常在意别人的评价。内向性格与先天的基因遗传关系密切，社交恐惧症则更多是后天的成长历程（很大程度是童年时期）造成的。

（二）大学生社交恐惧的原因[①]

1. 认知误区

正确的认知会促进大学生的人际交往，而对自我、他人和人际交往过程等的不良认知，常常是影响大学生人际交往、造成交往障碍的主要原因。例如过高评价自己会引起自大，导致交往中盛气凌人，或不屑与人交往；过低评价自己会引起自卑，羞于与他人相处，导致对交往产生恐惧。对交往本身的认识也会影响交往行为。如果认为交往只是为了满足自己的需求，从而忽视他人的需求，则会引起交往中断。

2. 情绪因素

大学生感情丰富，心境易变，有时对人对事过于敏感，容易凭一时的好恶改变对一个人的看法，使得人际交往缺乏稳定性，产生各种障碍。此外，交往过程中的情绪反应是否适度适当，也影响着交往的发展方向。情绪反应过分强烈会给人以轻浮不实之感；情绪反应过于冷漠则易被人视为麻木无情。

3. 个性缺陷

真诚热情是人际交往中最重要的品质之一，人们喜欢和那些个性品质好的人进行交往，不愿意同那些具有不良个性品质的人交往。许多大学生的人际交往障碍来源于不良的个性品质，如以自我为中心、固执、骄傲、不尊重人、缺乏责任心、虚伪、冷淡、自私、贪婪、心理不健全、嫉妒、猜疑、自卑等。

4. 交往能力不足

人际交往能力欠缺，就难以与人交往，更不要说成功地与人交往了。有些同学在中学时只顾埋头读书，学习成绩拔尖，但很少注意与他人的交往、沟通。到了大学以后，面对多样化的大学生活，他们人际交往能力的不足就暴露出来了，并成为影响他们融入大学生群体的障碍。

（三）大学生克服社交恐惧的对策

1. 正确认识自己

一个人自卑、缺乏自信或自傲甚至孤芳自赏，往往与不能正确地认识自己有紧密的关系。"金无足赤，人无完人"，大学生在交往中，要善于发现自己的优点和长处，肯定自己

---

① 孙华峰、鲍丙刚：《大学生人际交往障碍、形成原因及对策浅析》，《安徽理工大学学报（社会科学版）》2004 年第 1 期，第 87—89 页。

的成绩，懂得欣赏自己；大学生在交往中同样也要善于看到自己的短处和不足，明确自己的差距，学会剖析自己。只有学会客观公正地认识自己、评价自己，才能既增强自己的信心、克服自卑感，又避免狂妄自大，抑制自己的高傲感。

2. 主动大胆去交往

大学生人际交往是交往双方积极互动的过程，一方主动而另一方被动势必造成交往难以正常进行或不能持久，主动大胆地与人交往有利于消除自卑、性格内向所带来的交往障碍。只有大胆地尝试，主动地参与社交活动，慢慢地才不会害怕见陌生人，从而渐渐消除社交恐惧症和孤独感，久而久之，自卑感也会烟消云散。

3. 以诚待人

嫉妒、猜疑是交往的大敌，而以诚待人、宽以待人则是交往成功的关键。只有真诚才能打动人，也只有真诚才会让人以真诚相报。另外，每个人都是独立的个体，大家来自不同的地方，生活习惯不同，脾气性格各异，不能苛求他人、责怪他人，要学会容忍，要善于发现别人的长处和优点，宽以待人。

4. 掌握正确的交往技巧

交谈是一门大有学问的艺术，谈话者一定要有所准备，交谈之前先要了解清楚交谈的对象、交谈的环境，以及交谈的内容。大学生在与人交谈的过程中要注意避免以下几点：一是不理会对方的意见和反馈，只顾喋喋不休地发表自己的意见；二是不能专注地听别人讲话，交谈中总是频频打岔；三是交谈中总是质问对方，让对方觉得自己像是被审问的罪犯一样；四是过于亲善或急于巴结对方，语气措辞肉麻不堪让人难以忍受。同时，交往是双向的，倾听的方式不同，也会影响交谈的效果。最好的方式是站在对方的立场上，投入到对方的情感中，集中精力了解对方谈话的内容，并通过适当的提问、点头、注视等方法来表明自己对其谈话的兴趣，以此来提高交谈的效果。

5. 提高自身素质

人的素质是多方面的，在实践中不断增强自身人格魅力，是实现成功交往的基础。人不能老是为那些自己不能改变的因素而忧虑、悲伤，而应去努力改变那些自己可以改变的，创造那些自己可以创造的东西。在人际交往中，后天培养的内在素质的魅力比天赋美貌的魅力更具持久性和感召力。

三、心理行为活动设计

（一）活动名称：你是我的眼

通过情境设计，学生可以学会沟通和信任他人。

（二）活动设计

（1）设置障碍物。如楼梯、桌子、椅子等路障。

（2）分组：班级每两人一组，采取奇偶报数方法进行分组，若班级人数为奇数，则最后3人为一组。

（3）活动规则：一个做"盲人"，另一个做帮助"盲人"的"聋哑人"，"聋哑人"是"盲人"的"拐杖"。行进过程中双方不能语言交流，所以要提前商量使用什么暗语，比如让"盲人"左抬腿，"聋哑人"会拍拍他的左腿等。

引导思考："聋哑人"应该怎么帮助"盲人"安全通过障碍？盲人需要如何配合"聋哑人"完成任务？

（4）分发眼罩："聋哑人"领眼罩，若3人一组，则领取1个或2个都行，可以自由安排1个或2个"盲人"。

（5）"盲人"戴上眼罩之后，原地转5圈，失去方向感的同时，"聋哑人"拉起"盲人"的手，在老师的口令引领下按规定路线通过每一个障碍物，直至走完所有路程（播放音乐）。

引导感受："盲人"戴上眼罩之后有什么感受？

引导思考："聋哑人"如何使用肢体语言，帮助"盲人"完成障碍物的跨越？如何给予"盲人"足够的安全感，"不抛弃，不放弃"？

引导感受："盲人"仔细体会"聋哑人"对自己的帮助与保护。从戴上眼罩到通过每一个障碍物，你感受到了什么？

（6）"盲人"和"聋哑人"互换角色，再来一遍。

（三）道具准备

眼罩若干、障碍物若干，音乐《For You》（钢琴版）。

四、体验感悟分享

（一）分享方式

先小组分享，再自愿在班级分享，给在班级分享者所在小组加分。

（二）分享内容

（1）"盲人"戴上眼罩之后是什么感受？刚开始时对"拐杖"信任吗？有信心吗？

（2）"盲人"在整个过程中有什么心理变化？为什么会产生这种变化？有何感想和启示？

（3）"聋哑人"是如何帮助和保护"盲人"通过障碍的？整个过程有什么感受、感想和启示？

五、教师总结点评

（一）乐观看待人际关系

人生的道路并不是一直都平坦顺畅的，要在这个布满荆棘的旅途中站住脚跟，首先要加强自身能力的培养，否则当困难来临的时候，我们就无法应对。其次，要意识到人际关系的重要性。它能够给我们带来快乐和安全感，促进我们精神和心理的安定，也能让我们在彼此之间找到理解和支持，增强心灵上的滋养。因此，社交恐惧者要学会运用前面课程中学过的情绪 ABC 理论，找到恐惧情绪出现的根源，改变自己对人际交往的不合理认知，用乐观的心态去面对社交。

（二）相互理解信任

良好的人际关系离不开相互信任。人际关系中不合理的认知往往是出于不信任别人或不相信自己，怕出丑后被别人笑话，怕说错话被别人瞧不起，怕做不好丢面子……社交恐惧的同学要培养自己接纳和信任别人的能力，体验信任别人和被别人信任的感受，要敢于去信任别人和建立自我信任感，这可以帮助我们自信大胆地表达，而自信大胆的表达往往更流畅、更少出错，也更容易获得一份友谊，更容易在学习和生活中获得支持和帮助。

（三）勇于接受挑战

活动中上下楼梯和钻跨障碍物的设计其实意味着人生起伏，有高有低。盲行的这一路其实就是生活道路的一个缩影，有时候我们要俯下身去做一点事情，有时候我们要不卑不亢，昂首挺胸，大胆勇敢地往前走，接受生活给予的任何挑战。更重要的是遇事不要给自己设置心理障碍，比如社交恐惧者就是把人际交往看得太复杂，不敢迈出第一步。在人际交往中要敢于迈出自信和他信的第一步，勇于挑战自己，通过一次次的自信和他信的实践，人际关系会越走越宽广。

（四）学习人际交往技巧

首先，要学会关心帮助他人。当一个人遇到坎坷、碰到困难、遭遇失败时，往往对人情世态最为敏感，最需要关怀和帮助，这时哪怕是一个笑脸、一个体贴的眼神、一句温暖的话语，都能让人感到安慰、感到振奋。因此，只要善于在别人遇到困难、陷入困境时伸出援助之手，我们就可以很快赢得别人的信任，建立起良好的人际关系。其次，要敢于做麻烦他人的人。俗话说"友谊是麻烦出来的"，被麻烦的人往往是自己信任和敬佩的人，麻烦他人是对他人的信任和敬重。人生会遇到很多困难和挫折，关键时刻要敢于及时求助和借力，通过求助和被助建立更深的友谊。最后，要不断发现让自己开悟的人。能让自己开悟的人是生命中的贵人，不断求教之、麻烦之、感恩之、维系之，不仅可以帮助自己渡过一个个难关，而且可以在不断的成长中提升自己，让高品质人际关系不断出现在自己的生活中。

六、活动效果强化

（1）成长宣言（全体起立，高呼三遍）："我是社交的能手！"

（2）个人作业：写出自己麻烦别人、开悟自己、建立良好人际的事例。

（3）小组活动：每人分享一个自己或他人克服社交恐惧的故事。

七、拓展阅读参考

中国的《罗密欧与朱丽叶》

周恩来思想深邃、视野开阔、知识渊博，又有极高的语言天赋，这使他在语言表达上得心应手、挥洒自如，出口成章、妙语连珠。一句原本很平淡的话，经过周恩来睿智的再造，就如同画龙点睛一般，立时会产生与众不同的神奇效果。

1954年4月，周恩来总理率领中国代表团出席日内瓦会议。这是新中国成立后首次在重大国际舞台上亮相，受到各国关注。

会议期间，周恩来要工作人员举行电影招待会，放映国庆纪录片，让外国记者了解新中国的变化。纪录片放映后，周恩来听取汇报：外国记者普遍反应热烈，但是有一个美国记者说，中国阅兵在搞军国主义。周恩来对工作人员说，再给他们放映一部《梁祝哀史》。《梁祝哀史》是根据越剧《梁山伯与祝英台》拍摄的彩色戏曲片。为了让外国记者看懂，工作人员准备将剧情介绍和主要唱段译成十五六页的外文说明书，剧名译成《梁与祝的悲剧》。周恩来听取了工作人员放映新片的汇报后说，十几页的说明书，是不会有人看的。他当即出了一个主意，只在请柬上写一句话："请你欣赏一部彩色歌剧电影——中国的《罗密欧与朱丽叶》。"放映前用英语作3分钟的说明，概括地介绍一下剧情，用词要有点诗意，带点悲剧气氛，把观众的思路引入电影。

影片放映那天，大厅内座无虚席。感人的故事、优美的唱腔，250多名外国记者看得如醉如痴。影片结束后，放映厅里爆发出热烈的掌声。外国记者纷纷赞叹，这部影片太美了，比莎士比亚的《罗密欧与朱丽叶》更感人。

语言表达是一门基本功。领导者若想讲话生动形象、引人入胜，就要不断提升理论水平和综合素质，勤学习，常读书，多补充和储备各种知识。同时，要把学习与实践结合起来，注重语言的创新，力求用简洁、鲜活、新颖的词语，拨动人们的心弦。

思考
练习题

1. 简述人际关系的三种成分。
2. 简述萨提亚五种沟通模式及特点。
3. 请结合实际，简述影响大学生人际交往的因素。
4. 请结合本章第三节导入案例，分析陈某产生社交恐惧的原因。如果你是心理委员，将如何帮助陈某克服社交恐惧？

第八章　网络与健康教育

网络正在深刻改变世界，深层介入大学生的成长和发展。网络在为大学生的学习和生活提供很多便利的同时，也带来很多挑战。如果大学生不能正确认识网络、不能合理地使用网络，就可能产生一系列网络使用问题。本章介绍了网络给大学生学习和生活带来的改变，聚焦于大学生常见的网络成瘾和网络欺骗问题，探寻大学生网络使用问题产生的原因，寻求大学生合理使用网络的对策，以期让网络成为大学生成长发展的助推器。

第一节　网络与社会

导入案例

互联网已经成为国民生活不可或缺的一部分。宅在家里就可以吃到各个餐厅的美食、出门不用带卡带钱包一部手机全搞定、上下班约顺风车、一部手机就可以搞定大部分工作、缺钱时靠信用记录小额贷款、钱有富余时在手机上理财……这些"互联网＋"改变生活的"小玩意儿"相信大家都切实感受过，互联网以一项技术服务各行各业，也给我们的生活带来了很多便利。今天，互联网依然持续不断地在与传统产业、实体经济和新兴行业进行着融合，相信接下来"互联网＋"带给我们生活的新东西还会更多，做好准备迎接这些"出乎意料"吧！

你认为互联网给我们的生活带来了哪些影响呢？

一、学习目标

（1）正确认识互联网给我们生活带来的影响。
（2）正确看待互联网，合理利用互联网去学习和生活。
（3）提高网络素养，正确处理网络与生活的关系。

二、心理动能解析

（一）网络与大学生的学习

进入 21 世纪以来，我国网络的飞速发展给大学生的学习、生活、交友等带来了新的变化。网络改变了传统的信息传递方式，为大学生的学习带来了很多便利。[①]

（1）情境支持。网络环境既是虚拟的又是真实的，知识可以通过多样化的形式呈现，问题的形式更加及时也更加真实，可以为学生的学习提供良好的情境。

（2）资源支持。网络将全球的资源联系在一起，给大学生提供了丰富多样的公开和共享资源，大学生可以接触到最前沿的学术观点，并对信息进行分析和总结。

（3）交互支持。网络环境通过信息技术、网络技术和终端技术的联系，为大学生提供多样化的交互手段。学生与教师之间沟通更加方便，学习方面的问题能更快速解决。

网络信息量大、信息共享、信息多元性也为大学生的学习带来一定的挑战。因为不同于传统面对面的学习方式，大学生网络学习中常见的问题主要有以下几种。[②]

（1）大学生网络学习主动性差。大学生网络学习的动机大部分属于外部动机，大部分学生是根据老师的要求和安排开展网络学习的。

（2）大学生网络学习缺乏针对性的指导与监督。

（3）大学生网络信息素养能力有待提高。网络信息冗余复杂，这给大学生的信息检索带来了困难，也会因此消耗大学生大量的时间和精力。

（4）大学生网络学习中的道德问题突出。网络信息的多元性给大学生正确价值观的形成带来了挑战，例如网络资源的共享性容易造成大学生学习的投机行为，抄袭的可能性会增加。

（二）网络与大学生的社交

网络改变了人们的社会交往方式，使人与人之间的交流变得更加便捷、低成本、跨越时间和空间，这可以增加大学生与亲朋好友之间的交流，扩大大学生的交际范围，促进大学生交际能力的发展，增强大学生的集体认同感。

大学生网络社交偏好存在一些规律性，具体表现出以下几个特点。[③]

（1）大学生偏好即时通信的应用软件。大学生即时应用软件使用频率最高，这些应用软件满足了大学生立异求趣、群体认同、情感寄托等需求。

（2）在浏览信息习惯方面，大学生缺乏明确的目的性和表达意愿。在网络信息的关注方面，大学生往往表现出从众的特点，常常以整个网络的热点为指向浏览信息。

（3）在关注类型方面，大学生关注娱乐也关注时事，且不同热点关注存在群体差异。女生追星的意愿更强，且成熟较早、心思较细，更关心未来的升学与就业问题；而男生更热衷于政治、历史话题，且对体育消息更感兴趣。

尽管网络给大学生的社会交往带来了好处，但网络也对大学生的社会交往存在一些

① 马文辉、李清江、崔杰、王铁：《网络环境对大学生学习影响研究》，《理论观察》2016年第5期，第153—154页

② 张哲：《大学生网络学习现状调查与分析——以山西农业大学为例》，《轻工科技》2020年第11期，第172—174页。

③ 赵鲁臻、张铃敏：《大学生网络关注热点及行为偏好调查研究》，《华北理工大学学报（社会科学版）》2022年第5期，第88—92页。

负面的影响，主要表现在以下几个方面。[1]

（1）虚耗时间和精力。恰当使用社交软件会促进个体与他人的沟通与交流，但过度使用便会导致大学生时间精力的虚耗。

（2）网络伦理与道德问题。网络伦理与道德问题主要体现在利用社交网络欺骗他人感情、钱财等。社交网络中的这些问题也容易使大学生不信任他人，进而产生社交焦虑和恐惧的问题。

（3）价值观扭曲的问题。一些网络社交网站中的内容可能会影响大学生正确价值观的形成，如一些网络新闻中出现的拜金主义、畸形的审美观、物质主义、躺平等价值观念与社会主义核心价值观相背离，严重影响大学生正确的世界观、人生观和价值观的形成。

（4）现实社交的困难。过于沉溺于网络社交可能导致现实人际交往时间的缩短，也许会造成大学生在现实生活中与人交流时感到困难。

（三）大学生网络素养现状

网络素养是指网络使用者对网络的应用能力，其中既包含网络使用者对网络技术的运用能力，以及对网络信息的捕捉、判断与处理能力，又包含网络使用中个人全面发展必需的道德规范与网络素质的总和。大学生网络素养有以下几个方面的特征。[2]

1. 网络认知能力较强

网络认知能力是指网络用户能够把握互联网的特征，掌握网络理论知识和网络使用技巧，正确认识网络信息对自身发展的意义。大学生具有良好的网络认知能力，可以熟练地运用网络工具和资源丰富其课余生活，能够快速掌握网络媒体的功能和使用方法。

2. 网络信息处理能力较弱

网络信息处理能力就是指网络用户在错综复杂的网络信息中保持冷静的思考，对信息的真假正误进行判断，并从中获取有利于自身发展的信息，不受其他信息的干扰与影响的能力。大学生网络处理能力较弱，主要表现在面对真假难辨的网络信息时缺乏警惕性，以及容易受到无关信息的干扰。这会使大学生容易成为网络谣言的受害者和散布者，也容易在网络上浪费过多的时间。

3. 网络使用自律能力较差

网络使用自律能力是指网络用户在学习网络技术和理论的同时，能严格控制自己使用网络的时间、动机与网络行为的自我管理能力。大学环境相对自由，大学生可以自主决定课余生活，这种自由的氛围容易导致那些自律性较低的大学生沉迷于网络世界。

4. 网络道德意识有待提高

网络道德素养是网络用户在网络运用中所必需的正确态度与文明道德意识，是网络素养的核心，是正确处理和规范网络行为的基本准则。由于网络世界的虚拟性和匿名

---

[1]　姜嘉、安益民：《网络对大学生社会交往的负面影响及引导干预问题研究》，《长春教育学院学报》2014年第1期，第20—21页。

[2]　艾丽菲拉·买买提：《大学生网络素养现状及教育对策研究》，《品位·经典》2022年第23期，第83—85、145页。

性，网络道德失范行为依然层出不穷。不少大学生在网络上发表不实言论，肆意攻击他人，使用各种不良软件浏览色情暴力信息甚至是进行不良交易。

5.网络安全意识较为薄弱

网络安全素养是网络素养的一个重要内容，是指网络使用者对自身隐私和重要资料的保护意识，掌握和运用网络法律法规保护自己的权益并且不侵犯他人权益的意识。当代大学生尤其缺乏网络安全意识和法律意识。论文写作中的抄袭现象、下载盗版电影、盗用他人社交平台照片等行为，都是法律意识缺失的表现。

三、心理行为活动设计

（一）活动名称：我与互联网

通过活动，同学们可以更客观地认识、更深入地体会互联网与自己的学习生活的关系，了解互联网给同学们的生活、学习带来的积极影响和消极影响，从而更好地发挥互联网有利的一面，消除或预防不利影响，更好地趋利避害。

（二）活动设计

（1）小组围坐一圈，组长分工，大家查阅资料：
① 互联网是什么？
② 互联网对大学生的积极影响具体有哪些？
③ 大学生如何正确利用互联网促进学业进步？
④ 大学生在使用互联网过程中需要注意什么？
（2）分享查阅的资料内容，汇总意见，并推选出代表小组发言者。
（3）各组代表上台发言。发言内容同上。
（4）自由上台发言，提出不同意见和观点（给发言者所在的小组加分）。
（5）引导冥想（关闭灯光）：
全体同学微闭双眼，思考：
① 请回忆，在大学的生涯中，互联网给你个人带来了哪些积极的具体的影响？
② 互联网还可能给你带来哪些益处？
③ 你准备怎样进一步发挥互联网优势，促进自己的学业进步、素质提升？
④ 在使用互联网的过程中，哪些方面需要引起你的注意？
请睁开眼睛，把上述冥想内容一条条记在自己的本子上（打开灯光）。

（三）道具准备

音乐《Miss The sunset》。

四、体验感悟分享

（1）你是如何运用网络促进学习的？

（2）你是如何利用网络开展良性社交的？

（3）你是如何利用网络提升个人综合素质的？

（4）在使用互联网的过程中，哪些方面需要引起大学生的注意？

五、教师总结点评

正像同学们刚才分享的那样，网络的兴起直接影响着人们的生活，改变着人们的学习工作方式、信息获取方式、休闲娱乐方式及情感交流方式。大学生要充分利用互联网，充实、提升自己的人生品质。

（一）充分利用互联网优化学习生活方式

（1）要充分利用互联网促进学业发展。互联网平台大大方便了大学生的学习，使大学生可以随时随地深入学习专业知识，掌握前沿知识理论发展动态，拓宽知识的广度和深度；随时随地了解国际国内政治、经济、文化、社会等发展形势，使自己能够迅速融入社会飞速发展的过程之中而不落伍；随时随地通过文字、声音、图像、视频等多种方式优化学习方式，帮助完成学习任务，努力提高学习效率。

（2）充分利用互联网解决生活人际问题。有时大学生在生活或人际关系上遇到问题时，不方便请教同学和老师，可以在互联网上寻求帮助，寻求解决问题的方法，解决心理、生理诸方面的问题，网上总有热心人提供帮助。

（3）充分利用互联网丰富文化娱乐生活。如听音乐、看电影、玩游戏、发微博，并且无须付出较大的经济代价即可实现。

（4）恰当利用互联网结交朋友。互联网可以使我们突破交友的时间、空间、身份等限制，拓宽情感的交流模式，甚至可以寻找到向高手或成功人士学习的机会。当然，在这个过程中，我们也要注意防范互联网的虚拟性和隐蔽性给交友增加的风险。

（二）充分利用互联网拓宽思维方式

网络对人类最深刻的影响在于思维方式的改变，大学生可以从三个方面拓宽思维方式[①]：

1. 立体化思维

大学生要充分利用互联网的超文本化、开放化、多样化、发散化等，学会多维度地审视同一问题，培养自己用联系的、发展的眼光看问题的能力和立体化的思维方式。

2. 交互式思维

网络的交互性也增强了人们思维的"交互意识"，在网络中，信息传播者和受众可以突破时间、空间、距离、范围、对象的限制，实现多向交流。大学生可以充分利用这种交互的网络文化，培养和锻炼自己的表达意识、参与意识、交流意识，提升自己的人

---

① 王洁：《浅谈网络对人们生活与思维的影响》，《科协论坛（下半月）》2011年第5期，第181—182页。

际交往能力和思想交流能力，不断提升自己思维的维度。

3. 创造性思维

我国正处在一个经济、科技、文化、教育大发展大繁荣的时代，创新成为社会的主题，大学生要在互联网中多了解各行业、各领域、各地区的创新型思维方式，培养自己的创新创造意识，为做创新型人才奠定良好基础。

（三）迎接互联网带来的机遇和挑战

在这个勇于创新的时代，经过无数伟人的努力，人们真正进入了"足不出户，已知天下"的新时代——互联网信息时代。在当今的信息化社会里，网络给大学生提供了很多资源、方便、新思维的同时，也带来了很多挑战。例如，如何确定信息的真伪，如何确保个人信息的安全，如何辨别舆论正确与错误，如何预防网络欺骗。此外还有伴随着网络产生而出现的网络依赖症、网瘾，因沉迷网络而导致的生理和心理疾病等。面对这些问题与挑战，大学生要提升自己的网络学习能力、信息分析能力、信息甄选能力、信息辨别能力和科学合理运用网络的能力等，增强网络安全意识和法律意识，促进自我身心健康成长，抵御网络带来的风险。同时，大学生还必须严格按照我国互联网管理部门的有关规定，不发表不利于中国共产党和中华民族发展进步的言论，不讲有损社会主义核心价值观的内容，做中华民族遵纪守法的文明公民。

六、活动效果强化

（1）成长宣言（全体起立，高呼三遍）："正确利用网络，积极趋利避害！"
（2）个人作业：写出自己科学运用网络的行为规范。
（3）小组活动：每人分享一个正确利用网络，积极趋利避害的案例。

七、拓展阅读参考

我国互联网应用发展概述

2022 年，我国各类个人互联网应用持续发展。即时通信的用户规模保持第一，较 2021 年 12 月增长 3 141 万，使用率达 97.2%；互联网医疗、线上办公的用户规模较 2021 年 12 月分别增长 6 466 万、7 078 万，增长率分别为 21.7%、15.1%。

◇ 截至 2022 年 12 月，我国网民规模达 10.67 亿，较 2021 年 12 月增长 3 549 万，互联网普及率达 75.6%，较 2021 年 12 月提升 2.6 个百分点。

◇ 截至 2022 年 12 月，我国手机网民规模达 10.65 亿，较 2021 年 12 月增长 3 636 万，网民使用手机上网的比例为 99.8%。

◇ 截至 2022 年 12 月，我国农村网民规模达 3.08 亿，占网民整体的 28.9%；城镇网民规模达 7.59 亿，占网民整体的 71.1%。

◇ 截至 2022 年 12 月，我国网民使用手机上网的比例达 99.8%；使用电视上网的比例为 25.9%；使用台式电脑、笔记本电脑、平板电脑上网的比例分别为 34.2%、32.8% 和 28.5%。

◇ 截至 2022 年 12 月，我国 IPv6 地址数量为 67 369 块/32，较 2021 年 12 月增长 6.8%。

◇ 截至 2022 年 12 月，我国域名总数为 3 440 万个。其中，".CN" 域名数量为 2010 万个，占我国域名总数的 58.4%。

◇ 截至 2022 年 12 月，我国即时通信用户规模达 10.38 亿，较 2021 年 12 月增长 3 141 万，占网民整体的 97.2%。

◇ 截至 2022 年 12 月，我国网络视频（含短视频）用户规模达 10.31 亿，较 2021 年 12 月增长 5 586 万，占网民整体的 96.5%；其中，短视频用户规模达 10.12 亿，较 2021 年 12 月增长 7 770 万，占网民整体的 94.8%。

◇ 截至 2022 年 12 月，我国网络支付用户规模达 9.11 亿，较 2021 年 12 月增长 781 万，占网民整体的 85.4%。

◇ 截至 2022 年 12 月，我国网络购物用户规模达 8.45 亿，较 2021 年 12 月增长 319 万，占网民整体的 79.2%。

◇ 截至 2022 年 12 月，我国网络新闻用户规模达 7.83 亿，较 2021 年 12 月增长 1 216 万，占网民整体的 73.4%。

◇ 截至 2022 年 12 月，我国网络直播用户规模达 7.51 亿，较 2021 年 12 月增长 4 728 万，占网民整体的 70.3%。

◇ 截至 2022 年 12 月，我国线上办公用户规模达 5.40 亿，较 2021 年 12 月增长 7 078 万，占网民整体的 50.6%。

◇ 截至 2022 年 12 月，我国在线旅行预订用户规模达 4.23 亿，较 2021 年 12 月增加 2 561 万，占网民整体的 39.6%。

◇ 截至 2022 年 12 月，我国互联网医疗用户规模达 3.63 亿，较 2021 年 12 月增长 6 466 万，占网民整体的 34.0%。

近年来，随着我国虚拟现实产业的快速发展，虚拟现实游戏软件、游戏设备逐步向大众普及。使用者通过 VR 可以模拟健身、射击等活动，也能体验虚拟厨房、加油站、森林等环境。

（节选自 2023 年 CNNIC 第 51 次《中国互联网络发展状况统计报告》）

第二节　网络成瘾

导入案例

小 A，大一学生，寒假期间迷上了网络游戏，如今他一有空闲就会去玩手机或者玩网络游戏。放假在家他和父母的沟通也很少，有时候妈妈叫他吃饭，也要三番五次地催促之后，他才会匆匆忙忙地出来吃几口，然后又开始玩手机，甚至有时候边吃边玩。据小 A 描述，每次在外面看见网吧，他的心就怦怦直跳，脚就不由自主地往里走。现在开学了，他不仅上课内容听不进去，下课也很少和同学说话，总是一个人沉浸在网络游戏的幻想中。他知道这样下去不行，但是却很难控制自己。小 A 也想做出改变，却不知道该怎么办。

网络成瘾对小 A 产生了哪些影响？我们应该如何帮助他正确使用网络？

一、学习目标

（1）了解网络成瘾的概念、类型及成因。
（2）认识网络成瘾对我们的生活、学习、情绪等可能产生的影响。
（3）客观看待网络，强化趋利避害，养成正确使用网络的习惯。

二、心理动能解析

（一）网络成瘾的概念与类型

1. 网络成瘾的概念

网络成瘾也被称为病理性网络使用、网络过度使用、问题网络使用等，世界卫生组织将网络成瘾定义为由于过度地使用网络而导致的一种慢性或周期性的着迷状态，并产生难以抗拒的再度使用的欲望，同时会产生想要增加使用时间、耐受性提高、戒断反应等现象，对于上网所带来的快感会一直存在于心理或生理的依赖。网络成瘾常见的表现有：情绪低落，无愉快感或兴趣丧失，睡眠障碍，生物钟紊乱，饮食下降和体重减轻，精力不足，运动迟缓，自我评价降低，能力下降，思维迟缓，有自杀意念或行为，学业失败，工作绩效变差或现实人际关系恶化，社会活动减少，症状反复发作，以及伴有大量吸烟、饮酒和滥用药物等。[①]

2. 网络成瘾的类型

网络使用者的个体特质不同，不同网络功能特性对其吸引不同，进而产生的网络成瘾类型也不同。根据网络功能的特性，网络成瘾包括网络关系成瘾、网络游戏成瘾、网络色情成瘾、网络信息收集成瘾、网络强迫行为。一个网络成瘾患者可能是某个类型，也可能是几个类型的混合，在现实环境中混合型患者居多。

大学生是网络使用的主要群体之一，网络成瘾会导致其学业、情绪、社会功能的损伤，也会增加焦虑、抑郁、强迫症等精神性心理问题出现的概率。关于我国大学生网络成瘾的元分析发现，我国大学生网络成瘾总发生率为 10.7%，其中 2011—2018 年网络成瘾发生率为 11.7%，高于 2005—2010 年的 9.6%。这可能与近年来互联网的快速普及

---

① 姜淑梅、崔继红：《中学生心理辅导》，清华大学出版社 2017 年版，第 206 页。

和发展，以及 2011 年以后移动智能设备的广泛使用有关。[1]

（二）大学生网络成瘾的原因

1. 网络本身的特点

网络本身的某些特点容易使人成瘾，这些特点包括信息的丰富性、使用的匿名性、操作的交互性、管理的松散性、成本低且易获得。[2]

网络的信息内容非常丰富，时政、教育、卫生、学习、生活、娱乐，个体想要了解的内容在网络上几乎都有所涉及。网络信息的形式生动多样，有文字、音频、视频，这容易吸引个体的注意力，产生积极的信息观看体验。

网络使用过程中大部分情境或时间都是匿名的，不受地域、外貌、学历等现实交往条件的限制，个体在网络中感到轻松、自由，这有助于个体表达自己的情感，有助于个体把压抑的或深藏在潜意识中的需求和愿望表达出来。

随着网络技术的发展，网络操作更追求界面的交互性、画面的美感、操作的简便性、用户的参与度，这些特点会激发用户的主观能动性，对网络使用者的吸引力也更大。

网络的管理是松散的，个体可以按照自己的兴趣和偏好去搜索信息，在信息浏览内容或时间方面没有太多的限制，这就造成了一些缺乏自制力且好奇心强的个体沉浸其中难以自拔。

随着网络经济的发展，网络设备日益多样且价格低廉，台式电脑、笔记本电脑、智能手机、平板电脑等设备十分普遍，大学生的拥有率非常高。同时，网络覆盖较为广泛，不论是学校、家庭还是其他公共场所都有网络覆盖，且网络费用不高，大学生几乎随时随地可以使用网络，这也成了孕育网络成瘾的温床。

2. 个人因素

从个人角度来看，影响大学生网络成瘾的因素涉及生物学因素、心理因素和人格因素三个方面。

从生物学因素来说，网络成瘾与个体大脑奖赏系统异常有关。上网引起的快感会引起大脑多巴胺水平增加，而网络成瘾者的大脑多巴胺系统对奖励刺激的反应出现异常，这导致个体对成瘾相关的奖励刺激变得更加敏感，而对惩罚性刺激不敏感，以至于个体对特定奖赏刺激的渴求增加，无法很好地抑制和控制对特定奖赏刺激的反应。

从心理因素来看，网络成瘾个体往往存在一些认知偏差和认知功能问题。部分大学生认为网络世界的人际关系、游戏世界等最安全，而现实世界充满了危险和欺骗，不愿意离开网络世界，回避与现实世界的接触。研究发现，网络成瘾者的认知功能受损并出现感觉功能异化的现象，其思维能力、语言认知能力、短时记忆能力及决策能力下降，

---

① 刘奕蔓、李丽、马瑜、梁忠环、孙在福、崔久岗、刘政义、赵非一、付强强：《中国大学生网络成瘾发生率的 Meta 分析》，《中国循证医学杂志》2021 年第 1 期，第 61—68 页。

② 姜淑梅、崔继红：《中学生心理辅导》，清华大学出版社 2017 年版，第 209 页。

且相关功能脑区出现异常①，这些认知功能受损往往导致网络成瘾个体在现实生活中出现学业成绩下降、人际交往问题和冲动行为。

生活中的一些压力和负性情绪导致个体更可能通过网络来寻找慰藉，这也增加了个体网络成瘾的可能性。无聊、社交焦虑、错失恐惧等负性情绪都与大学生的网络成瘾呈正相关，这些负性情绪水平越高，网络成瘾的水平也越高②③。情绪调节能力受损也可能是大学生网络成瘾的重要因素。研究发现，社交网络成瘾的大学生报告了更多与情绪调节有关的问题，包括体验回避、缺乏对情绪反应的接受、有限的情绪调节策略、冲动控制不良，以及难以进行目标导向的行为等，表明无法调节消极情绪的大学生会通过使用网络来降低自己的负性情绪体验，回避现实生活中的压力。

此外，感觉寻求水平高、外向性、神经质和精神质等人格特质也能预测网络成瘾④。网络成瘾者往往具有喜欢独处、敏感、倾向于抽象思维、警觉、不服从社会规范、爱冒险、喜欢感觉寻求等特点，具有这些人格特质的个体往往更容易通过网络来获得社交需求、情绪的宣泄和成就动机的满足。

3. 环境因素

家庭是个体成长的重要环境，家庭中父母的教养方式、亲子沟通质量和家庭功能等因素，都是影响大学生网络成瘾的重要影响因素。研究发现，父母拒绝和过度保护与大学生的手机依赖正相关，父母情感温暖、理解与手机依赖负相关。其中，父母拒绝和过度保护可能通过降低个体的自我控制能力而增强手机成瘾⑤。此外，亲子沟通质量低和家庭功能不完善，往往会增加大学生的负性情绪体验，从而增加网络成瘾的可能。

学校中的压力和挫折事件也会造成大学生不良情绪的产生，如果不能很好地调节这些情绪问题，个体就会采用消极应对策略，通过网络虚拟世界来逃避现实，也会增加网络成瘾的可能性。同时，大学生的人际关系质量不仅影响其情绪，还会影响其社会支持水平，进而影响网络成瘾的水平。

社会和网络环境也会影响大学生的网络成瘾。一些网络或网站为提高点击率，内容涉及色情、暴力、赌博、诈骗等，以故意吸引大学生的注意，诱使大学生不断阅读或浏览信息，容易造成大学生毫无节制的网络使用。另外，学校、专业、班级或宿舍的整体氛围也会影响大学生的网络成瘾行为。

---

① 牛更枫、孙晓军、周宗奎、魏华：《网络成瘾的认知神经科学研究述评》，《心理科学进展》2013 年第 6 期，第 1104—1111 页。

② 安龙、丁峻：《新型冠状病毒肺炎疫情期间陕西省大学生无聊倾向与网络成瘾的关系》，《医学与社会》2021 年第 8 期，第 93—97 页。

③ 滕雄程、雷辉、李景萱、文峥：《大学生社交焦虑对社交网络成瘾的影响：意向性自我调节的调节效应》，《中国临床心理学杂志》2021 年第 3 期，第 514—517 页。

④ 贺金波、祝平平、聂余峰、应思远：《人格对网络成瘾的影响及其心理机制综述》，《中国临床心理学杂志》2017 年第 2 期，第 221—225 页。

⑤ 李文福、贾旭卿、李功迎、张庆林：《父母教养方式与大学生手机依赖：自我控制和感觉寻求的链式中介作用》，《心理发展与教育》2021 年第 5 期，第 660—667 页。

三、心理行为活动设计

（一）活动名称：自我管控

了解网瘾对大学生的生活、学习、个人情绪、身心健康等方面的影响，探讨个人网络使用行为，通过寻找例外和成功经验，帮助大学生学会管控自己，敢于战胜自己，重新建构对网络的使用，明确以学习为重心的大学人生目标，促进学习正向的改变。

（二）活动设计

（1）每人写出：

① 大学生存在哪些网络使用问题？原因是什么？

② 自己在正确使用网络方面有哪些成功的经验？如何避免网瘾问题的发生？

（2）小组讨论汇总：

① 大学生存在哪些网络使用问题？举出大学生沉迷网络的案例，剖析网瘾形成的原因。

② 避免网瘾问题的发生有哪些成功的经验？

（3）每人写出：

① 自己大学期间的人生目标。

② 根据自己的大学人生目标，如何重构对互联网的使用，避免网瘾的出现，促进人生目标的实现？

（4）小组分享并讨论：

① 个人大学期间的人生目标是什么？准备如何利用网络促进人生目标的实现？

② 如何管控自己，防止网瘾问题的出现？如何重新建构对网络的正确使用？

（5）围圈分享：

全班同学内外围成两个大圈，内外圈同学相对而立。两人相互分享，每分享一个话题后各自向右迈一步，再与下一位同学分享下一个话题。

① 请分享一个你或你熟悉的人网络成瘾的事例。

② 请继续分享一个你或你熟悉的人网络成瘾的事例，说说网络成瘾给其学习和生活带来了哪些影响。

③ 据你分析，网络成瘾的原因有哪些。

④ 请分享一个成功管控自己，避免网络成瘾发生的事例。

⑤ 说说你大学期间的人生目标是什么。

⑥ 谈谈你准备如何重构对互联网的使用，促进人生目标的实现。

引导思考：在分享过程中，你发现自己最喜欢哪些成功管控自己、科学利用网络的方法？请把它记录下来。

（6）每人制作一份《科学使用网络计划书》。

（7）小组内每两人确定互为对方的《科学使用网络计划书》监督员（单数时可三人一组），发到小组微信群中，相互监督对方实施计划。

（三）道具准备

音乐《Rainy Mood》。

四、体验感悟分享

（1）网络成瘾的表现有哪些？

（2）网络成瘾对自己的人生目标有什么危害？

（3）你大学期间的人生目标是什么？如何管控好自己，确保目标的实现？

五、教师总结点评

（一）正确认识网络娱乐，明确使命担当

网络给人们平静如水的生活增添了清新亮丽的色彩，使人们开阔了眼界、增长了知识，但事物都是一分为二的，沉迷网络的危害不可低估。互联网中娱乐方式多样，且不受时间和空间的限制，这容易使得大学生长期驻足网上，流连于各种娱乐活动难以自拔。以网络游戏为例，在网络游戏中，玩家可以抛开现实生活中的种种规定，通过手机或电脑的操作为自己重新确定身份、财产、相貌、性别，也可以亲自设置生存环境，不需要任何背景关系和财产准备就可以挑战一切，在游戏中的每一次胜利都会得到具体的奖励。这种快感是大学生在现实社会不容易获得的，互联网上无尽无穷的游戏资源及其提供的机会可以使大学生的好奇心、探索欲望、成就感得到满足，同时还可以帮助人们放松解压。

然而，网络的这种娱乐功能往往会使一些大学生产生网络心理依赖，导致网络成瘾，甚至造成严重的心理问题。游戏开发者设计出许多刺激环节来吸引人、放松人的精神，很少考虑青年是否沉溺网络，是否消磨意志，游戏是否有利于人生目标的实现，是否有利于民族的发展。当代大学生是祖国的未来，大学生不仅有自己的人生奋斗目标，更有一代人的历史使命和担当。忘记了自己的人生目标，忘记了青年人的使命，忘记了一代人的责任担当，必然会在未来激烈的社会竞争中败下阵来。让我们从自己做起，从现在做起，恰当利用网络，远离网瘾，成为有文化、有志气、有担当的一代优秀青年吧！

（二）明确上网的目的与意义，科学使用网络

网络为人们提供了便捷的获取信息的方式，但同时网络信息量大，冗余信息、无关信息、虚假信息充斥其中。如果大学生没有明确的上网目的，不明确上网的意义，只是盲目浏览信息，就会浪费大量的时间、耗费大量的精力，淹没在巨大的无意义的信息流中，影响和耽误自己人生目标的顺利实现。因此，大学生要首先明确自己的网络使用目的和意义，才能科学使用网络，促进人生目标的实现。

自我管控力是人的一个重要能力，是成功者必备的能力。提升自身的管控抑制能

力，通过制订网络使用的目的、时间、内容，不断强化科学、合理使用网络的行为，可以有效避免形成对网络的过度依赖。只有善于自我管理的人才能朝着既定的目标前进，达到理想的彼岸。凡是有志气的同学都要不断地、随时随地觉察自己的自我管控力，发现和总结、培养和训练自我管控的方法和艺术，提高自我管控力，抵御网络的干扰和诱惑，绝不让网瘾在自己身上发生！

（三）完善社会支持系统，丰富大学生活

人人都有被关注、被关爱的需求，大学生也需要得到父母、同学、老师的认可和肯定。但由于机会的偶然性与不可预测性，一些大学生在网络中寻求成功和肯定，尤其是那些比较内向、不善言辞、不善交往、学习成绩较差的同学，更容易回避现实中的不如意，在网络中寻求安慰和满足。

测一测：了解你的支持系统

大学生要减少对网络的依赖，就要积极完善现实中的社会支持系统，满足自己的心理需求，丰富大学生活，活出青春风采。首先，要积极与现实中的有血有肉、有情感、有灵魂的真实人物交流，建立实实在在的高质量的人际关系。生活中遇到心理困惑或问题，可以寻求朋友、家长、老师的帮助，更可以寻求专业心理咨询老师的援助。同时，要培养自己的兴趣和爱好，通过读书、听音乐、参加社团活动、体育锻炼等方式丰富自己的业余生活，转移注意力，冲淡来自网络的诱惑。特别是社团组织，是从大学迈入社会的一个最佳过渡场、适应场，大学生可以在社团中检验或强化兴趣爱好，结交更多的志同道合者，历练组织协调能力，为顺利踏入社会、适应社会做准备，为实现理想的职业奠定良好的人脉、锻炼提高必要的能力。

衷心希望亲爱的同学们记住《钢铁是怎样炼成的》一书中的一段名言："人最宝贵的是生命，生命属于人只有一次，人的一生应该这样度过：当他回首往事的时候，不因虚度年华而悔恨，也不因碌碌无为而羞愧。"

（四）寻求专业的心理治疗

目前国内外针对网络成瘾问题进行了较多的心理治疗方法的研究探索，具体包括认知行为疗法、团体心理辅导法、正念疗法、焦点解决短期疗法、家庭治疗、精神分析疗法、厌恶疗法、系统脱敏、强化干预法、转移注意力法、替代延迟满足法等。这些专业心理治疗方法往往需要在专业的心理咨询师或心理治疗师的指导下完成。

除了经典的心理治疗外，学校还可以开展有针对性的辅助治疗。运动干预是网络成瘾治疗中常见的治疗方式，目前大量研究表明，运动干预不仅可以减少焦虑、抑郁、愤怒等负性情绪，还能减少网络成瘾的症状。此外，音乐治疗、放松治疗、艺术治疗也是常用的辅助治疗手段，在专业老师的指导下，个体平常可以自行进行辅助治疗。

六、活动效果强化

（1）成长宣言（全体起立，高呼三遍）："我是自我管控的高手！"

（2）个人作业：写出丰富大学生活，增强自我管控力的方法和措施。

（3）小组活动：每人分享一个增强自我管控力，科学上网的事例。

七、拓展阅读参考

强大自制力成就梦想

2022 年 8 月 1 日晚，中国选手苏炳添在东京奥运会百米飞人大赛决赛中以 9 秒 98 获得第六名，这已是中国选手在百米比赛中的最好排名！而在之前东京奥运会男子 100 米半决赛中，苏炳添跑出 9 秒 83，以半决赛第一晋级决赛，同时创造了新的亚洲纪录。

已经 32 岁的苏炳添可以说在短跑运动员里已经是一位"老将"了，与他同场竞技的基本都是 95 后，甚至 00 后的选手。而苏炳添依然能够保持如此好的身体状态实属不易，这与他极其自律的生活和训练分不开。邹振先表示，苏炳添是一名非常自律的优秀运动员。他说："苏炳添的身体条件一般，但比赛中不被对手的节奏打乱，一切都按照自己的步伐节奏进行。而且，苏炳添 32 岁了，已经结婚生子，但是非常自律，对自己的训练非常严格。正所谓自律者出众，苏炳添，好样的，他打进了奥运会百米飞人八强，成为中国第一飞人，载入史册。"

苏炳添的自律尤其体现在以下几点：

一是做到在饮食上对自己极为严格、极度自律。2018 年有新闻报道，苏炳添的表哥蔡健发回忆弟弟时表示，每次家庭聚会，大家都是吃吃喝喝，苏炳添从来不乱吃东西，不吃猪肉，更是从不喝酒。2018 年，在雅加达亚运会结束后，苏炳添在接受央视《风云会》的专访时，央视记者曝光了一些苏炳添成功背后的故事，央视记者说，苏炳添有一些自律的饮食习惯，为了保持好身体状况，苏炳添甚至不喝橙汁、不吃西瓜。苏炳添表示："怕（吃那些东西）拉肚子。"

二是作息非常自律，晚上十点准时睡觉。据苏炳添的队友谢震业介绍，苏炳添每天晚上十点准时睡觉，而且会把手机关机。对于 99% 的成年人来说，晚上十点睡觉是一件很难做到的事情，可苏炳添数年如一日。可以想象，当第二天一早，很多人还在梦乡的时候，苏炳添已经进入训练状态了。在 2020 东京奥运会田径项目男子 100 米半决赛后，苏炳添的队友张培萌谈及苏炳添时表示，苏炳添是一个非常自律的人。"因为我们训练强度非常大，为保证训练强度，平时训练之外还要保证休息。而苏炳添做得比所有人都要好。在经历了这么激动人心的时刻之后，可能我们这些观众都难以入眠，但苏炳添可能在 22 点依然能准时入睡。运动员要在生活中严格要求自己，也是很难的。"

三是为了保持身体状态，从不抽烟喝酒。很多运动员为了标榜个性，身上会有文身。更有一些运动员，在训练和比赛之余抽烟、喝酒、泡吧等，借此打发无聊的时间。在苏炳添的世界里，这些都不存在。他身边朋友曾经说，"苏炳添不文身喝酒，不抽烟烫头，不外出吃饭瞎嘚瑟，不喜欢逛街买奢侈品，天天就知道训练以及思考与训练相关的事情。"2018 年有新闻报道，据苏炳添启蒙教练之一的杨永强回忆，苏炳添在学校田径队时，就从来不缺勤，每次训练都积极参加，而且非常自律。

　　超强的自我管理是决定一个运动员成绩和职业生涯长度的关键因素。听起来很容易，但是只要想想我们平时难以持续的减肥大业，就能知道十几年如一日的自我约束有多难。

第三节　网　络　诚　信

　　陈某是高校大三学生，眼看要毕业了，可是大一时挂的几门课还没补过。上网之时陈某认识了一名自称是黑客的人，称能侵入其校园网络，帮助陈某修改成绩。陈某轻信了该"黑客"的说法，先后共给该人汇款 2 700 元。在发现成绩没有变动后，陈某联系该"黑客"，"黑客"却已人间消失……南京某高校大三女生 A 在网上看到一家出版社招兼职打字员，报酬是 1 万字给 600 元劳务费。A 与对方联系后，对方称由于是保密文稿，需要 A 先交 40 元文稿邮寄费用，后又以文稿保密为由向 A 提出要 2 000 元保证金。2 040 元汇款过后，对方就再也没了音讯……某学院学生在寝室上网，突然她姐姐的QQ 发来信息，让其帮忙网上充值，她没在意就充了 300 元，接着"姐姐"在 QQ 上又要求其充值更多钱时，她打电话过去，因姐姐没接电话，而 QQ 上"姐姐"又一再催促，她又给"姐姐"充了 900 元。过后，等打电话给姐姐确认，才知道自己上当受骗了。

　　以上几位学生遭遇的主要问题是什么？如何帮助他们提高防范意识？

一、学习目标

　　(1) 了解什么是网络诚信，网络诚信正面临哪些挑战。

　　(2) 认识网络诚信危机可能带来的后果，提高自我防范意识。

　　(3) 掌握网络诚信知识，培养自我保护意识。

二、心理动能解析

(一) 大学生网络诚信现状

　　诚信不仅是做人做事之本，更是治国平天下之要则。无论是一个人的修身养性，还是一个社会和国家的和谐稳定，都离不开诚信。大学生是未来社会发展的主力军，其诚信行为的发展具有重要的意义。网络的虚拟性、匿名性、超时空性，对大学生的诚信行为提出了挑战。大学生不诚信的行为主要表现在以下几个方面。

　　1. 网络社交的不真诚

　　社交行为"网络虚拟化"的这一现象，使得大学生道德诚信存在一定的弱化，进而出现网络诚信问题[1]。大学生社交不真诚行为表现在：散播网络谣言、发布虚假信息、

---

[1]　吴雪龙：《大学生网络诚信现状调查与分析——以安徽省 5 所高校为例》，《山西能源学院学报》2019 年第 1 期，第 57—59 页。

转载未经核实言论从而引发网络舆论、利用网络的虚拟性打破诚信底线而做出诈骗行为，甚至为了发泄一时的不满掀起网络恶搞和网络暴力行为等。

2. 乘网络之便学术不端

论文是衡量大学生学术能力和毕业达标的重要指标。大数据背景下，网络查询论文的便捷性，使得大学生倾向于在知网、Springer 等论文期刊检索平台查询文献。有的大学生对学术诚信重视不够，诚信意识有待强化，仅将网上的文章经过简单的摘抄、拼写、整合，即当成自己的论文提交，更有些大学生找"枪手"或"代写服务"应付了事。

3. 网络服务存在欺诈行为

电商购物作为新的购物方式为网络购物市场提供新的动能。部分大学生利用"无理由退换货"这一承诺的"漏洞"，买回产品后再用仿品退货从中牟利；部分大学生充当商家的"水军"给商品刷好评以获得报酬。此外，还有的大学生在大学期间进行勤工俭学，将电商、微商作为赚钱的平台，进行囤货、代购或转卖，但是经营的商品很多是"三无产品"，存在欺诈行为。

4. 非理性消费造成的失信行为

部分大学生为了满足虚荣心，向第三方平台贷款购买超过自身能力承受范围的商品，最终背负巨额债款，更有甚者被列入失信人名单。调查显示，在使用蚂蚁花呗的大学生群体中，有 5.4% 的大学生存在拆东墙补西墙的情况，就是每个月的生活费用来还上个月的花呗，当月的生活费继续从蚂蚁花呗中支出[①]。

5. 网络求职中的不诚信

网络求职为大学生就业提供了便利，但部分大学生为了成功求职，过分包装自己的简历，伪造荣誉证书和成绩单，用经过"润色"后的简历来求职投递。同一位学生还会根据公司招聘需求，更改出版本不同、经历各异的简历，提供虚假个人信息；少数学生盗用或买卖网络上的"高赞"简历来完善简历信息或者谋取利润。

6. 运用网络技术的不轨行为

高校大学生有着强烈的好奇心，但其价值观还处于不断完善的状态，网络安全法律意识淡薄。部分学生为了展示自己高超的网络技术，开发各种网络小程序，其中也包括恶意小程序，例如违规发布含有暴力、赌博、现金贷、高仿等小程序，进一步盗取填报人信息，促使用户上当受骗[②]。这些不轨行为不仅是个人诚信的缺失，也违反了相关法律法规。

（二）大学生诚信缺失的原因

高校大学生网络诚信问题频发，这与大学生自我教育、社会监管、学校教育和家庭教育不够完善有关[③]。

---

① 蔡佳岚：《论消费贷款对当代大学生的影响——以"蚂蚁花呗"为例》，《经贸实践》2018 年第 3 期，第 160—161 页。

② 王冬悦、顾虑、王馨、王冠、刘畅：《大数据时代高校大学生网络诚信教育研究》，《法制与社会》2020 年第 24 期，第 162—164 页。

③ 于秀国、张寅晗：《大学生诚信现状分析及教育对策》，《山东省青年管理干部学院学报》2007 年第 2 期，第 54—56 页。

在自我教育方面，大学生本身对网络诚信教育不够重视。这首先表现在大学生对网络诚信教育专题讲座等的学习不认真，流于表面；其次，大学生容易受到个人主义、享乐主义、物质主义等不良风气影响，易诱发不诚信行为，甚至触犯法律。

社会对大学生的监管不足。由于诚信教育涉及的领域众多，且出现的诚信新问题各异，相应的配套的法律体系需要不断完善，这就使得完善过程中的空窗期较易诱发大学生诚信问题。同时，当带有一定的功利性和挑战性的市场经济渗透到大学生的生活中后，往往会诱发消极情绪带来负面的影响等，这会影响大学生正确价值观的形成。

大学教育在学生诚信品格培养方面有待完善。首先，高校并没有将网络诚信教育列为人才培养目标，这在无意识中弱化了学生诚信教育的观念。其次，高校网络诚信教育创新性欠缺，且缺少实践支撑。传统的诚信教育方式往往不受学生的喜欢，且较少提供践行诚信的机会。最后，家庭在网络诚信教育中长期缺位。长期以来，家庭教育过多强调学习的重要性，把考试成绩看作衡量孩子表现的主要依据。因此，家庭网络诚信教育的缺失，也使得孩子的网络诚信教育不全面。

（三）大学生常见的网络受骗类型

尽管大学生已经是成年人，但社会阅历浅，容易受到诱惑而上当受骗。网络上的信息量大，大学生分辨信息真假的能力不强，且大学生的个人信息容易在网络上泄露，这使得他们经常成为网络欺诈的对象。大学生受到网络欺骗不仅会造成严重的经济损失，还可能因此造成巨大的心理压力，形成情绪障碍或改变其人格。这里介绍几种大学生容易遭遇的受骗类型[①]。

1. 虚假身份诈骗

大学生受到网络上编造虚假身份者实施的诈骗屡见不鲜，常见的虚拟诈骗身份包括亲朋好友、学校老师、政府机关、招聘单位、公司客服部门等。这类诈骗前期往往制造一种虚构的事实前提，进而通过一系列的布局配合让受骗者确信其身份的真实性，通过采取利诱或恐吓等多种形式，诱使当事人汇款转账。例如谎称自己是某单位的老师，现在遇到一些麻烦，希望大学生提供一定的金钱帮助。

2. 冒充真实身份诈骗

冒充真实身份，一方面是对相关人士的冒充，建立在对当事人或与当事人有关系的其他人的信息有所了解的情况下，以特定行为人已经十分熟悉的"身份"进行冒充。例如通过技术手段，用当事大学生熟识朋友的 QQ 等媒介发送信息，介绍自己最近的情况，进而提出汇款要求。

3. 虚假获利诈骗

这类诈骗利用当事人图利省事的特点，编造虚构事实，诱使当事人上当受骗。例如，兼职刷单是常见的虚假获利型诈骗，一些不法分子利用大学生单纯的心理，在刷单过程中，先给点"甜头"骗取信任，之后再找借口收取高额押金，刷单后，不予返还押

---

① 肖谢、黄江英：《大学生网络受骗的类型、原因及对策研究》，《重庆邮电大学学报（社会科学版）》2015 年第 5 期，第 67—72 页。

146

金甚至干脆失去联系。

4. 以合法形式掩盖诈骗行为

以合法形式掩盖诈骗行为是指行为人通过与当事人建立起一定的"关系"，形成基本的"信任"继而获取利益。这类诈骗主要集中在网络游戏和网络恋爱中，如行为人通过网络平台结识游戏玩家，建立起初步的"朋友"关系，以索取或转让游戏账号、游戏装备等虚拟财产的形式骗取利益。

三、心理行为活动设计

（一）活动名称：网络安全

以分角色出演小品的形式，让同学们深入深刻理解网络诚信的含义，帮助大学生认识常见网络不诚信行为，认识到网络诈骗的危害，提高防范意识和辨别真伪的能力。

（二）活动设计

1. 记者采访

每人做一次记者，用以下 4 个问题采访 4 位同学：

（1）你收到一条信息，说你中了大奖，点击链接就可以领取，你怎么看？

（2）你收到同学的微信或 QQ 文字信息，说他遇到了困难，找你借钱，你会怎么做？

（3）一个兼职群里发布工作信息，说现在有一份每天可以赚数百元甚至上千元，但需要你先交一定数额定金的兼职，你会怎么做？

（4）你认识了一个网友，他发给你一个链接，你会点开吗？

2. 角色扮演

以组为单位，每组以网络诚信为主题，设计并分角色演绎一个小品，要求内容积极向上，具有启示性意义。每组表演时间 10 分钟。

3. 小品展示

各组依次上台表演小品。

引导思考：你在小品中扮演了什么角色？有什么收获或感悟？小品传达给大家什么样的信息？在启发我们什么？

（三）道具准备

提前一节课通知每组学生自行准备小品。音乐《不肯走的雨季》（钢琴曲版）。

四、体验感悟分享

（1）你觉得常见的网络不诚信行为有哪些？

（2）网络受骗的常见形式有哪些？该如何防范？

（3）网络诚信危机会给我们带来怎样的后果？

（4）营造诚信网络环境，我们应该如何做？

五、教师总结点评

（一）提高网络防范意识和安全意识

随着网络的发展和广泛使用，网络欺骗行为愈发多样。近年来，新媒体快速发展，假冒伪劣产品的营销方式也有新变化。抖音、快手等短视频平台迅速占据人们的闲暇时间，这些短视频平台的"主播"凭借强大的粉丝群和宣传能力，成为商家们不断追捧的"宠儿"，个别商家则瞄准时机，搭乘"网红"直播的"便车"，销售假冒伪劣产品。在社会的激烈竞争中，人们对知识、能力的渴望度提高，学习知识的广度得到极大扩展，学习方式变得丰富多彩，网络学习平台应运而生且层出不穷，与此同时，一些"免费学习班"的虚假信息随之而来，冒用名人或名校名义授课的网络学习班频频出现，网络失信行为、个人信息泄露问题、医疗欺骗现象屡见不鲜。

大学生是网络使用的主力军，也是网络诈骗对象的主战场。如何增强网络防范和安全意识，是当代大学生亟须解决的问题：① 关注常见的网络安全问题和诈骗方式，谨防掉入他人设计好的网络陷阱。② 不占网络"小便宜"，谨记"占小便宜吃大亏"的民谚。③ 不随意暴露个人信息，谨防自身信息在网络中的泄露。④ 遇事多问为什么，牢记"世上没有免费的午餐"。⑤ 于实实在在的学习中运用网络，聚焦学业不盲从。

（二）提升自身网络使用的诚信水平

网络诚信是社会诚信在网络空间的体现。遏制网络乱象、加强诚信建设，已成为网络空间治理的重大课题。近年来，国家加强网络诚信建设已经取得了一些成效，但是仍然存在很多问题。因此，提升网民素养，加强网络诚信建设迫在眉睫。在我们这个超过 10 亿人的网络大家园中，诚信犹如阳光空气般不可或缺。从网上购物、在线学习等日常应用，到直播带货、共享经济等商业运营，离开诚信都寸步难行。世界是公平的，坚持诚信经营的商家，通常能够经受住时间的考验稳步前行；而那些"萝卜快了不洗泥"的商家，风光不了几年就会变得步履维艰。

大学生是社会文明进步的象征，是未来社会发展的中坚力量，应当带头做以诚待人、以信立本的典范，带头文明上网、文明用网，带头规范网络使用行为，带头推动社会的诚信发展，带头担当起社会文明进步的使命，不辜负"时代青年"的称谓，真正实现"长江后浪推前浪，一浪更比一浪高"。

（三）将慎独思想融入网络使用中

慎独是指在无人注意、无外在监督时，自己的行为也要谨慎不苟。这一传统道德精神在社会发展进步的今天更是需要被发扬，尤其是以信息技术为基础的虚拟网络，更能展现社会和个人的道德水平。慎独提倡道德主体对原则和规范的认识触及自身心灵，形成确信不疑的道德观念，并始终将自己的行为保持在道德原则和规范允许的范围内。尽管网络具有匿名性和隐蔽性等特点，但是我们坚信："天网恢恢，疏而不漏"。当代大学生应该成为先进、文明的代表，从网络使用的主力军变成推动社会诚信发展的主力军，坚决反对网络失信、网络欺诈、网络泄密、网络虚假，做讲道德、守法规的典范。

六、活动效果强化

（1）成长宣言（全体起立，高呼三遍）："提高警惕，防止网络欺诈！""我们要做文明诚信的先锋！"

（2）个人作业：写出个人网络文明诚信的事例，谈谈如何做网络文明诚信的推动者。

（3）小组活动：每人分享一个自己或他人防止网络欺诈的案例。

七、拓展阅读参考

青年要自觉践行社会主义核心价值观

——习近平在北京大学师生座谈会上的讲话（摘要）

（2014 年 5 月 4 日）

大学是一个研究学问、探索真理的地方，借此机会，我想就社会主义核心价值观问题，同各位同学和老师交流交流想法。

我想讲这个问题，是从弘扬五四精神联想到的。五四精神体现了中国人民和中华民族近代以来追求的先进价值观。爱国、进步、民主、科学，都是我们今天依然应该坚守和践行的核心价值，不仅广大青年要坚守和践行，全社会都要坚守和践行。

人类社会发展的历史表明，对一个民族、一个国家来说，最持久、最深层的力量是全社会共同认可的核心价值观。核心价值观，承载着一个民族、一个国家的精神追求，体现着一个社会评判是非曲直的价值标准。

古人说："大学之道，在明明德，在亲民，在止于至善。"核心价值观，其实就是一种德，既是个人的德，也是一种大德，就是国家的德、社会的德。国无德不兴，人无德不立。如果一个民族、一个国家没有共同的核心价值观，莫衷一是，行无依归，那这个民族、这个国家就无法前进。这样的情形，在我国历史上，在当今世界上，都屡见不鲜。

我国是一个有着 13 亿多人口、56 个民族的大国，确立反映全国各族人民共同认同的价值观"最大公约数"，使全体人民同心同德、团结奋进，关乎国家前途命运，关乎人民幸福安康。

每个时代都有每个时代的精神，每个时代都有每个时代的价值观念。国有四维，礼义廉耻，"四维不张，国乃灭亡"是中国先人对当时核心价值观的认识。在当代中国，我们的民族、我们的国家应该坚守什么样的核心价值观？这个问题，是一个理论问题，也是一个实践问题。经过反复征求意见，综合各方面认识，我们提出要倡导富强、民主、文明、和谐，倡导自由、平等、公正、法治，倡导爱国、敬业、诚信、友善，积极培育和践行社会主义核心价值观。富强、民主、文明、和谐是国家层面的价值要求，自由、平等、公正、法治是社会层面的价值要求，爱国、敬业、诚信、友善是公民层面的价值要求。这个概括，实际上回答了我们要建设什么样的国家、建设什么样的社会、培育什么样的公民的重大问题。

中国古代历来讲格物致知、诚意正心、修身齐家、治国平天下。从某种角度看，格物致知、诚意正心、修身是个人层面的要求，齐家是社会层面的要求，治国平天下是国家层面的要求。我们提出的社会主义核心价值观，把涉及国家、社会、公民的价值要求融为一体，既体现了社会主义本质要求，继承了中华优秀传统文化，也吸收了世界文明有益成果，体现了时代精神。

富强、民主、文明、和谐，自由、平等、公正、法治，爱国、敬业、诚信、友善，传承着中华优秀传统文化的基因，寄托着近代以来中国人民上下求索、历经千辛万苦确立的理想和信念，也承载着我们每个人的美好愿景。我们要在全社会牢固树立社会主义核心价值观，全体人民一起努力，通过持之以恒的奋斗，把我们的国家建设得更加富强、更加民主、更加文明、更加和谐、更加美丽，让中华民族以更加自信、更加自强的姿态屹立于世界民族之林。

建设富强民主文明和谐的社会主义现代化国家，实现中华民族伟大复兴，是鸦片战争以来中国人民最伟大的梦想，是中华民族的最高利益和根本利益。今天，我们13亿多人的一切奋斗归根到底都是为了实现这一伟大目标。中国曾经是世界上的经济强国，后来在世界工业革命如火如荼、人类社会发生深刻变革的时期，中国丧失了与世界同进步的历史机遇，落到了被动挨打的境地。尤其是鸦片战争之后，中华民族更是陷入积贫积弱、任人宰割的悲惨状况。这段历史悲剧决不能重演！建设富强民主文明和谐的社会主义现代化国家，是我们的目标，也是我们的责任，是我们对中华民族的责任，对前人的责任，对后人的责任。我们要保持战略定力和坚定信念，坚定不移走自己的路，朝着自己的目标前进。

中国已经发展起来了，我们不认可"国强必霸"的逻辑，坚持走和平发展道路，但中华民族被外族任意欺凌的时代已经一去不复返了！为什么我们现在有这样的底气？就是因为我们的国家发展起来了。现在，中国的国际地位不断提高、国际影响力不断扩大，这是中国人民用自己的百年奋斗赢得的尊敬。想想近代以来中国丧权辱国、外国人在中国横行霸道的悲惨历史，真是形成了鲜明对照！

中华文明绵延数千年，有其独特的价值体系。中华优秀传统文化已经成为中华民族的基因，植根在中国人内心，潜移默化影响着中国人的思想方式和行为方式。今天，我们提倡和弘扬社会主义核心价值观，必须从中汲取丰富营养，否则就不会有生命力和影响力。比如，中华文化强调"民惟邦本"，"天人合一"，"和而不同"，强调"天行健，君子以自强不息"，"大道之行也，天下为公"；强调"天下兴亡，匹夫有责"，主张以德治国、以文化人；强调"君子喻于义"，"君子坦荡荡"，"君子义以为质"；强调"言必信，行必果"，"人而无信，不知其可也"；强调"德不孤，必有邻"，"仁者爱人"，"与人为善"，"己所不欲，勿施于人"，"出入相友，守望相助"，"老吾老以及人之老，幼吾幼以及人之幼"，"扶贫济困"，"不患寡而患不均"，等等。像这样的思想和理念，不论过去还是现在，都有其鲜明的民族特色，都有其永不褪色的时代价值。这些思想和理念，既随着时间推移和时代变迁而不断与时俱进，又有其自身的连续性和稳定性。我们生而为中国人，最根本的是我们有中国人的独特精神世界，有百姓日用而不觉的价值观。我们提倡的社会主义核心价值观，就充分体现了对中华优秀传统文化的传承和升华。

价值观是人类在认识、改造自然和社会的过程中产生与发挥作用的。不同民族、不同国家由于其自然条件和发展历程不同，产生和形成的核心价值观也各有特点。一个民族、一个国家的核心价值观必须同这个民族、这个国家的历史文化相契合，同这个民族、这个国家的人民正在进行的奋斗相结合，同这个民族、这个国家需要解决的时代问题相适应。世界上没有两片完全相同的树叶。一个民族、一个国家，必须知道自己是谁，是从哪里来的，要到哪里去，想明白了、想对了，就要坚定不移朝着目标前进。

去年 12 月 26 日，我在纪念毛泽东同志诞辰 120 周年座谈会上讲话时说：站立在 960 万平方公里的广袤土地上，吸吮着中华民族漫长奋斗积累的文化养分，拥有 13 亿中国人民聚合的磅礴之力，我们走自己的路，具有无比广阔的舞台，具有无比深厚的历史底蕴，具有无比强大的前进定力。中国人民应该有这个信心，每一个中国人都应该有这个信心。我们要虚心学习借鉴人类社会创造的一切文明成果，但我们不能数典忘祖，不能照抄照搬别国的发展模式，也绝不会接受任何外国颐指气使的说教。

我说这话的意思是，实现我们的发展目标，实现中国梦，必须增强道路自信、理论自信、制度自信，"千磨万击还坚劲，任尔东南西北风"。而这"三个自信"需要我们对核心价值观的认定作支撑。

我为什么要对青年讲讲社会主义核心价值观这个问题？是因为青年的价值取向决定了未来整个社会的价值取向，而青年又处在价值观形成和确立的时期，抓好这一时期的价值观养成十分重要。这就像穿衣服扣扣子一样，如果第一粒扣子扣错了，剩余的扣子都会扣错。人生的扣子从一开始就要扣好。"凿井者，起于三寸之坎，以就万仞之深。"青年要从现在做起、从自己做起，使社会主义核心价值观成为自己的基本遵循，并身体力行大力将其推广到全社会去。

广大青年树立和培育社会主义核心价值观，要在以下几点上下功夫。

一是要勤学，下得苦功夫，求得真学问。知识是树立核心价值观的重要基础。古希腊哲学家说，知识即美德。我国古人说："非学无以广才，非志无以成学。"大学的青春时光，人生只有一次，应该好好珍惜。为学之要贵在勤奋、贵在钻研、贵在有恒。鲁迅先生说过："哪里有天才，我是把别人喝咖啡的工夫都用在工作上的。"大学阶段，"恰同学少年，风华正茂"，有老师指点，有同学切磋，有浩瀚的书籍引路，可以心无旁骛求知问学。此时不努力，更待何时？要勤于学习、敏于求知，注重把所学知识内化于心，形成自己的见解，既要专攻博览，又要关心国家、关心人民、关心世界，学会担当社会责任。

二是要修德，加强道德修养，注重道德实践。"德者，本也。"蔡元培先生说过："若无德，则虽体魄智力发达，适足助其为恶。"道德之于个人、之于社会，都具有基础性意义，做人做事第一位的是崇德修身。这就是我们的用人标准为什么是德才兼备、以德为先，因为德是首要、是方向，一个人只有明大德、守公德、严私德，其才方能用得其所。修德，既要立意高远，又要立足平实。要立志报效祖国、服务人民，这是大德，养大德者方可成大业。同时，还得从做好小事、管好小节开始起步，"见善则迁，有过则改"，踏踏实实修好公德、私德，学会劳动、学会勤俭，学会感恩、学会助人，学会谦让、学会宽容，学会自省、学会自律。

三是要明辨，善于明辨是非，善于决断选择。"学而不思则罔，思而不学则殆。"是非明，方向清，路子正，人们付出的辛劳才能结出果实。面对世界的深刻复杂变化，面对信息时代各种思潮的相互激荡，面对纷繁多变、鱼龙混杂、泥沙俱下的社会现象，面对学业、情感、职业选择等多方面的考量，一时有些疑惑、彷徨、失落，是正常的人生经历。关键是要学会思考、善于分析、正确抉择，做到稳重自持、从容自信、坚定自励。要树立正确的世界观、人生观、价值观，掌握了这把总钥匙，再来看看社会万象、人生历程，一切是非、正误、主次，一切真假、善恶、美丑，自然就洞若观火、清澈明了，自然就能做出正确判断、做出正确选择。正所谓"千淘万漉虽辛苦，吹尽狂沙始到金"。

四是要笃实，扎扎实实干事，踏踏实实做人。道不可坐论，德不能空谈。于实处用力，从知行合一上下功夫，核心价值观才能内化为人们的精神追求，外化为人们的自觉行动。《礼记》中说："博学之，审问之，慎思之，明辨之，笃行之。"有人说："圣人是肯做工夫的庸人，庸人是不肯做工夫的圣人。"青年有着大好机遇，关键是要迈稳步子、夯实根基、久久为功。心浮气躁，朝三暮四，学一门丢一门，干一行弃一行，无论为学还是创业，都是最忌讳的。"天下难事，必作于易；天下大事，必作于细。"成功的背后，永远是艰辛努力。青年要把艰苦环境作为磨炼自己的机遇，把小事当作大事干，一步一个脚印往前走。滴水可以穿石。只要坚韧不拔、百折不挠，成功就一定在前方等你。

核心价值观的养成绝非一日之功，要坚持由易到难、由近及远，努力把核心价值观的要求变成日常的行为准则，进而形成自觉奉行的信念理念。不要顺利的时候，看山是山、看水是水，一遇挫折，就怀疑动摇，看山不是山、看水不是水了。无论什么时候，我们都要坚守在中国大地上形成和发展起来的社会主义核心价值观，在时代大潮中建功立业，成就自己的宝贵人生。

思考
练习题

1.简述网络对大学生的利与弊，谈谈大学生应如何利用网络促进学习。

2.结合实际，谈谈大学生网络使用中存在哪些不诚信行为，如何避免网络不诚信行为的发生。

3.结合本章第二节的导入案例，如果你是小A的室友，如何帮助小A走出网络成瘾的困境？

第九章　恋爱心理与健康教育

　　随着思想观念和生活方式的变化，大学生恋爱已经由过去的犹抱琵琶半遮面转化为在爱河中公开徜徉。但大学生的心理并没有完全成熟，其责任感、道德观、价值观，以及对恋爱问题的处理能力等都是不健全的，许多初涉爱河的大学生为此感到困惑，甚至因为恋爱问题处理不当，导致人格扭曲、精神失常等恶性事件的发生。同时，恋爱又是缔结婚姻、建立家庭的前提和基础，而家庭是社会的细胞，所以正确地认识和处理恋爱问题，对于个人成长、家庭幸福，以及国家的安定团结和繁荣发展都有着极其重要的意义。解决大学生恋爱中遇到的困惑，使其能够健康成长显得尤为重要。

第一节　认 识 爱 情

导入案例

　　小齐，男，刚刚步入大学，就遇到了一位喜欢的女孩，女孩对他印象也很好，慢慢两个人走到了一起。因为第一次恋爱，爱情的甜蜜占据了两个人所有的生活，每天的幸福生活从互道早安开始，下课以后也在一起，晚上一起散步到很晚。渐渐地，男孩脱离了宿舍，脱离了班级的集体社交，他的心里只有女孩，他的眼里只有女孩，他的生活里也只有女孩。

　　由于男孩太过于在乎这段感情，为了爱情放弃了自己所有的私人生活，爱情就变成了枷锁。而大学的光彩生活对女孩有很大的吸引力，在融入大学生活之后，她逐渐把感情约会和集体活动保持了一个平衡。男孩开始接受不了，因此产生了争执，女孩开始对男孩产生了嫌隙，女孩劝告男孩："我们的感情生活和大学的集体生活并不矛盾，我也要有朋友，也要参加社团活动，我们并不是要每时每刻都腻在一起的，互相之间也要给予对方一定的空间。"男孩之前的生活全部是女孩，现在女孩有一部分时间参加了集体活动，男孩不知所措，他迷茫，紧张，担忧，这些负性情绪严重影响了他的学习和生活，更严重的是，他在和女孩单独约会的时候，也把这种情绪带入，给女孩造成了极大的困扰。

　　结局可想而知，女孩主动提出了分手，男孩在伤心的同时却完全没想到，正是自己不正确的爱情观造成了分手的后果。

　　两人分手的原因是什么？小齐应该怎么调整自己的恋爱观？

一、学习目标

（1）了解和认识两性心理与行为的差异，建立正确的爱情观。
（2）掌握与异性和谐沟通的技巧和优化恋爱关系的方法。
（3）认识和掌握恋爱学习两不误、两促进的方法和艺术。

二、心理动能解析

（一）爱情的概念与类型

爱情是一个古老而永恒的话题，大学生恋爱目前已经成为当今大学校园的普遍现象。

知识窗：斯腾伯格八种爱情关系组合

美国心理学家斯腾伯格提出了爱情三角理论，认为人类的爱情是由激情、亲密和承诺三种成分组成的（图 9-1）。激情指与对方相处时有一种兴奋的体验，有强烈与对方结合的意愿，是一种情绪上的着迷，个人的外表和内在的魅力是影响激情的重要因素。亲密指的是两个人心理上互相喜欢的感觉，包括对爱人的赞赏、照顾爱人的愿望、自我的展露和渴望内心的沟通。承诺主要指个人内心或口头对爱的预期，是愿意与对方相守的意愿及决定，是爱情中最理性的成分。

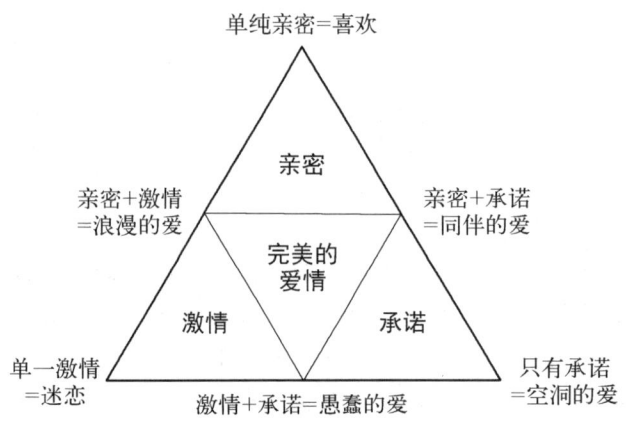

图 9-1　斯腾伯格的爱情三角理论

大学生的爱情主要分为感官满足型、功利满足型和精神满足型三种类型。

感官满足型爱情观的人属于我们常说的"外貌协会"。相较其他因素而言，这种类型更看重对方的外在美，以及外表所赋予的心理效应。功利满足型爱情观的大学生更看重对方为自己带来的一些益处，比如生活中常见的考虑住房条件、收入等。功利满足型女性偏多，原因在于现实依然是男性偏多的一个社会，女性普遍要求男性在学历、事业、职位、收入、地位上高于自己，从而获取一定的安全感。精神满足型爱情观的双方有着共同的理想、信仰、事业、兴趣，看中的是对方的事业心、人生追求、情操、志趣和能力等，并不重视对方的功名利禄，只享受心与心之间的灵魂碰撞。

对于大多数人而言，在择偶时内心深处的衡量标准主要源于上述所讲到的"感官满足""功利满足"和"精神满足"，但是更多的情况是三者的相互融合。如当下很流行的一句话：爱一个人，始于颜值，陷于才华，终于品格。颜值即为感官，才华学识便是功利，品格则属于人品性格方面的精神追求。

（二）大学生恋爱心理特征[①]

恋爱心理是人们在恋爱过程中产生出来的多种心理现象的统称，一般包括恋爱态度、恋爱动机、恋爱道德、恋爱行为等心理成分。

1. 恋爱氛围的浪漫性与相对纯洁性

大学生的爱情植根于充满书卷气和人文关怀的校园净土中，因此他们的爱情氛围浪漫而美好。恋爱双方所考虑的现实问题如家境、经济、地域、家庭关系等方面较少，因此，校园爱情有相对的纯洁性，没有多少功利色彩，多数大学生恋爱更加看重的是精神层面的相互认同，追求纯净的爱情。

2. 恋爱选择的自主性与非婚姻取向性

大学生从年龄上讲基本上都属于成年人，在恋爱问题上具有独立的个性和男女平等的价值观念，常以自我为中心，建构自己的恋爱模式。在选择自己的恋爱对象时，通常是"先斩后奏式"地通知家长自己的恋爱事实，这种行为实际上也影射了他们对待爱情的非婚姻取向性心理。

3. 恋爱动机的盲目性

刚刚步入大学校园，面对全新的一切，年轻的大学生内心难免有生疏与慌张之感。这时候的一份关心、一份温暖在每个人心中都是弥足珍贵的，他们渴望呵护与陪伴。校园爱情也就成了满足这种渴望的一种途径。

4. 从众炫耀心理

由于大学生在年龄、经历、文化认知能力等方面都大体相同，具有同质性、相似性、易感性的特点，所以彼此都很容易产生"跟风"心理。在这种群体氛围之下，为了表现出自己是合群的，很多大学生会盲目地开始一段恋情。

5. 奉献与报答心理

这种恋爱心理的特征是：恋爱的一方对爱情所持的是一种不断付出并且不求回报的态度，接受奉献的一方也会本着报答好意的目的以爱情的形式回馈对方。这种心理其实是对爱情过分依赖的表现，恋爱双方整天形影不离，哪怕在公共场所也可以毫无顾忌地过分亲昵，这使得他们极易在爱情中迷失自我。

6. 爱恋的自控与耐挫能力薄弱

当代大学生大多从小家庭条件优越，很少经受生活的挫折，因而性格中的自由、任性、缺乏自控力和耐挫力等特征十分明显。这就导致他们在热恋中，不善于控制自己的情绪，缺乏理智的驾驭能力，一遇到波折就会痛苦消极，无法自拔，严重影响学习和生活。

（三）大学生恋爱心理的发展阶段

1. 理想对象构建和初恋阶段

在初高中时期，个体便有了朦胧的恋爱意识，但大部分高中生因为学习的压力，只

[①] 王宇航、白羽：《大学生心理健康教育与实训指导》，浙江大学出版社 2013 年版，第 151—153 页。

能压抑这种情感。大学阶段，大学生开始构建自己未来理想对象的内外素质的模型。当大学生觉得自己找到理想中的偶像时，初恋便开始了。

2. 热恋阶段

在这个阶段，大学生恋人进入了朝夕相处、关系密切的时期。此时，双方的感情支配了一切，在认知上容易发生偏差，"情人眼里出西施"的晕轮效应是常见的现象，他们往往放大对方的优点，不容易看到对方的缺点，因此，很难对对方作出理智的判断。

3. 心理相撞调试阶段

随着彼此之间的相互了解逐渐加深，双方都会对对方的优缺点重新进行审视，使双方的优缺点更多地暴露出来，矛盾和冲突在这个时期是在所难免的，感情会出现急剧的动荡，双方的关系可能向更加和谐的方向发展，也可能出现危机甚至情感破裂。

4. 感情稳定期

通过心理相撞期的情感碰撞，如果作出了肯定的判断，双方就进入了情感的稳定阶段。这个阶段双方既能欣赏对方的优点，也能容忍对方的缺点，彼此感情更加和谐稳定，对爱情的思考趋于冷静理智，恋爱趋于稳定。

（四）大学生恋爱成长任务

心理学家弗洛姆曾说过，如果想要认识爱情这门艺术，人们就要主动地去学习关于爱情的艺术，就像学习其他技艺（如音乐、绘画、建筑或者医疗等）一样，主动地去亲近爱，认真地去学习与爱有关的一切，它会带给你更丰厚的回报。大学生想要拥有美好的爱情，也需要不断学习、不断充实自己。

1. 了解自我，完善自我

无论是丑是美，是贫是富，大学生都要正确地看待自己，要接纳自己的外貌、性格、气质、能力等，也要接纳我们的原生家庭，建立积极的自我概念，让生理自我、心理自我与社会自我和谐统一。自爱是要成为自己，而非通过爱情变成他人。固然，恋爱双方强烈而丰富、敏感而不稳定的感情并非异常，但如果陷入情感的幻想中，个体的自我判断、自我评价与自我意识都会发生偏差。

2. 培养爱与被爱的能力

爱与被爱不仅是一种感觉，也是一种能力，这是一种和他人建立互信、平等、亲密关系的能力。具备了爱的能力的人会引导自己去真正地爱他人、爱自己，能真正体验到爱给人带来的快乐和幸福，而恋爱的过程就是培养爱与被爱的能力的过程。爱自己需要做到对自己形成正确的自我认知，珍惜自己的感情，尊重自己的感情，更要学会对自己负责。爱他人主要包括学会尊重你爱的人，帮助对方积极发展自我，更要学会付出，懂得付出。被他人爱需要个体学会打开自己的感受，接受对方的爱意，不仅要学会享受爱，还要学会信任对方，明白爱不是一种控制和索取，需要给对方爱的空间，允许对方做自己，这样的感情关系才能够更和谐。

三、心理行为活动设计

（一）活动名称：爱情辩论赛

通过搜集资料和观点，传达辩论赛双方的观点，明白两性心理与行为的差异，明白大学生恋爱与学习的关系，从而建立正确的爱情观。

（二）活动设计

1. 辩题

大学生恋爱是否会影响学习。

2. 查阅收集资料

（1）什么是爱情？爱情与友情有什么联系和区别？

（2）男生和女生对两性心理与行为的认知有什么不同？

（3）正确的恋爱类型有哪些？

（4）什么是文明恋爱行为？

（5）和谐恋爱与和谐分手的模式有哪些？

（6）校园恋爱有哪些利和弊？是否会影响学习？

3. 小组内辩论

小组内正反两方进行辩论，选出优秀辩手参加班级辩论赛。

引导思考：你对爱情和校园恋爱持什么观点？辩论后自己的观点有何变化？

4. 班级男女辩论赛

引导思考：

（1）男女恋爱观有何差异？

（2）什么才是正确的爱情观？

（3）如何处理好恋爱与学习的关系？

（4）怎样可以做到和谐分手？

（三）道具准备

音乐《爱的和谐》。

四、体验感悟分享

（1）男女生在恋爱问题上的观点有哪些不同？

（2）什么才是正确的爱情观？

（3）男女双方和谐的恋爱方式与和谐分手具有什么价值？

（4）如何实现学习恋爱两不误、两促进？

给在班级分享者所在小组加分。

五、教师总结点评

（一）形成正确的爱情观

正确的爱情观能对认识自我、完善自我、发展自我起到积极的作用，且能促进双方在生活中互相关心、互相爱护，在学习上互相勉励、共同进步。新时代的大学生应该有正确的爱情观，选择恋爱对象时应把具有一致的价值观、共同的信仰和追求放在首要地位，把心灵美好、情操高尚、心理相融作为择偶的第一标准。莎士比亚曾说：爱情不是树荫下的甜言，不是桃花源中的蜜语，不是轻绵的眼泪，更不是死硬的强迫，而是建立在共同基础上的心灵沟通。因此，在恋人的选择上，最重要的条件应该是志向追求、思想品德、事业理想和生活情趣等大体一致。马克思和燕妮的崇高爱情就是建立在志同道合的基础上的，正因如此，他们的爱情才经受住了艰难困苦的考验，传为佳话。正确的爱情观应该是理想、道德、义务、事业和性爱的有机结合。

（二）恋爱中的矛盾是成长的良机

马克思主义认为：社会是在矛盾运动中前进的，矛盾无时不在、无处不有，旧的矛盾解决了，新的矛盾还会出现。不管在恋爱的哪个阶段，恋人之间都会出现争执和矛盾。恋爱中的矛盾一方面来自日常生活中的不一致或不协调，另一方面可能来自成长环境的不同和性格的差异。相爱不是在寻求两人的一致，而是看如何协调、合作、交融、发展。爱需要包容、理解、体谅，爱的双方需要学会用建设性、创造性的方式去解决冲突，实现共同成长进步。沟通是非常有效的恋爱方式，恋人间可以通过有效的沟通，表达清楚自己的思想、感受，了解彼此的性格特点、成长环境、心理倾向，用《道德经》"道生一、一生二、二生三、三生万物"的思维，通过欣赏、接纳、交融、转化，将两人的观点通过交融生出第三种智慧和方法。当恋爱是发自内心的而不是功利性的，恋人双方把恋爱中的矛盾视作拓宽新思维、创造新方法的过程时，不仅可以避免许多冲突的发生，矛盾也会成为彼此成长的良机。

（三）爱情是奉献与依恋，是精神共鸣和互补

所谓爱情，就是一对男女之间建立在性需求基础上的一种强烈的内心情感体验，是基于一定的社会关系和共同的生活理想，在各自内心形成的对对方最真挚的倾慕，并渴望对方成为自己终身伴侣的最强烈的感情，是两颗心灵相互向往、吸引达到精神升华的产物，是一种特有的高尚的精神生活。爱源自双方的需求互补，它既是一种被爱，更是一种给予，是付出与接纳的互动。我们不仅可以通过爱的行为去不断满足对方、成就对方，也可以借此满足自己、成就自己。一个能给予他人幸福的伴侣，也将赋予对方自由与和谐。他不仅愿意了解与包容对方的一切，而且能够为塑造对方的个性、成就对方的价值而付出一生。爱的给予能力应是全方位的，除了物质的给予，更重要的是精神的给予——包容、理解与责任。因此，爱情是对对方的奉献与依恋，是一种深度的精神共鸣

和互补。

六、活动效果强化

(1) 成长宣言（全体起立，高呼三遍）："我会不断进步，找到合适的恋人！"
(2) 个人作业：写出自己的恋爱观。
(3) 小组活动：讨论一下，谈谈恋爱双方沟通相处的模式都有哪些，和谐分手有什么意义和价值，和谐分手有哪些方法。

七、拓展阅读参考

吊 桥 实 验

世界上的爱情，除了一见钟情和日久生情，还有一种被意外唤醒的爱情。

1974 年，著名情绪心理学家阿瑟·阿伦在温哥华的卡皮诺拉吊桥上再次证明了这个爱情制造定律的魔力。阿伦邀请到一位漂亮的女性作为研究助手。该助手按照阿伦的要求来到了这座全长 450 英尺，宽 5 英尺，仅靠 2 条粗麻绳悬挂于卡皮诺拉河河谷上空的吊桥上。她要站在这座与地面相距 230 英尺的悬吊桥中央，在惊心动魄的摇摆中，等待着 18 到 35 岁的没有女性同伴的男性过桥，并告诉那些过桥男性，她希望他能够参与正在进行的一项调查，她向他提出几个问题，要求他根据一张照片编出一个故事，并给他留下了电话号码。

然后，同样的实验在另一座横跨了一条小溪但只有 10 英尺高的坚固而低矮的石桥上再次进行。同一位漂亮女士向过桥的男士出示了同样的调查问卷。

心理学家想知道的是：这些男性会编出什么样的故事，谁会在实验后给漂亮的女助手打电话？实验结果显示：走过卡皮诺拉吊桥的男性中大概有一半的人后来给实验的女助手打过电话，而通过那个坚固而低矮的石桥的男性中，只有两位给她打过电话。与小石桥上的男性相比，卡皮诺拉吊桥上的男性依图片所编的故事中，含有更多爱情的色彩。

研究者利用心理学家沙赫特的情绪二因素理论对实验的结果进行了解释。一般情况下，我们认识到自己发生了哪种情绪时都会经过两个阶段，首先我们会感受到自己的生理感受，如体温升高、心跳加速等；接着，我们产生对它的一个认知评价，也就是根据周围的环境，为自己的这个生理感受寻找一个合理的解释。

体温升高、心跳加速同样也是卡皮诺拉吊桥上那些男性的生理反应，这种生理反应的出现到底是由于对吊桥的恐惧还是对漂亮女助手的意乱情迷，估计他们也很难分清。对于吊桥上那些回电话的男性中的部分人来说，是摇摆的吊桥致使他们心跳过速，他们有意无意地认为这是擦燃了爱情的火花，自己的心开始为一个女人而跳动。

吊桥实验给我们的启示就是：危险或刺激性的情境可能使我们进行错误归因，误以为自己爱上了对方；而确定关系的情侣在危险或刺激性的情境中也可以促进彼此的感情。这也可以解释很多我们在生活中或影视中看到的场景：漂亮的女士处在危险中，英俊的男生英雄救美后与其喜结良缘；恋爱中的男女在丛林中追来跑去，然后在角落里的深情一吻；为了躲避危险一男一女携手狂奔，然后是彼此情感的进一步升华；玩完刺激无限的过山车，年轻爱侣们的心似乎更贴近了等。

第二节　恋爱偏差

导入案例

小娜，22 岁，大三学生，在学生会工作期间认识了小林，两人产生了感情，很快坠入爱河。小娜第一次谈恋爱，非常珍惜，投入了大量精力。然而相处一段时间后，男友小林却喜欢上别的女生并向她提出分手，这对她来说简直是晴天霹雳。此后她每天都在痛苦和悲伤中度过，以泪洗面，不想做任何事，不愿意接触任何人，辞去了学生会工作，学习成绩也一落千丈，越来越觉得活着没有意义。

大学阶段是学生较多出现恋爱心理偏差的阶段，我们如何帮助小娜从失恋中走出来？如何帮助小娜了解异性，掌握恋爱的艺术和方法，寻找与自己"三观"相同的男友呢？

一、学习目标

（1）了解大学生常见的恋爱问题。
（2）认识大学生常见的恋爱偏差类型与掌握克服偏差的策略。
（3）树立正确的恋爱观。

二、心理动能解析

（一）大学生恋爱常见问题[①]

1. 单恋与爱情错觉

单恋是指一方对另一方的以一厢情愿地倾慕与热爱为特点的畸形爱情。爱情错觉是指因受对方言谈举止的迷惑或自身的各种主观体验的影响而错误地主动涉入爱河，自以为某个异性对自己有意而产生的爱意绵绵的主观感受。单恋和爱情错觉都是一种主观的体验感受，当其得知对方并没有爱他之意时个体会陷入极度痛苦之中。

2. 失恋

失恋在客观上表现为相爱的双方分离，在主观上表现为失恋者体验到悲伤、犹豫、

---

① 杨丽梅、吴亚光：《大学生常见的恋爱问题及心理调适》，《产业与科技论坛》2013 年第 18 期，第 159—160 页。

失望等消极情绪及心理痛苦和压力。在现实生活中，多数大学生能正确面对失恋，认为两个人如果不适合，分开是对双方的负责；但部分学生不能正确对待失恋，失恋所引发的消极情绪若不及时化解容易导致身心疾病。

3.网恋

随着网络的发展，大学生可以在网上大胆而直接地与异性交往，满足自己的情感需求。同时，网恋具有双面性，有些学生利用网络扩大人际交往，找到自己的理想对象，但也有很多大学生因为网恋影响了自己的学习，甚至因为网恋而遭遇种种悲剧，比如被骗、犯罪等。

（二）恋爱心理偏差产生原因

大学生恋爱心理偏差产生的原因首先是生理的成熟。随着大学生生理的不断成熟，他们不仅会对异性产生好感，同时其内心出现的希望与异性交流的心理变化，也使得大学生产生了恋爱的冲动。

其次，心理的需求影响大学生的恋爱心理。大学生具有强烈被认可的心理和情感需求，往往会存在受到异性刺激的情况，期待获得情感上的满足，感受恋爱带来的幸福和快乐。

再次，群体影响也会引起大学生的恋爱心理偏差。大学生群体作为一个密集型社会群体，在学习、生活的过程中，经常在集体生活的影响下产生从众的心理，所以一些大学生虽然并没有形成恋爱心理，但最终也在群体环境的影响下，产生了恋爱动机，从而追求异性。

最后，社会环境也会引起大学生的恋爱心理偏差。一些电视、广播与媒体等为了达到提高收视率和吸引消费者的目的，大肆进行相关主题作品的渲染，刺激大学生的恋爱心理，从思想上对大学生造成了严重的冲击。

（三）大学生常见的恋爱心理偏差类型

由于大学生正处于心智逐渐成熟的阶段，幼稚性和成熟性并存，而爱情是一个较为复杂的心智参与过程。从现实的表现来看，大学生的恋爱出现心理偏差，主要表现在以下几个方面：

1.恋爱态度失真

恋爱的态度影响着恋爱过程的诸多环节，它在恋爱过程中起着非常重要的作用，是决定爱情质量的心理基础。但是有些大学生对于恋爱却抱着一些不好的态度。例如有些同学认为大学生活空虚寂寞，枯燥无味，找个恋爱对象玩一玩，调节一下心绪，也别有一种情调。还有些同学谈恋爱就是为了互相攀比，别人谈了朋友，自己也要谈一个，将能找到"校园伴侣"等价于对自身存在价值的肯定。还有一些女大学生将金钱、地位、家境、社会关系等视为择偶标准，在毕业找工作时抱着"谁能留下我，我就嫁给他"的心理，把爱情作为筹码，只要有钱或能留在大城市工作，就突击建立恋爱关系。这种抱着十足功利心的恋爱态度，很难换来一个幸福美满的爱情和婚姻。

2. 恋爱动机不纯

恋爱动机是产生恋爱行为的内部动力，它由恋爱需求引起，并直接指向恋爱目标。恋爱动机决定着恋爱主体的恋爱目标及恋爱方式的选择。爱情的本质在于男女双方基于思想感情、精神境界、情趣志向的相融相悦相投而渴望长相厮守、百年好合的一种纯洁感情。有些大学生虽然收获了爱情，但是恋爱的过程却并不甜蜜，恋爱以后内心反而会更加空虚，这与他们恋爱动机的偏差有很大关系。例如有些大学生在从众心理的驱使下，看到别人恋爱自己也匆忙恋爱，这些为恋爱而恋爱的大学生往往无法得到两情相悦的爱情。还有的大学生只是想寻求刺激，沉浸于和不同异性的周旋中。甚至还有些大学生把感情看作一种交换，渴望从感情中获得额外的收益，在他们眼里爱情是改变自身社会地位和经济境况的一次难得的机会。这种在恋爱过程中表现出的为"爱"而爱、为满足虚荣而爱、为消解寂寞而爱、为满足生理需求和获取利益而爱的爱情，实在与爱情动机纯真高尚的要求不符。从这个意义上讲，部分大学生的恋爱动机是不成熟、盲目、失真的。

3. 恋爱行为失当

恋爱态度失真，恋爱动机不纯，必然会引起恋爱行为的失当。大学生恋爱过程中的失当行为主要表现为以下几种。一是透支式的恋爱投入。大量的精力、时间和金钱被大学生投入到谈情说爱中，严重影响了其学业及日常的生活。二是视恋爱如游戏。有的学生谈恋爱从来都没想过结果，也从来没想过为对方负责任，不关心两人毕业后能否在一起，即使发生性关系也觉得没什么大不了的。三是过分的亲密行为。有些情侣沉溺在二人世界里，在表达自己感情的时候，过于随意、露骨，甚至在众目睽睽之下，做出一些极不合时宜的边缘性行为。这些缺乏恋爱道德观的言行，与作为"象牙塔"的大学校园的文明氛围格格不入。

4. 恋爱矛盾处理不当

恋爱过程中出现意见分歧、产生矛盾，不可避免，只要双方好好沟通，相互理解，感情就不会出现裂痕。但如果在发生矛盾时，处理方法不对，会让双方之间的误会如沼泽一般，越陷越深。大学生面对爱情时没有充分的心理准备，处理恋爱矛盾时很可能陷入误区。例如有些情侣在处理两个人之间的矛盾时，总会选择逃避的方式来处理，不解释、不退让，这种冷暴力不利于矛盾的解决；或者采取针尖对麦芒的方式，吵得不可开交，甚至大打出手，造成伤害事件。另外，大学生主要的任务是学习，大学生情侣还可能面临恋爱与学习的矛盾、恋爱与集体的矛盾。有些情侣不能正确处理恋爱与学习、恋爱与集体生活的矛盾，不能合理地安排时间，把过多的精力放在谈恋爱上，荒废了学习，疏远了集体，影响了自己的人际交往朋友圈，这就必然阻碍个人的成长和发展，不利于社会适应能力的提升。

三、心理行为活动设计

（一）活动名称：恋爱剧场

大学阶段是男女青年恋爱的高发期，但许多大学生对恋爱的真谛还缺乏了解，很容易被错误的恋爱观念和行为影响，本活动通过设置一些恋爱中常出现的情境，让学生通过角色扮演置身其中，体会爱情途中的酸甜苦辣，促使学生深入思考，从认知层面明确恋爱是什么，逐渐确立正确的爱情观。

（二）活动设计

1.活动一：结对体验

（1）小组内两两结对，尽量男女组合，组成若干对，单数时可有三人一组。确定AB角。

（2）组内抽签，每对抽一签，即一个恋爱情境主题。

① 男朋友给女朋友买的礼物女生不喜欢。

② 发现对方跟异性单独吃饭。

③ 恋人A做错事情向对方B道歉，B觉得不真诚，A觉得B难缠。

结对的AB双方共同设计恋爱情境主题的剧情发展，并进行体验。

引导感受：

① 作为恋人A，你觉得B这样做合适吗？你理想中的B应该怎么做才合你意？

② 作为恋爱中的双方，B喜欢A对待你的方式吗？你期望A怎样对待你？

AB角互换角色，再次按照设计的剧情进行体验。

引导感受：角色互换之后与转换之前相比，感受有什么不一样？

所有同学把活动中的体悟和感受记在本子上，并思考：如果是你在谈恋爱，你会怎样处理这些事情？

2.活动二：小组共同体验

（1）恋爱情景剧：小刚和小娜是同乡，考入了同一所大学后两人开始恋爱，彼此都是第一次谈恋爱。小娜个子170 cm，身材窈窕，学模特专业，学习好，很文雅，有礼貌，小刚感觉首次恋爱就遇上这么中意的女孩，非常珍惜，投入了大量的精力。然而，相处一段时间后，小娜感觉不适合，提出分手，这对小刚来说简直是晴天霹雳……

（2）请各小组根据自己的想象，往下延展剧情：小刚如何渡过分手关。

（3）各组根据以上剧情编排情景剧，并上台演出。

（三）道具准备

音乐《眼光闪耀》。

四、体验感悟分享

先在小组内部分享，然后小组代表在班级分享。

（1）你在恋爱情境扮演中有什么感受？这次情境扮演对你有何启示？

（2）如果是你在恋爱中发生了这些事情，你会怎么处理？

（3）如果你是小刚，你会如何看待分手？如何渡过此次分手关？

五、教师总结点评

(一) 谈恋爱是彼此了解的过程

"矛盾无处不在，无时不有"，何况恋爱的双方彼此并不了解，难免有不理解、不和谐，甚至误解、矛盾的时候。恋爱的双方在彼此了解的过程中出现分歧和矛盾属于正常现象，重要的是彼此在性格爱好、生活习惯、人生追求上是否同频，彼此能否互相理解和接纳，是否真正关心、关爱彼此，是否信任彼此，双方的世界观、人生观、价值观是否相同。谈恋爱就是不断接触、沟通了解、彼此接纳的过程，因此善于处理恋爱中的分歧和矛盾，是确保恋爱关系健康持续发展的前提。

(1) 需要冷静。当你发现自己和恋人之间有了分歧和矛盾时，需要仔细分析问题的本质，判断可否有继续调和的价值，若有价值，就应去努力寻找解决问题的方法。而正确地解决问题的方法又是分歧和矛盾得以解决的法宝。

(2) 沟通对话。若有调和价值，那么对话就是解决恋爱分歧和矛盾的关键。通过对话了解对方的想法和感受，找到一个双方都能接受的解决方案，让对方满意，自己也满意。对话时尽量保持冷静，不情绪化，以免让局面更加复杂。

(3) 彼此尊重。要学会尊重对方的意见，即使你不同意对方的观点，也要接纳，不要轻视或反对对方的观点，以免伤害到对方的感情，加剧分歧和矛盾。其实，任何时候不同意见都可以拓宽自己的思维，收获一些新的认知。

(4) 关心关爱。爱是解决一切问题的良药，可以化解一切矛盾，大事化小，小事化了，任何时候真诚地用心去爱，对方都是可以感受到的，爱能够确保关系持续健康发展。

(二) 正确看待失恋的意义和价值

没有人愿意遭遇失恋的情感挫折，但在实际的恋爱中，很多人都有可能失恋。人生是个修行的过程，我们遭遇的情感挫折也是对我们的一种提醒，是一个修炼的机会。

(1) 面对失恋，学会接受现实。谈恋爱是一个"谈"的过程，通过谈了解异性是否适合自己，合适则留，不合适则走，属于正常现象。如果自己觉得合适，对方觉得不合适，恋爱就不可能维系，强扭的瓜不甜。失恋提醒我们明白：接受现实，是人生的一堂大功课。

(2) 面对失恋，学会乘机提升。失恋就像一面镜子，照出自己优点的同时也照出了自己的差距和不足。理性地分析失恋的原因，找出自己的差距与不足，乘机改变完善自己，当自己优秀了，会有更多的优秀者在等候着你。失恋启示我们懂得：人生是一段不断学习、进步、精进的旅程。

(3) 面对失恋，学会愈挫愈勇。失恋对于失恋者是一次重大失败，歌德、贝多芬、罗曼·罗兰、诺贝尔、居里夫人、牛顿等历史名人都曾饱受失恋的痛苦，但是，他们把挫折变为成长的动力，用奋斗的办法更新自我，创造了更加辉煌的人生！失恋启发我们铭记：失败是成功之母，愈挫愈勇者方能攀登人生的高峰！

（三）选择正确的情绪宣泄方式

我们从小最怕的是与父母分离，被父母抛弃会让人产生严重的焦虑感。分离是人生当中最痛苦的经历，往往给人带来撕心裂肺的痛，是最容易让人精神崩溃产生严重心理问题的遭遇。老人去世是一种分离，失恋也是。人在失恋的时候，往往有种儿童失去父母般强烈的被抛弃感。因此，对待失恋要高度重视，及时舒缓自己的情绪，避免心理疾病的发生。

（1）合理宣泄情绪。例如，向信任的师长和同学倾诉痛苦，写日记和诗文抒发烦恼，寻找合适的地方任意释放，到学校心理健康中心宣泄室尽情宣泄，寻求学校心理老师进行心理咨询，等等。总之，一定要把最严重的负性情绪释放出来，千万不可将负性情绪憋在心里，预防心理疾病的发生。

（2）转移注意力。例如，听听舒缓的音乐，做做瑜伽，反复练习深呼吸，做做体育锻炼等。还可以去做一些自己喜欢的事情，如看看电影，追追剧，结伴出去旅游，参加集体性娱乐活动等，这样做既充实了日常生活，又转移了注意力，还放松了心情。

（3）转变自我认知。要认识到离开自己的前任未必是最好的，更未必是最适合自己的，要把注意力放在学习的进步上，把失恋升华为积极向上的动力，待自我素质提升后再找对象再谈恋爱，有可能更胜一筹，让前任后悔去吧！

六、活动效果强化

（1）成长宣言（全体起立，高呼三遍）："我爱我自己，树立正确的爱情观！"
（2）个人作业：审视自己的恋爱观，若存在恋爱偏差问题，思考应该如何改变。
（3）小组活动：每人分享一件令自己困惑的恋爱事件，小组成员帮忙分析并帮其树立正确的恋爱观。

七、拓展阅读参考

恋爱态度测试：

指导语：下列题目均有 A、B、C、D 四个选项，每个选项后的括号内有项目的得分（0～3 分），请在每题中选择一项你认为最适合的填在题后的括号内。

（1）你对未来妻子最主要的要求是（男性选择）： （   ）

A.善于理家做活，利落能干（2） B.容貌漂亮，很有气质（1）

C.人品不错，能体贴帮助自己（3） D.顺从你的意思（1）

（2）你对未来丈夫最主要的要求是（女性选择）： （   ）

A.潇洒大方，有男子风度（1）

B.有钱有势，社交能力强（1）

C.为人诚实正直，有进取心，待人温和（3）

D.只要他爱我，其他都不考虑（2）

（3）你认为完美的结合应是： （ ）

A. 门当户对 （1）　　　　　　　B. 郎才女貌 （1）

C. 心心相印 （3）　　　　　　　D. 情趣相投 （2）

（4）你对最佳恋爱时间的考虑是： （ ）

A. 自己已经成熟，懂得人生的意义和爱情的内涵，并且确定了事业上的主攻方向 （3）

B. 随着年龄的增大，自有贤妻与好丈夫光临，"月老"不会忘记每个人的 （2）

C. 先下手为强，越早越主动 （0）

D. 还没想过 （1）

（5）你希望自己是怎样结识恋人的： （ ）

A. 青梅竹马，情深意长 （2）　　　B. 一见钟情，难分难舍 （1）

C. 在工作和学习中逐渐产生恋情 （3）　D. 经熟人介绍 （1）

（6）你认为推进爱情的良策是： （ ）

A. 极力讨好取悦对方 （1）　　　　B. 尽力使自己变得更完美 （3）

C. 百依百顺，言听计从 （2）　　　D. 无计可施 （0）

（7）你希望恋爱的时间是： （ ）

A. 越短越好，最好是"闪电式" （1）　B. 时间依进展而定 （3）

C. 时间要拖长些 （2）　　　　　　D. 自己无主张，全听对方的 （0）

（8）谁都希望完整全面地了解恋人，你觉得了解对方的最佳途径是： （ ）

A. 精心布置特殊场面，连连对恋人进行考验 （0）

B. 坦诚相待地交谈，细心地观察 （3）

C. 通过朋友打听 （2）

D. 没想过 （1）

（9）随着时间的推移，你的恋人暴露出一些缺点和不足，这时你： （ ）

A. 采取婉转的方式告知并帮助对方改进 （3）

B. 无所谓 （1）

C. 嫌弃对方，犹豫动摇 （0）

D. 内心十分痛苦 （2）

（10）当你初步踏进爱河之中，一位条件更好的异性向你表白时，你会： （ ）

A. 说明实情 （3）　　　　　　　　B. 对其冷淡，但维持友谊 （2）

C. 瞒着恋人和其来往 （0）　　　　D. 听之任之 （1）

（11）当你向一位倾慕已久的异性发出爱的信息时，却忽然发现对方已有所爱，你怎么办？ （ ）

A. 静观待变，进退自如 （2）　　　B. 参与角逐，继续穷追 （1）

C. 抽身止步，成人之美 （3）　　　D. 不知道 （0）

（12）恋爱进程很少会一帆风顺，你对恋爱中出现的矛盾、波折怎样看？ （ ）

A. 最好平顺些。既然已经出现了，也是件好事，正好借此了解和考验对方 （3）

B. 感到伤心难过，认为这是不幸 （2）

C. 疑虑顿生，就此提出分手（1）

D. 无对策（1）

（13）由于性情不合或其他原因，对方提出分手。这时候你：　　　　　　（　　）

A. 千方百计缠住对方（1）　　　　　　B. 到处诋毁对方名誉（0）

C. 说声再见，各奔前程（3）　　　　　D. 不知所措（1）

（14）你十分依赖的恋人背信弃义，喜新厌旧，要甩掉你，你怎么办？　　（　　）

A. 当自己眼瞎认错了人（2）　　　　　B. 你不仁，我不义（0）

C. 吸取教训，重新开始（3）　　　　　D. 痛苦得难以自拔（1）

（15）你爱途坎坷，多次恋爱均告失败，随着年龄增长进入"老大难"的行列，你：

　　　　　　　　　　　　　　　　　　　　　　　　　　　　　（　　）

A. 一如从前，宁缺毋滥（1）　　　　　B. 讨厌追求，随便凑合一个（1）

C. 检查一下选择标准是否实际（3）　　D. 叹息命运不佳，从此绝望（0）

（16）你认为恋爱作为人生一个极其重要的环节，其最终所达到的目的应当是：（　　）

A. 找到一个情投意合的爱侣（3）

B. 成家过日子，抚育儿女（2）

C. 满足性的需求（0）

D. 只是觉得新鲜有趣儿，没有明确的想法（1）

结果说明：将你所选字母后的数字相加，总分在 42 分以上说明你的恋爱观正确，总分在 33—41 分之间说明你的恋爱观基本正确，总分在 32 分以下说明你的恋爱观需要调整。

第三节　大学生性心理

導入案例

　　小博，21 岁，大学三年级学生。平时性格比较内向，不善于与人交往，没有和哪个女孩子特别亲近。然而不久前他做了一个梦，梦中居然和别人发生了性关系。梦醒后他愧疚不已，感到犯了罪过，无颜面对他人。后来他又做了一个梦，梦中和班中的女团支书发生了关系。他不相信自己道德如此败坏，竟这样下流无耻，又觉得潜意识似乎说明了什么。他担心团支书因此受到伤害，以至于不敢面对她。只要她在教室，他就看不下去书，如果单独与她不期而遇，一天便会心神不宁。强烈的罪恶感使小博不能安心学习，他担心自己要变成性犯罪分子，有时还怀疑自己是不是得了精神病，为什么会如此不正常。心理的负荷使他不敢入睡，生怕"旧梦重温"，讲又讲不出口，想也想不开，忘更是忘不掉。

　　什么原因导致小博心理负担这么大？怎么帮助小博正确认识性心理？

一、学习目标

（1）了解常见的性心理问题。

（2）认识性心理。

（3）克服性心理障碍，提升性心理的健康程度。

二、心理动能解析

（一）大学生常见的性心理问题[①]

性心理健康是在充分发挥个体潜能的同时，与内部性心理协调与外部性行为适应相统一的良好状态，它包括良好的性认知、正确的性态度、健康的性行为三个方面的内容。大学阶段学生身体发育趋于成熟，随着对亲密关系的寻求及荷尔蒙的分泌，对性充满好奇，性心理发展快速。大学生性心理状况与心理健康水平密切相关，并将对今后的婚恋和家庭生活产生深远影响。

大学生常见的性心理问题有性认知不足、性冲动困扰、异性交往不适。

1. 性认知不足

由于传统文化对性的否定态度和性教育的缺乏，有些大学生无法理解自身的生理变化，有的大学生往往会把本来很美好、正常的生理现象看成可怕的、丑陋的甚至是罪恶的东西，从而带来极大的精神恐慌和心理焦虑。例如有的学生对遗精、月经和身体变化等现象不能正确认识。要改变大学生性认知不足的现状，社会教育和学校教育应突破各自的误区，特别是学校教育，应该通过课堂等教育形式积极传播正确的性知识，加强对学生在这方面的全面教育和个别指导。大学生也应该通过正常的渠道，主动学习掌握有关性生理和性心理方面的知识，以弥补自己的不足。

2. 性冲动困扰

性冲动是男女都有的正常的生理和心理反应，它是在性激素的作用下和内外环境的刺激下产生的，既不是不纯洁、不道德的，也不是无法控制、无法解除的。调查显示，87%的学生存在性冲动，12%的学生对性感到恐惧，36%的学生对性感到羞怯，33%的学生对个人的性冲动感到自责。从以上数据可以看出，大学生一方面具有性冲动，另一方面对性进行否定和批判，这致使许多大学生不知如何宣泄自己的苦恼。大学生常用于解决性冲动的方法是手淫、性幻想和性梦等，其中手淫是最常用的方法。但由于受传统观念的影响，不少大学生手淫后充满内疚、恐惧感、羞耻感、不洁感甚至犯罪感，以致过度焦虑，形成心理问题。

3. 异性交往不适

异性交往不适在青年学生中也是比较常见的。有的大学生怀有强烈的羞耻心和自我形象关注，这种心理往往导致对异性的交往恐惧。对此，大学生可以采取以下对策：① 多与人交往，多参加集体活动，多表现自己。可以先和自己最熟悉的人在一起，然后在熟人的带动下一起去参加各种活动。② 学会培养多种兴趣爱好，扩大自己的知识面，锻炼自己的能力，这样自己就能有话可说、有事可做，容易和集体融合在一起。

---

① 刘树林：《大学生心理健康教育体验式教程》，西南财经大学出版社 2015 年版，第 205—206 页。

③ 可以安排班上积极活跃的同学多关心、多接触有异性交往恐惧的同学，发掘他们的闪光点，培养他们的自信心。④ 可先和自己熟悉的异性谈话，把谈话的时间一次次延长，直到能够自如控制为止；然后要求自己每天接触不同的异性，人数一天天增多，直到能够和异性自由交流为止。

（二）克服性心理问题的对策①

1. 重视学生性心理健康，搭建正规教育平台

青年学生容易受到信息冲击，如果从不正规的渠道获取与性相关的内容，会让学生误入歧途。因此，学校首先应该重视性教育，认识到性心理健康教育是大学生素质教育中不可或缺的内容，要充分发挥高校在学生性心理健康教育中的主场优势和关键地位，广泛于线上、线下开展性与生殖健康教育宣传活动，让学生不再"谈性色变"；其次，要建立系统、科学的性心理健康教育体系，为学生普及内容丰富的性知识，包括男女性生殖健康知识、避孕知识、性病知识、两性交往知识、性骚扰和性侵犯知识，以及性道德和性法律知识等，让学生面对性问题少走弯路。

2. 综合多种性心理教育模式，提高教育效果

高校开展性心理健康教育的形式主要有开设课程、讲座、个体咨询、开展团体活动等，要在实际活动中结合已有模式的特点，优化教育途径，提高性心理健康教育效果。① 开设专门的性教育课程，并由参加过专业培训的教师授课，通过课堂上的系统教学为学生传授全面、科学的性健康知识。② 邀请相关领域专家开展讲座，校外优质资源能开阔学生的视野，为学生注入新思想、新启示。③ 开展个体性咨询，对于学生的个性化问题可以通过一对一咨询的方式进行疏导，这也是最有针对性的方式。④ 开展不同主题的团体活动，如两性交往、性行为与决定等，利用团体游戏的形式让学生在轻松愉悦的氛围中获取性健康知识。

3. 根据学生特点分类教育，实现因材施教

大学生的性心理健康水平在性别、年级等方面存在差异，高校应该针对不同群体采取差别教育。如利用"女生节""避孕日"等契机，加强对女生的性教育，鼓励她们积极了解生殖知识、避孕知识，掌握合理拒绝他人性要求、避免不健康性行为发生等的技能；在新生入学教育时，开展性心理健康教育宣讲，给大一新生普及性与生殖健康知识，引导其树立性心理保健意识；在大二、大三年级，针对男性同学开展以性价值观为主题的专题讲座或团体活动，通过案例讲解、讨论分享等形式加强对其性价值观和性控制力的引导与教育，鼓励他们把握好与异性交往的尺度，对待性行为持健康、安全、负责任的态度。

4. 发挥朋辈辅导力量，开展"同伴教育"

相比父母和教师，学生更愿意听取同龄人的意见，因此，可以采用"同伴教育"的形式，为学生提供心理健康教育服务。同伴教育是指由相同年龄、生活环境、经历、文

---

① 陈婷、门瑞雪、李旭：《大学生性心理健康现状的调查及应对策略研究》，《开封文化艺术职业学院学报》2020 年第 8 期，第 165—166 页。

化和社会地位的人在一起相互分享信息、观念或行为技能的教育模式。因此，学校和教师可以为学生组建同伴教育队伍，开展同伴团体活动、同伴小讲堂、同伴宣讲团等活动，让学生在互动中分享交流性心理健康知识，以朋辈的力量，加强对生殖健康、艾滋病防治、早孕等相关性知识的普及。

三、心理行为活动设计

（一）活动名称：姑娘与水手

本活动通过设置姑娘与水手的故事，将学生对故事中的人物好感度进行排序，可以表现出每个人的爱情观与性观念。通过讨论，学生可以深入思考，逐渐确立正确的爱情观。

（二）活动设计

每人分发一张顺序选择表（表9-1）。

表9-1 顺序选择表

出场人物	好感的顺序	理　由
水　手		
姑　娘		
老　人		
未婚夫		
亲　戚		

给全体学生讲一个故事，故事内容为：

一艘船遇上了暴风雨，不幸沉没了。船上的人中有5个人幸运地乘上了两艘救生艇。一艘救生艇上坐着水手、姑娘和一位老人；另一艘上坐着姑娘的未婚夫及其亲戚。气候恶劣，波浪滔天，两只救生艇被打散了。姑娘乘的救生艇漂到一个小岛上，与未婚夫分开的姑娘惦记着未婚夫，千方百计寻找，但找了一天，一点线索也没有。第二天，天气转好，姑娘仍不死心，继续寻找，还是没找到。有一天，姑娘远远地发现了大海中的一个小岛，她就请求水手："请修理一下救生艇，带我去那个岛上好吗？"水手答应了姑娘，但提出了一个条件，必须和他睡一夜。陷入失望和困扰的姑娘找到老人，与他商量："我很为难，怎样做才好呢？请你告诉我个好方法。"老人说："怎么做正确，怎么做错误，你有自己的评判标准，我实在不能说什么，按你的心愿去做吧。"姑娘寻未婚夫心切，万般无奈之下，满足了水手的要求。

第二天早上，水手修好了艇，带着姑娘去了那个小岛。远远地，她看到了岛上未婚夫的身影，不顾船未靠岸，从船上跳进水里，拼命往岸上跑，一把抱住了未婚夫的胳膊。在未婚夫温暖的怀抱里，姑娘想，要不要告诉他昨晚的事呢？思前想后，她下决心说明情况。未婚夫一听，顿时大怒，一把推开她，并吼着"我再不想见到你了"，转身跑走了。姑娘伤心地边哭边往海边走。见此情景，未婚夫的亲戚走到她的身边，用手拍着她的肩膀，"你们两人吵架我都看到了，有机会我再找他说说，在这之前，让我来照顾你吧"。

故事讲完后，要求大家从刚才故事中出现的 5 个人物里，按照自己的好感程度做出选择并排序，简单写下原因。

组内交流，每个人说明自己的想法，并统计全组的倾向性意见（表 9 - 2）。

表 9 - 2　顺序统计表

人　物	1	2	3	4	5	6	小组决定
水　手							
姑　娘							
老　人							
未婚夫							
亲　戚							

（三）道具准备

音乐《桂花飘香的夜晚》。

四、体验感悟分享

（一）讨论分享

（1）小组内讨论分享各自的看法。

（2）统计小组的倾向性意见，各组推荐一名同学上台分享。

（二）分享内容

（1）听到这个故事你内心有什么感受？

（2）你的好感顺序是什么？为什么？

（3）男生：你希望女友牺牲贞操过河来探望你吗？为什么？

（4）女生：你愿意牺牲自己的贞操过河去探望男友吗？为什么？

（5）如何看待婚前性行为？

五、教师总结点评

（一）要树立正确的性观念

性观念是人们对性相关问题较为稳定的看法及所持的态度。从观念上来说，当前大部分大学生都能够接受婚前性行为。但是大学生要树立正确的性观念，正确认识和处理性行为带来的后果，强化性责任意识。这样有利于大学生自我约束和自律，明白对人负责和对己负责的道理。同时，学校也要重视加强开展性安全意识教育，让大学生学会珍爱自己。

（二）要坦然面对和接受性

大学时期，学生在性生理和性心理方面已经发育成熟。同学们对性会充满好奇，因此，正确的性教育就非常有必要。首先要消除对性发育的羞耻心理，要坦然面对和接受性成熟，增加对性教育的接受程度。同学们要明白性发育和性成熟是每个人成长的必经阶段，每个人都有恋爱和结婚的权利，同时在享受爱情甜蜜时要承担相应的义务，做到真心对自己和他人负责，不能一时激动，损伤身心。其次要培养自己对不正当性行为的羞耻感，让自己懂得什么是美的，什么是丑恶的，什么是对身心健康有利的行为，什么是不利的行为，树立正确的荣辱观和美丑观。

（三）要有自我保护的意识和行为

学生进入青春期以后，自然而然地就会对异性产生好奇乃至热烈而单纯的向往等感受，这都是正常的。男女学生通过健康的交往，可以增进相互了解，认识到男女心理和生理上的差异，从而消除神秘感，这不仅能够提高学生对性的道德价值的认识，而且有利于促进学生性心理的健康发展。但是，大学生在与异性进行交往的时候要注意边界感，要有自我保护意识，在和谐健康的基础上发展异性友谊。

六、活动效果强化

（1）成长宣言（全体起立，高呼三遍）："我会好好爱自己，也会好好爱别人！"
（2）个人作业：思考自己的性心理观念是否正确。
（3）小组活动：探索更多与异性和谐相处的方式。

七、拓展阅读参考

怎样建立正确的恋爱观

恋爱观是指一个人对于爱情的认识与了解，对于恋爱的态度、看法及行为倾向。一个人的恋爱观很大一部分取决于他的世界观、人生观和价值观。大学生应怎样树立正确的恋爱观？在众多的大学生恋爱中，不同的理想、信念、思想、人生观和心理素质，形成了不同的恋爱类型。有学者认为，大学生的恋爱类型概括起来有以下几种：

（1）慰藉型。处在青春期的大学生，正值"心理断乳"时期，他们渴求社会与他人的理解，常有一种莫名的惆怅和孤独。当周围的气氛不能满足这种心理需求时，有的学生往往以恋爱的方式向异性伸出求助之手。在外人看来，他们在谈情说爱，其实他们只不过是在寻找心理慰藉，以排除内心的孤独。

（2）友情型。有的大学生情侣原先是中学同学或同乡，本来就有感情基础，双方考上大学后，凭借天时地利发展恋爱关系。这种恋爱关系发展比较稳定，成功率也较高。但也有的同乡同学，虽然长期交往，感情上却缺乏共鸣，尽管一方有些爱意，但最终难以发展为爱情。这部分同学基本上能处理好爱情或友情与学习的关系。

（3）理想型。这些同学往往缺乏冷静思考，对爱情充满理想色彩，一旦认定某个异性与自己理想中的偶像吻合，就会不顾一切地去追求，并甘愿为之牺牲一切。这类同学把爱情理想化，感情比较脆弱，一旦遭受挫折便会非常痛苦，常易导致心理障碍。

（4）志趣型。这种注重事业和精神生活的恋爱，把感情融洽、志趣相投、事业成功作为爱情基础。恋爱双方道德高尚、互相尊重，行为端庄大方，感情热烈而举止文明，注重思想上的沟通，以和谐的精神生活和事业的共同追求为满足。这些同学一般能较好地处理好感情与学业的关系。

（5）功利型。这是一种非常势利的实用主义恋爱类型。有的同学恋爱首先看的是对方的物质条件，或毕业后留在城市的优势，或看中对方父母或亲戚的名利地位等。这类大学生往往基于利益关系而谈恋爱，在确定恋爱关系之前已把对方算计得一清二楚，把爱情当作谋取功利的手段，没有真实的爱情可言。

（6）情欲型。一些学生受青春期性本能的驱使或受有性爱描写的影视文学作品的影响，控制力较弱，进行模仿尝试，追求性刺激，以满足性欲望为目的与异性同学交往、恋爱，有的甚至把恋爱当作娱乐，逢场作戏、玩弄异性。这些学生只注重异性的外表，追求感官上的愉悦，而忽视或无视爱情内涵中应有的伦理因素。无疑，这是一种不健康的恋爱类型。

因此，大学生需要端正恋爱动机，树立正确的恋爱观，发展适当的恋爱关系。恋爱观是一定社会条件下的经济关系和道德关系的产物，是具有阶级性的。对于大学生而言，我们提倡树立科学的无产阶级的恋爱观。具体来说，有以下几方面的内容：

（1）提倡志同道合的爱情。爱情不是树荫下的甜言，不是桃花源中的蜜语，不是轻弹的眼泪，更不是死硬的强迫，爱情是建立在共同基础上的心灵沟通。因此，在恋爱对象的选择上，最重要的条件应该是志同道合，思想品德、事业理想和生活情趣等大体一致。马克思和燕妮的崇高爱情就是建立在志同道合的基础上的，正因如此，他们的爱情才经受住了艰难困苦的考验。大学生作为新时代的栋梁，其恋爱观应该是理想、道德、义务、事业和性爱的有机结合。

（2）摆正爱情与事业的关系。爱情是人生内容的重要部分，但不是人生的全部，它应该服从于事业，促进事业的发展。真正的爱情是人生中的伟大因素，但它并不是唯一的因素，生活中还有许多其他的人生意义。大学生应该把事业放在首位，摆正爱情与事业的关系，不能把宝贵的时间都用于谈情说爱上而放松了学习。没有事业的爱情如同沙漠中播种，缺乏坚实的根基和土壤，迟早会枯萎。只有同事业结合的爱情才有旺盛和持久的生命力。

（3）懂得爱情是一种责任和奉献。大学生在进入恋爱状态前，就应该懂得，爱不仅是得到，更重要的是一种责任和奉献。在社会生活中，人具有两方面的责任：一是个人对社会应尽的责任；二是个人对家庭、父母、孩子、朋友和爱侣的责任。第二方面的责任属于私人生活的性质，是社会干预最为微弱的生活领域，主要依靠道德的修养和自觉的责任感来维持。正因如此，它反映了一个人的人格形象。大学生必须具有强烈的责任感和奉献精神，才能获得崇高的爱情。

（4）大学生还要注意提高恋爱挫折的承受能力。大学生恋爱受到许多因素的制约，因而在追求爱情的过程中，遇到如单恋、失恋、爱情波折等种种挫折是在所难免的事情，其中失恋是最严重的一种挫折。如果个体的承受能力较强，就能比较好地给予应对，如果所受到的挫折超过承受能力且得不到合理的情绪疏导，就有可能造成不良后果。提高恋爱挫折承受能力对学生的心理健康是非常重要的。一般来说，可以通过增强理智感、分析原因、寻找解决问题的方法和途径等，来提高爱情挫折承受力。大学生应该认识到爱情虽然是生活的重要组成部分，但并不是生活的全部。当爱情受挫后，要用理智来驾驭感情，摆脱或消除烦恼和痛苦的思绪，在新的追求中确认和实现自己的价值。即在爱情受挫后，应该冷静地客观地分析一下原因，进而总结经验教训，提高自己的心理承受力和思想水平。莫里哀曾说过："爱情是一位伟大的导师，教我们重新做人。"能战胜挫折的人，才能获得成功。

另外，还可以通过适当的情绪调节和转移，来减轻痛苦。如应用合理化效应、让情感升华等防卫机制。所谓合理化效应即"酸葡萄效应"，指对某些不能改变的挫折在认知上给予调整，将挫折归为对方的不是。正如狐狸得不到葡萄吃，就说"反正葡萄是酸的"，言下之意是反正那葡萄不能吃，即使跳得够高摘到也还是"不能吃"，这样，狐狸也就心安理得地走开去寻找别的食物。升华是将挫折所产生的愤怒情绪、仇恨和敌意、自责或愧恨等消极情绪，都做一种积极的处理，将它们做一种高尚的表达。歌德因为得不到其初恋情人绿蒂的感情回报，而一度陷入了感情的危机，但他后来因此而写下了《少年维特之烦恼》一书，用文学创作来表达其受挫的情感，使自己的情绪得以升华。

思考 练习题

1. 简述大学生恋爱心理特征。

2. 简述大学生恋爱心理的发展阶段。

3. 请针对个别大学生存在的恋爱动机不纯问题，简述大学生应该如何树立正确的恋爱观。

4. 请结合本章第三节导入案例，简述大学生性心理发展中容易出现的问题。假若你是老师，将如何帮助小博克服性心理问题？

第十章　自我意识与健康教育

　　个体如何看待自己，如何看待自己与环境及他人之间的关系，不仅会影响个体的感受与情绪，还会影响个体在环境中的行为。本章主要解决自我意识偏差给大学生带来的困惑与问题，如自卑、自大、自暴自弃、过分在乎他人对自己的看法、无远大理想等，帮助大学生面对当下的生活，实现人生理想与抱负。

第一节　探　寻　自　我

导入案例

　　方某，女，18岁，不想上学，不喜欢学校和同学，不想说话，情绪低落。据她自述，她家是农村的，在到学校之前，她感到特别兴奋。心想可以到大城市上学了，能见大世面了，也能有大城市的同学了。可来到学校后，才发觉一切并不如她当初所想，她所在的班级中城市和农村的学生各一半，城市的学生处处都显得比农村同学强，城市同学说着标准的普通话，吃的、喝的、用的、穿的都特别好，人也灵活、会说话，感觉老师也喜欢这些城市来的同学。而她的普通话不太标准，说话常常夹着家乡口音，常引得同学们发笑；上课不敢发言，平时不敢和老师交流、聊天，甚至不敢向老师问好，能躲就躲；以前方某就读的学校根本不重视体育，上体育课的时候，她笨手笨脚的，常常出丑；她也没有什么特长爱好，在宿舍中，大家有说有笑的，她却插不上什么话，觉得自己就是一个小透明。现在，她不愿意和家庭好的同学在一起，害怕自己说话说不到点子上，思维和见识都跟不上时尚，害怕别人嘲笑自己老土，本身自己的穿着、举止就显得很土气；班级活动也不愿意参加，实在不行就跟在大家后面，尽量不引人注意。她觉得自己什么都不如人，但她又不甘心，想通过学习来弥补，以前自己的学习成绩还可以，可现在看来光学习好有什么用，其他方面不如别人，一样让人瞧不起，况且现在根本学不进去，注意力也不能集中。因此她不想上学了，心里很烦。

　　你认为方某的主要问题是什么？如何帮助她树立自信，解决困扰？

一、学习目标

　　（1）了解自身特点，悦纳自身不足，合理看待他人对自己的评价。

　　（2）认识到自我是不断发展变化的。

　　（3）建立自信，挖掘自身潜能，发展健全人格。

二、心理动能解析

（一）自我意识的结构

自我意识是个体对自身及其与周围世界关系的认知、情感和意志的知觉、主观评价、体验和调控，是在社会化过程中逐渐发展起来的，是个体对于自我全部思想、情感和态度的总和。自我意识包括自我认知、自我体验和自我调控三个部分[①]。

1. 自我认知

自我认知是自我意识的认知成分，具体涉及个体对自己的生理状态（身高、体重、外貌、性别等），自己的心理特征（脾气、秉性等），以及自己与周围他人的关系（名望和责任等）的认知。对自我及自我与环境关系不同方面的认知构成了一个认知系统，这就形成了一个整体的自我认知。自我认知包括自我感觉、自我分析、自我概念、自我评价、自我印象等，其中自我评价是最能代表个体自我认知的水平，它涉及个体对自身能力、品德、行为等方面社会价值的评估。

2. 自我体验

自我体验是自我意识的情感成分，是在自我认识的基础上形成的，表现为个体对自己的悦纳程度和满意程度，如自卑、自信、自大等自我感受。自我体验是自我意识的动力系统，它可以促使个体正确对待和调节自己的感受，以便获得积极的自我体验。

3. 自我调控

自我调控是自我意识的意志成分，是对个体的心理、行为和态度的监控和调节，涉及自我监督、自我塑造、自我教育、自我克制等几个方面。自我调控包括对自己的设计和对自己的指导两层含义，分别涉及"自己应该做什么"和"自己能做什么"两个方面。其中，意志力是自我调控能力的重要体现。良好的自我调控对个体维持较好的健康水平、获得成就感和幸福感，以及提升环境适应性尤为重要。

自我认知、自我体验和自我调控之间相互关联、相互作用。自我认知是自我体验的基础，认识到自己与别人的差距和缺点，容易产生自我负面的情绪感受；自我体验是自我调控的动力，感受到自我的负面体验，可能会产生不同的行为调节，一种可能更加回避自己这方面的展示和发展；另一种可能会调节自己行为，改变自己的不足。通过自我调控改变自己的行为，又会进一步改变自我认知。

（二）大学生自我意识的发展特点

1. 强烈关心自己的发展

围绕着个人发展、个人与社会的关系，大学生会主动积极地探索自我。大学生的自我探索涉及以下几个方面：① 自己是否符合成人的自我意识，如现在的我是否符合一个成人的标准；② 关心自己外貌的自我意识，如我是否符合大众的审美要求；③ 关于自己能力及人格的自我意识，如我的能力怎样，我是个坚强的人吗；④ 性的自我意识，

---

① 王晋：《班级管理与心理辅导》，河南大学出版社 2021 年版，第 233—234 页。

如我招异性喜欢吗；⑤ 社会归属与社会地位的自我意识，如我受到他人的重视吗；⑥ 人生价值的自我意识，如人生的价值与意义是什么。

2. 较高的自我评价能力

基于生活经验的增加和理性的成熟，大学生对自己的分析、评价逐渐变得客观、全面。这一阶段，大学生要进行独立的自我分析和评价，逐渐摆脱长辈、老师、朋友的影响，这一过程直到大学生基本确立自己的世界观、人生观和价值观才算相对完成，因为成熟、独立的自我分析和评价必须以自我对待世界和人生稳定的态度和评价为前提和依据。

3. 自我体验更加丰富复杂

大学生的自我体验既丰富又复杂，其情绪情感的基调是积极的、健康的。大多数大学生对自己是满意的、喜欢的，他们自尊、自信、好胜心强。大学生的自我体验也比较复杂，这体现为自我的敏感性、闭锁性和波动性。

4. 自我控制能力较强

大学生的自觉性、独立性、稳定性显著发展。大学生有强烈的自我设计和自我规划的愿望，根据自我设计目标自觉调控行为。但大学生自我控制的水平还不够，随机性较大，有时不顾环境的要求，刚下定的决心转身就忘了。也有些大学生会每天设立目标，同时每天寻找自己做不到的理由。

5. 自我意识水平有年级差异

不同年级的大学生在自我发展方面存在明显差异。大学一、二、四年级的学生自我意识随年级升高而发展，而三年级是大学生自我意识最低、内心矛盾冲突最尖锐、思想斗争最激烈、回顾与展望时间最多的时期。大三是大学生自我意识相对稳定阶段中的不稳定时期，但也是一次新的上升时期，也被称为大学生自我意识发展的转折时期。

（三）大学生自我意识的偏差

大学生自我意识尚在不断发展中，未达到完全成熟水平，常常会出现自我意识偏差，这里列举几种常见的自我意识偏差。

1. 以自我为中心

积极的自我关注对同一性的建立来说是必要的，但经常从自我的角度认识、评价和行动，就容易出现以自我为中心的倾向。以自我为中心的人往往凡事从自我出发，只关心个人的兴趣和利益，不能设身处地地为他人着想，好把自己的意志强加于人，习惯让别人服从自己、迁就自己，而自己却不愿意为别人受委屈，造成人际关系不和谐。大学生以自我为中心的特征表现为追求绝对的自由、只关心个人得失、陷于自我陶醉心理三个方面。

2. 自负与自卑

自信是一种良好的品质，但过度的自信就是自负，自信心不足则表现为自卑。自负和自卑对个体的自我意识的发展起消极作用。大学生的自负和自卑表现为自我夸大和自我贬损。自大的大学生对自我评价较高，往往脱离客观实际，虚荣心强，心理防御意识强，缺乏自知之明，容易把自己的意志强加给别人，不能与人和睦相处。自卑的大学生对自我评价较低，时常伴有没有价值感、不接纳自己、否定自己等情绪与行为，在日常生活中遇到事情总是退缩、逃避，没有主见。

3.过分追求完美与放任自我

完美主义是指与现实相比，个体对自己或他人提出高标准甚至是苛刻的要求。这种高要求与恐惧失败相联系，恐惧导致回避行为，而回避行为意味着一个人必须不断地处于警戒和防御中，以避开他所恐惧的事物，因而出现了完美主义的行为成分，导致适应上出现障碍。追求完美的大学生对自己持过高的要求，期望自己完美无缺，却不顾自己的实际状况。

过分追求完美是对自己或他人的要求过高，而自我放任则是对自己要求过低。大学阶段的自由度较大，部分大学生过度放任自我。这些大学生常常对未来没有清晰的规划，自控能力低，容易满足现状，逃避困难，沉迷于暂时的享乐，经历更多的失败。

三、心理行为活动设计

（一）活动名称：认识自我

自我认知的偏差，容易导致学生对学习、生活、人际交往适应不良，严重者还会影响学生的心理健康。此活动可以让学生对自己有一个深刻思考；通过别人对自己的评价，学生可以了解别人眼中的自己，进而全面了解自己，更加悦纳自己，在学习和生活中更好地扬长避短或取长补短。

（二）活动设计

（1）每人写出 10 个词语，回答"我是什么样的人"这一问题，分析了解自我。

引导思考：你的描述集中在哪些方面？描述的词语是外在的还是内在的？描述的词语是积极的还是消极的？

引导感受：看到你对自己的描述有什么感受？哪些消极描述是可以改变的？

（2）在小组内，每位组员至少从三个方面对其他组员作出评价。

引导感受：听到组员对你的描述，你的感受是怎样的？跟你对自我的描述是否相似？

引导思考：同学们对你的哪些评价是你之前没想到的？有何感想？你准备如何对待？

（3）全组站立围成一个圈，所有组员依次说出对某一同学的肯定与鼓励之语，紧接着，全组同学做出点赞的手势，并齐喊"你真棒！"全组依次重复于每一位同学。

引导感受：听到组员的肯定和鼓励之语，你有什么感受？

引导思考：通过全体组员的评价，你发现自己哪些方面需要引起重视，哪些方面需要做出调整。

（三）道具准备

每人 1 张 A4 纸。音乐《如风》。

四、体验感悟分享

（1）如何保持并发挥自己的优点，悦纳不足？

（2）他人评价与你的自我评价有什么不同？

（3）过去的自己是什么样子？现在的自己又是什么样子？你期待未来成为什么样子？

（4）如何帮助本节导入案例中的方某树立自信，解决她的困扰？

五、教师总结点评

（一）自我是不断发展变化的

通过认识自我的活动，从"过去的我""现在的我""未来的我"的分享中，可以看到自我是一个不断发展变化的过程，而非一成不变的。

人的自我意识从发生、发展到相对稳定、成熟要经历四个阶段。婴儿在 6—8 个月时，个体能感知到今天的我和昨天的我是一个我。2—3 岁开始用"我"来代替"宝宝"，标志着自我意识的萌芽。3 岁到 11 或 12 岁，形成自我的各种角色观念。青春期（12—18 岁），个体内在的自我意识觉醒，这一阶段，需要解决内在的我是一个什么样的人，过去的我是什么样，未来我将要去向何方等一系列自我问题，也就是自我同一性的问题。

部分大学生依然停留在青春期自我同一性尚未明确的阶段，对自我过去、现在及未来还没有进行深入的思考或形成一个明确的认识。特别是考上大学的阶段性目标实现后，未来的人生目标是什么并不明晰。他们选择进入到这个大学或专业，可能是听从了权威人物，或是随大流的一种选择。另外，这一阶段的大学生仍然需要通过正确认识外界客观事物完成对自我的探索，促进个体自我的成长。例如，有些大学生因为"过去的我不够勇敢，现在的我也还有点怯懦"而苦恼，还没有认识到自我是不断发展变化的，自我是可以通过自己的努力调节不断完善的。特别是进入新的大学环境后，还需要不断地进行积极的自我探索，发现并形成新的自我成分，进而不断完善自己。

（二）悦纳自己和他人的缺点

从本次认识自我的活动中，可以看到每个同学都有优点和缺点，没有一个人是绝对完美的。这些对自我优点和缺点的认知，主要来源于个人与他人的比较，这种比较的结果若是积极的，那么个体就比较容易接纳，但对于那些缺点，许多个体往往不能接纳，进而产生苦恼、焦虑的情绪。

自我的不足或缺点往往可以分为两种：一种是不可改变的，如身高、肤色、容貌、音色等；还有一种是可以改变的，如脆弱、怯懦等性格。对于自己不可改变的劣势是我们要学会接纳的部分；而对于可以改变的不足，却是我们要努力改造的部分。同样，对于他人不可改变的不足，我们也要学会悦纳。例如有些人觉得他人说话的音色不好听，就对他人产生了一种厌恶的情绪，而这其实是我们应该接纳的部分。

（三）努力成就更好的自己

每个人都有优缺点，合理地处理好自己的优缺点与环境的关系，善于在环境中发挥自己的优势，规避自己的不足，就能成就更好的自我。

马斯洛提到，一个人的自我实现就是个体的潜能可以在环境中得到充分的发挥。每个人的潜能是不同的，有些人擅长数学逻辑推理，有些人擅长语言沟通表达，有些人擅长美术绘画，有些人擅长音乐歌唱，这些不同的潜能是需要在适合的环境中打磨成长的。因此，选择那些适合自身发展潜能的环境，才能更好地发挥自己的潜能，才能更好地实现自我的价值。

六、活动效果强化

（1）成长宣言（全体起立，高呼三遍）："相信自己，我是最棒的！"

（2）个人作业：写出自己希望改变的部分，努力改变发展自己。

（3）小组活动：每人分享一个自己扬长避短的案例。

七、拓展阅读参考

接纳自我　超越自我

从 1995 年起，张越即担任中央电视台《半边天》节目主持人，又于 2011 年担任社会与法频道《夜线》栏目主持人。无论何种话题，无论访谈嘉宾是何等高级专家或边缘百姓，张越总能高质量地跟踪和把握谈话节奏，敏锐地抓住话题的亮点和深度，让观众在观看节目过程中体会到话题带来的酣畅、享受和收获。

张越从小肥胖、自卑感深重，喜爱文学的她，最大的理想是当一个作家或者律师，甚至哪怕是当一名吃货大厨。高考阶段，她的前三志愿全都是知名大学中文系或法学专业，却不料师范类院校具有提前调档的优先权，使她进入了自己填写的第十志愿——首都师范大学，这让美滋滋做着作家梦的张越大失所望。张越不得不被动地就读师范大学。因为肥胖，她的大部分日子都在疑心、自卑中度过。她害怕同学们会在暗地里嘲笑她。她不敢穿裙子，不敢上体育课。大学结束的时候，她差点儿毕不了业，不是因为功课太差，而是因为她不敢参加体育长跑测试！老师说："只要你跑了，不管多慢，都算你及格。"可她就是不跑。她想跟老师解释，她不是在抗拒，而是因为恐慌，担心自己肥胖的身体跑起步来一定非常难看，一定会遭到同学们的嘲笑。可是，她没有勇气跟老师解释，她不知道该怎么办，只能傻乎乎地跟着老师走。老师回家做饭去了，她也跟着。最后老师烦了，勉强算她及格。

张越在毕业后进入一家中专学校担任语文老师。然而文学梦终归还是令张越魂牵梦绕，她大量地阅读，勤奋地写作投稿，这些尝试使她成为一位小有名气的自由撰稿人。她的作品开始见诸报端，并被央视选中写作小品。她还参与了著名情景喜剧《我爱我家》的编剧，并有机会接触到央视的编导们，最终成为一名央视的主持人。戏剧性的转变未必带来戏剧性的惊喜。在习惯了女主持人脸蛋漂亮、身材婀娜的观众面前，张越的外在形象显然是格格不入的。另类主持人张越的出现，引起了某些观众极大的不适。张越上任不久，台长就收到了一封愤怒的声讨信，信中严重质问："这个叫张越的是不是你们家亲戚？如果不是你们家亲戚，你凭什么让她当主持人！全中国的美女都死光了吗？"信被台长小心翼翼地收起来了，并交代不要让张越看到，怕伤害她的自尊。不料却在某一天，被翻找资料的张越无意间给翻了出来。

张越并没有被投诉击垮，她用充实的内涵、强大的张力、高质量的节目主持，顶住了对其外表的非议，令观众刮目相看。观众的想法由最初的"主持人怎么可以是这样的"变成了后来的"主持人就应该是这样的"，完成了由质疑到拥趸的转变。从小自卑的张越，居然从事了主持人这个"最露脸的职业"，她的自信来自哪里呢？"如果自信得不到恢复，我不可能在电视上面对天下人侃侃而谈。我能做到这一点，除了天性不允许我永远生活在某种阴暗的心理之中外，还得感谢我始终没有放弃学习，读书能让我不断地从知识中汲取内心的力量。"这种"来自内心的力量"正是张越战胜非议，战胜自我，摒弃自卑的源泉。

第二节　自信自强

导入案例

王某，男，21岁，大二学生，很腼腆，平时沉默寡言，不愿意跟别人打交道，上课也是闭口不言，即使偶尔被老师提问，声音也小得几乎像蚊子一样。下课时经常静静地坐在自己的座位上发呆，同学叫他去玩，有时他只是冲着同学勉强笑一下，仍坐着不动。据他自述：念高中时，他和所有学子一样，有个单一又明确的目标，就是考上一所理想的大学。为了实现目标，他奋勇拼搏，坚持不懈，最终考上了大学。但他并不满意，因为他考上的是一所大专，想想自己原来成绩是可以考上本科学校的，居然滑落到大专线，而三分之二的高中同学都考上了本科学校。他觉得高中三年的努力都白费了，所以上了大专后，他不想继续努力读书了，每天过着浑浑噩噩的日子。现在这种生活很消极也很乏味，他也觉得这样不好，但也不知如何是好。

王某的主要问题是什么？应该如何帮助他呢？

一、学习目标

（1）正确认识自我。

（2）正确认识自我的优势，树立自信心。

（3）发现自己的长处，识别应对挫折的模式，提高抗挫能力，增强心理弹性。

二、心理动能解析

（一）自信的概念及作用

自信是一种个体自尊需要获得满足的心理体验，它是个体对自己的信任，对自己的身体、心理和社会性的信任，体现为有信心、不怀疑[1]。自信的个体对自身价值、观念、能力等方面有着正向的评价与肯定。

自信感是理智情感的一种，是指个体对自己学习能力的一种确信的情感。自信可分为特质自信和状态自信，前者是相对稳定的、内隐的情感，如大学生对自己的学习能力始终充满信心；而状态自信是动态的、即时性的情绪体验，如大学生成功完成某项任务后获得的自信体验。

自信有助于个体调动资源、更积极地应对压力和困难。自信的个体认为自己有能力在特定的环境下调动足够的认知资源，采取必要的手段顺利完成任务。自信可以激发个体的创造力，帮助个体成就事业。研究发现，特质自信水平和状态自信高的大学生，创造性思维水平的得分和顿悟问题的解决水平都更高。[2] 自信是成功的基础和动力，能够帮助个体成就事业。在职业生涯适应中，自信能够帮助个体克服职业发展中的困难、投入更多的努力，达成职业发展目标。

（二）自信的影响因素

1. 个性特征与动机

自信与个体的成就动机、自我调节能力和归因方式有关。大学生的学业自信感与其成就动机显著相关，成就动机越高，其学业自信感越高；同时，高度自我调控能力和有效的教学指导，可以显著预测大学生的学业自信感。

2. 个体的成败经验

绝大多数的自我信念都是依据过去的成败经验而不自觉地形成的，尤其是童年的成败经验。成功体验是一种驱使幼儿主动行动、克服活动中的困难并坚持下去，直到取得满意的活动成果的强大内部力量。成功的经验使人充满自信，失败的经验容易使人对自己失去信心。

3. 家庭环境

家庭教养方式和教育态度与个体自信心的发展存在密切联系。专制型的父母强调严格服从，容易降低个体探索周围环境的自信心。温暖型的父母能够给予孩子合理的期望和指导，帮助孩子做出正确的选择，使孩子更加自信。

4. 学校教育

学校教师对学生的预期和关爱也会影响学生的自信。当教师关注学生知识的增长情况时，学生的自信心就会增强。在大学期间，学校和社会中的各种挑战活动可以帮助大学生改变对自我的认知和评价，增强其自信。另外，教师和同学也是大学生在校期间最重要的交往对象，大学生与教师和同学的关系质量会影响其自信感和成功感。

---

[1]　毕重增、黄希庭：《清晰度对自信预测效应的影响》，《心理科学》2006 年第 2 期，第 271—273 页。

[2]　韩迎春、马婕童：《自信对顿悟的原型启发效应的影响》，《广东第二师范学院学报》2019 年第 4 期，第 29—35 页。

（三）自卑的概念及作用

自卑是人类社会普遍存在的心理现象，是个体在追求优越地位时的一种正常发展的心理过程。自卑是个体对自身能力和境遇不满意而缺乏对自我价值的肯定，从而产生的对自己不客观的消极评价与对自身环境缺乏安全感。

自卑对个体既有积极作用，又有消极作用。一方面，自卑可能促使人发奋图强、力求振作，从而超越自卑、弥补不足。这种情感是隐藏在所有人成就背后的主要推动力，完全没有自卑感的人是不可能卓越的。另一方面，过重的自卑心理若得不到纾解可能会质变为自卑情结，使个体从本质上怀疑自己，不相信自己的能力，阻碍个体的成功；同时自卑心理若超过正常范围可能会存在不当的过度补偿，这样会使人得不偿失。自卑会让人缺乏自信、悲观、低落。自卑有时会通过较为极端的方式表现出来，如暴怒、自我放弃，严重的则会造成自杀或伤害他人。

大学生的自卑感表现在三个方面：认知上出现自我认知偏差，易产生消极的心理暗示与自我挫败的归因方式；情绪上负面悲观、内心愁苦、人际关系敏感；行为上具有自我封闭、惧怕交往、独来独往、谨小慎微、行为退缩等特点。

（四）自卑的理论

自卑理论有助于人们理解自卑发生的原因、自卑的作用、自卑的调节与干预。

1. 阿德勒的自卑理论

阿德勒是精神分析学派代表人物之一，他提出自卑感是个体在追求卓越和完美人生中一种正常发展的心理过程。每个个体生来就具有不同程度的自卑感，这种自卑感源于婴幼儿期的无能感。面对这种自卑感，部分个体会一蹶不振，而部分个体会选择奋发图强。自卑在一定程度上对个体的正向成长起激励作用，是个体追求卓越的动力。

2. 贝克的认知观点

贝克认为个体天生具有某种自动化信息加工的机制，能无意识地分析情境与行为的关系。不良的早期经验会使个体的认知模式失衡，负面的创伤经历会使个体作出负面的自我评价，更易体会和觉察到自卑。这种不平衡的认知模式不易被个体注意，也不能进行自我调控，却支配着个体行为反应。遇到重大事件时，个体会自动开启失调的认知模式，出现大量的负性自动思维。

这种自卑的自动思维是产生自卑情绪的关键，自卑个体通常认为"我无能""我是失败者"，这些负性核心信念通常是概括化的。当负性核心信念活跃时，个体通常不能认识积极正面的信息。因此，自卑的认知干预就是要矫正个体的负性自动思维，修正负性核心信念。

3. 萨提亚的自卑理论

萨提亚是人本主义治疗的代表人物之一，他以积极正向为目标，通过转化性改变帮助个体成长。萨提亚认为提升自我价值对克服自卑有着重要的意义，因为自卑个体常常贬低自己，认为自己是无价值的，从而感到无能为力、代入受害者的角色不思进取，责怪自己的同时将责任推卸给他人。

　　萨提亚认为自我是个体的精神之源，自尊是维持个体生命并提供一般能量的源泉，是探索内在、联结自我的关键，也是促使个体扩大空间、与外界建立联系的动力。自卑干预的关键是提高自尊与自我价值。萨提亚已经发展出成熟的探索自我、提高自尊的方法，例如生命影响轮、萨提亚冥想和温度读取技术，这些方法已经在临床实践中得到广泛应用。

三、心理行为活动设计

（一）活动名称：裁纸口令

　　通过"裁纸口令"活动，同学们可以感悟到世上没有相同的我，我是独一无二的，在今后的生活、学习、工作中懂得接纳自己、关爱自己，接纳他人。

（二）活动设计

1. 活动规则

所有同学按老师的口令做，不可以向老师提问。

2. 引导行动

（1）拿出一张 A4 纸。

（2）把纸张水平对折折叠。

（3）把纸张垂直对折折叠。

（4）撕下折叠过纸张的一个角。

（5）再撕下两个角。

（6）把经过多次折叠和撕角处理的纸张展开，与邻近的同学做对比，看彼此的平面几何形状是否相同。

（7）小组统计本组的结果，并报告老师。

（8）老师公布统计结果。

3. 引导思考

（1）为什么大家听到的指令一样，也是按照指令不折不扣执行的，可是结果却不一样，问题出在哪里了呢？

（2）世界上有绝对相同的两个人吗？双胞胎可以被认出来吗？为什么对于同一件事、同一个人、同一件物体，抑或是众所公认的真理和公理，不同的人的理解和评价都不尽相同呢？

（3）我们需要和别人完全一样吗？

（4）我们应该怎样看待自己？怎样看待别人对自己的看法呢？

（三）道具准备

音乐《冬日光》。

四、体验感悟分享

（1）听到同样的指令，做出同样的动作，为什么结果会不一样？
（2）我们需要怎样看待别人的评价？
（3）要想建立自信，我们还需要从哪些方面着手？

五、教师总结点评

（一）每个人都是独一无二的

正如世界上没有两片完全相同的叶子，世界上也没有两个完全相同的人。每个人都有着不同于他人的体态特征、认知经验、情绪体验、能力和人格倾向，这些就是个体的独特性。"独特"是一个中性词，独特没有好坏之分。

人的独特性可以从自然、社会及自我三个方面来解释。从自然方面来说，人是生命个体，是一种按照自然规律生育、成长的生命主体，受遗传和早期胎内环境等生物学因素的影响，每个人都有其独特的禀赋。从社会的角度来说，每个人都生活于特定的环境之中，这一环境包括自然环境和人文环境，这也使得人与人之间的差异不可避免；同时个人所参与、接触的日常社会环境也不能完全相同，即使是同卵双胞胎也不可能每天遇到同样的事，见到同样的人，受到同样的启示，这种社会环境的独特性也决定了个人的独特性。从自我的角度来看，人是具有自由意志、能够超越自我的，结合每个人心路历程的特殊性，会使人在许多方面突破本能和环境的限制，从而塑造出一个独特的独一无二的我。

（二）每个人都有自身的潜能与价值

李白诗云："天生我材必有用。"自古至今，不同的学科与领域都发现，人的潜能是客观存在的。脑科学发现，仅仅是人的大脑皮层就拥有一千亿个神经元，每个神经元可以跟三万个以上的其他神经元发生突触联系，目前人对大脑的开发利用程度还相当低，目前人脑神经元被积极利用的只占7%，这说明了人的潜能无比丰富。潜能是价值的基础，每个人都具有多种潜能，它需要通过释放的形式发挥出来，这是一种自然的倾向，潜能的发挥正是自我价值的实现。

就大学生而言，每位同学都有自身的潜能，每位同学都需要在自己的生活、学习环境中不断实践，开发自身的潜能，实现自我价值。需要注意的是，大学生要将自我价值与社会价值统一起来，因为人是一切社会关系的总和，其所创造的价值只有具备了社会性的特点，才会对自身有价值。

（三）理智地对待自己的缺点，正确地补偿自己

"尺有所短，寸有所长"，每个人都有自己的优缺点，正确的自我评价是帮助学生确定正确奋斗方向的前提。在与他人比较的过程中，大学生应尽可能全面地、辩证地看待

自己与他人的差异，全面地认识和评价自己，尤其是理智地对待自己的缺点。理智地对待自己的缺点表现为：不因自己犯了错误或走偏了路就认为自己一无是处，不因自己遗传生理上的缺陷而怨天尤人、垂头丧气。

正确的补偿是指个体可以发挥自己的才能特长，补偿自己生理或智力上的缺陷，消除烦恼或痛苦的情绪。人们常说的"盲人耳灵"就是一种生理上的补偿，而"勤能补拙"则是一种心理上的补偿。当个体认知到自己的缺点和不足时，就要在实践中不断发挥自己的特长，补偿自己在其他方面的缺陷。

（四）正确对待挫折，提高抗挫能力

失败和挫折往往使人产生消极的情绪，易造成个体对自我的负面认知。正确看待挫折和合理的归因，能减少个体对自己的负面认识。在现实生活中，挫折对于每个人来说都是在所难免的，挫折并不都是负面的，它可以帮助个体总结教训、扩宽解决问题的思路，激发奋勇向前的动力。正确对待挫折，有助于解除挫折引起的负性情绪，冷静地分析失败的原因，总结经验教训，是克服自卑心理的重要措施。

个体还要在挫折中不断提高自己应对挫折的能力，锤炼意志，增加获得成功的经验，增强自信心。改变认识是克服自卑的基础。全面地、动态地看待自我的发展，正确地看待挫折的消极和积极方面，是克服自卑的第一步。重要的是，个体在实践中不断地调节自己的行为，更好地应对学习生活中出现的困难，增加获得成功的经验，这样才能对自我形成更积极的评价，增强自信心。

（五）借助心理咨询的方法干预自卑

自卑往往伴随着消极的情绪，个体可以运用一些心理调适方法缓解这些消极的情绪。在本书情绪调节的章节中已经介绍了一些常见的情绪调节策略，如合理的情绪宣泄、转移注意力、积极地自我暗示、使用幽默等，个体可以使用这些方法进行自我调节。

此外，若自卑给个体情绪上带来的痛苦过强，个体通过自己的努力仍无法减轻自卑的消极影响，可以寻求专业的心理辅导人员或心理咨询师的帮助。在心理咨询老师的帮助下，个体能更好地探索自我、看到自身的价值、改变对自我的认知，更好地行动起来，克服自卑对自己的影响。在心理咨询中，常见的干预自卑的方法有认知疗法、认知行为疗法、人本疗法。近年来，萨提亚干预在自卑干预中受到关注，它是一种旨在提升自尊的人本主义家庭治疗模式。萨提亚治疗是以正向导向为目标，帮助个体聚焦内在做出改变，通过让个体感受正面经验来提高其自我价值，使之找到独特的自己。

六、活动效果强化

（1）成长宣言（全体起立，高呼三遍）："担守时代责任，做自信自强青年！"
（2）个人作业：写出自己过往人生中最自豪的一件事。
（3）小组活动：每人分享自己过往人生中最自豪的一件事。

七、拓展阅读参考

争做"强国有我"的自信青年

现在回过头来看微信里关于疫情的各种报道，我们发现"只有中国"成为网友感慨的高频词。

只有中国彰显了人民政府的责任和担当，对新冠病人应收尽收，不计成本不计得失，1 000 万人口的城市，2 天内完成排查，14 亿人口的国家，及时完成隔离部署，让病毒蔓延的势头在全国迅速得到遏制。

只有中国能够迅速调集一切社会资源。说建医院，十天之内就能拔地而起一座容纳千人的火神山医院，再两天，又起一座能收治 1 600 名重症病人的医院，然后用几个晚上建成 16 个方舱医院，数万的床位说起就起。说支援湖北，解放军可以雨夜驰援，四大兵团可以星夜毕聚，19 个省可以分干将湖北 16 个市分片包干。

只有中国在同胞危难时刻，胸膛里深藏五千年的仁义礼智信教化，会被瞬间唤醒，成千上万的人可以为了他人的生命健康，逆向而行，涌向武汉一线。也可以一座城一瞬间招募 5 万名志愿者，走上前沿维护整座城的健康运行。还可以让各方人民将自己所有、自己最好的拿出来，倾尽物资如接力般捐赠湖北，不绝于途。

只有中国做出巨大的牺牲，最大限度地将疫情控制在中国，控制在湖北，为世界赢得了时间，为他国提供了成功可借鉴的方法。

这样的祖国，让年轻人更自信。

青年人要自信，自信始终是前行的动力源泉，认准目标再稳步前行，只要认准自己的前行方向是对的，就要有不到黄河心不死、不撞南墙不回头的坚忍毅力。现在中国的经济和社会水平已经达到国际前列，更应该积极地向世界展现中国的文化，提升并展现中国的科技，这就需要青年人保持高度的文化自信与科技自信。今天的青年人就是国家的接班人，身为青年的我们一定要自强、自信，为国家的发展而奋进。

第三节　自我价值实现

导入案例

小 B 同学，在高中阶段一直学习不错，但是高考发挥失常，成绩非常不理想。相反，那些平时跟他成绩差不多甚至不如他的高中同学却考得比他好，高考后小 B 非常不开心，本想复读但又担心再次失败，在家人的劝说下，小 B 进入了现在的大学学习。上大学以后，小 B 觉得样样不如意，与以前的高中同学相比，他觉得自己的学校所在的城市不够发达，自己学校的师资不够强大，自己现在的平台不够好，未来找工作不占优势……在这些对比感慨下，小 B 越发不如意、不开心，认为在这样的环境中自己再怎么奋斗也没啥前景可言，就这样混到毕业找个工作算了。

小 B 的主要问题是什么？你如何开导小 B 重新出发？

一、学习目标

（1）认识到过去的成败与自己的当下和未来的关系。

（2）通过活动感悟，放下过去，珍惜当下。

（3）关注当下，努力奋斗，实现人生抱负。

二、心理动能解析

（一）成就动机

成就需求是尽可能快和尽可能好地做事的愿望或倾向，它是人类 20 种需求中的重要一项。动机是推动人们进行某种活动，以达到一定目的的内在原因或内部动力。需求和动机具有密切的关系。当个体产生需求且未得到满足时，就会产生一种紧张不安的心理状态，当遇到可以满足需求的目标时，这种紧张状态就会转化为动机，推动个体去从事某种活动，并努力实现目标。动机是为了满足个体的需求，而动机则是通过外部的行为反映出来的。

成就动机是指在完成任务的过程中，个体力求获得成功的内部动因。成就动机激励个体乐于从事自己认为重要的或有价值的工作，并力求获得成功。例如，大学生想要获得优秀的学业成绩，想在未来社会中有一番作为等，这些都是成就动机作用的表现。成就动机是人类独有的，是后天获得的具有社会意义的动机。成就动机高的个体喜欢从事具有开创性的工作，并且勇于作出决策，而成就动机低的个体更倾向于选择风险较低、独立决策较少的职业。

阿特金森指出，个体的成就动机强度由成就需求、期望水平和诱因价值三个因素共同决定，并将成就动机分为力求成功和回避失败两个方面。力求成功者的目的是获取成就，他们往往选择成功概率为 50% 的任务，这种任务具有非常高的挑战性；而回避失败者倾向于选择较为容易或非常困难的任务，因为选择容易的任务可以保证成功，而极其困难的任务即使失败，也容易获得他人的原谅。[1]

成就动机与大学生的学习成绩、未来职业的选择有关。成就动机高的大学生往往会有更高的学习自我效能感和学业投入，学业成绩也表现得更好。在教育过程中，不能片面强调个人的成就和个人自我提高，教师需要引导学生认识到学习和未来职业的社会价值，把追求个人成就和社会进步结合起来，使得个人成就服从于社会进步需要。

（二）归因理论

当人们完成一项工作后，喜欢探寻取得成功或失败的原因，归因理论正是解释人们

---

［1］　冯忠良、伍新春、姚梅林、王健敏：《教育心理学》（第 3 版），人民教育出版社 2015 年版，第 238—239 页。

是如何归因的，以及不同归因方式可能引起的后续行为倾向。归因理论是成就动机理论中的一种，用以解释人们的行为反应。

心理学家维纳发现，人们倾向于将活动成败的原因归为六个因素：能力高低、努力程度、任务难度、运气好坏、身心状态、外界环境。这六种因素可分为三个维度，即可控归因和不可控归因、稳定性归因和不稳定性归因、内部归因和外部归因。这三个维度和六个因素结合起来，就组成了不同的归因模式[①]（表 10-1）。

表 10-1　动机的归因模式

因　　素	稳定性		可控性		内在性	
	稳定	不稳定	可控	不可控	内在	外在
能力高低	√			√	√	
努力程度		√	√		√	
任务难度	√			√		√
运气好坏		√		√		√
身心状态		√		√	√	
外界环境		√		√		√

当个体将个人的成功归因于内在的稳定因素能力时，就会更加自信，可能进一步激发个体接受新挑战、继续探索的行为反应；当个体将个人的失败归因于内在的稳定因素能力时，则会对自己失望，可能不愿再继续付出努力。对于大学生而言，对自己的成败进行合理归因非常重要，不合理的归因可能会导致个体自卑、自暴自弃、自我价值感比较低，引起学习成绩不佳、上网成瘾等问题，还可能进一步引起情绪障碍方面的问题。

（三）自我决定理论

自我决定理论是从人类的内在需求出发解决动机产生的能量问题，是人本主义的一个动机理论。该理论认为胜任需求、归属需求和自主需求是理解动机产生的关键，动机的性质和能量取决于三种心理需求的满足程度。胜任需求是指个人与社会环境的交互作用中，有机会锻炼并表现自己的才能，并且感觉到自己是能够胜任的。归属需求是个体感知到自己属于某一集体或事业，能够建立起安全和愉快的人际关系。自主需求是指个体的行为是自愿的且能够自我调控。

---

①　冯忠良、伍新春、梅林、王健敏：《教育心理学》（第 3 版），人民教育出版社 2015 年版，第 240—241 页。

自我决定理论认为自主需求越能得到满足，其动机越趋于内化。内化是指将外部偶尔关联事件的调控主动地转换为内部调控的过程。该理论根据内化程度的不同，将外在动机分为四种类型：外部调控、内射调控、认同调控和整合调控（图10-1）。外部调控是指由奖励和惩罚等外部因素引发的行为。内射调控是指外部调控中的一些奖惩内化为硬性的规则或要求，个体在这种规则的约束下不自觉地行动。认同调控是指个体意识到行为的价值，并开始认同和接受某种行为。整合调控是指认同的规则与个体的价值、需求和身份同化在一起，它是外在动机内化的最高形式。

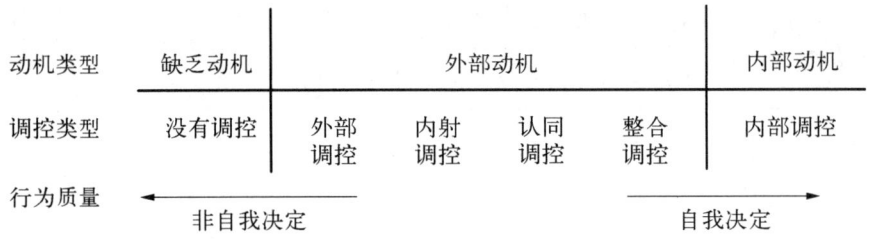

图 10-1　动机类型、调控类型与行为质量之间的关系

自我决定理论广泛应用于学习、组织管理、心理治疗、运动学习、朋友关系、家庭教育等多个领域中，其核心是强调人的自主性，周围环境对自主性的支持和自主需求的满足可以促进外部动机的内化。①

三、心理行为活动设计

（一）活动名称：人生马拉松（户外活动）

通过人生马拉松比赛，同学们可以感悟到人生的起点并不能决定人生的终点，什么时间开始努力都不晚。现在开始奋进，同样会有理想的人生。

（二）活动设计

以小组为单位全员参与接力赛，按照最多的组员设置棒数，每个组员至少跑一棒，每棒接力手往返跑 100 米，用时最短组获胜。每组推荐一名计时员，本组计时员不计本组时间。

（1）以小组为单位全员参与接力赛，成员提前热身，以防受伤。

（2）进行接力比赛。

（3）计时员统计各组和各棒的成绩。

（4）全班同学围成一圈，公布每组和每棒的成绩。

引导思考：

---

① 冯忠良、伍新春、姚梅林、王健敏：《教育心理学》（第 3 版），人民教育出版社 2015 年版，第 247—249 页。

① 第一棒与中间各棒和最后一棒的成绩有何关系？

② 第一棒是第一名的组最后一棒一定是第一名吗？

③ 第一棒是最后一名的组，最后一棒一定是最后一名吗？

④ 把今天的接力赛比作人生接力赛，每一棒的意义和作用有哪些？

⑤ 从以上成绩看，第一棒的成绩是否就是最后一棒的成绩？假设高中之前是人生的第一棒，现在是人生的第二棒，第一棒的成绩是否就决定了人生终点的成绩？我们怎样做可以实现人生的理想？

（三）道具准备

哨子、秒表、接力棒、圆柱障碍、时间记录表，音乐《梦想启动》。

四、体验感悟分享

（1）你们小组的第一棒是第几名，最后一棒是第几名？

（2）你是第几棒？第几名？在人生马拉松活动中发挥了什么作用？

（3）第一棒的成绩是否决定最后一棒的成绩？

（4）从现在开始如何跑好人生的后几棒？

（5）你如何开导本节导入案例中的小 B 重新出发，在大学期间奋力拼搏，跑好人生的后几棒？

五、教师总结点评

（一）过去的成败不能决定未来

通过人生马拉松这项活动，大家都体验到了最初的接力成绩并不能完全决定最终的比赛成绩。如果把最初几棒的接力成绩代表自己的过去，最终的接力比赛成绩代表未来，我们很容易得出这样一个结论：过去的成败并不能决定未来。

如果沉浸在过去的成败中，个体便不能客观地面对现实，未来可能会遭受更大的挫折。面对已有的成功，一些个体可能会沾沾自喜，认为自己已经比同龄人更有优势了，只要自己稍加努力就可以赢得未来了。面对曾经的失败，一些个体往往深陷其中不能自拔，他们往往表现出对自己失望、难过，甚至愤怒的消极情绪，认为自己本身就比他人差，无法做好当下的事，未来更加比不上他人。

过去的成败只是个体未来发展的影响因素之一，但绝对不是决定因素。从客观上来讲，过去的成败可能影响了当下的资源和平台，也在某些方面反映了过去自己与他人存在某些差距，如知识掌握的程度、技能的水平等，这些都可能影响未来的成败。从主观上来讲，过去的成败可能影响个人的自信心和自我效能感，这种主观认知和情绪体验会进一步影响个体对当下任务的投入，进而进一步影响未来的成败。因此，正视过去成败对当下的影响，才能更好地再出发。要相信从现在开始奋起直追，照样有成功的未来。放飞自己吧，同学们！

（二）合理归因，关注当下

生活和学习中，失败在所难免，合理归因可以帮助个体增强自信，提高心理健康的水平。根据前文提到的归因理论，当个体把失败归因于自己能力差、任务难等稳定的因素时，个体将失去控制感和掌握感，对自己的未来失去信心。相反，当个体把失败归因于努力不够、运气差等不稳定因素时，个体就可能通过增加努力程度，期待未来能获得成功。当通过努力获得成功后，个体不仅会增加自信，还会把内在可控的努力因素作为决定成功的重要影响因素。在日常生活中，同学们可以有意识地进行这样的归因训练，以增强自信。

关注当下是心理咨询与一些治疗流派（森田疗法、接纳承诺疗法、正念疗法等）的主张，它是指个体将现在与过去解离开来，体验当下的认知状态、情绪状态和身体状态，面对当下的问题。在这里，这种关注当下的理念对于个体如何看待过去的成败与如何期许未来也同样有指导意义。面对生活中的成败，个体依然需要客观分析目前自己的状况，正视自己与他人的差距，合理地认识自己的能力，努力做好当下的事，减少过去成败的影响，总结经验教训，重新出发！

（三）激发自我潜能，实现自我价值

每个人都渴望成功、回避失败，也就是说每个人都有成就动机。但在现实生活中，往往只有少数人才能充分发挥其潜能，真正实现自我的价值。其中一个重要的原因是，很多个体无法客观正确地认识自我，不断地创新环境发现自己新的潜能。

高追求成功动机的个体，更容易选择那些具有挑战性的任务，而这些任务最能够激发自我的潜能。并且，那些在任务中关注自己能力增长的个体能更好地沉浸于任务本身，能更好地看待输赢，比那些通过任务证明自己优秀的个体更能发挥自己的潜能。个体在社会化的过程中，会逐渐将社会评判标准内化为自己的评判标准。例如，怎样的学生才算优秀？学习成绩好是一个重要的社会评判标准。可是如果想成为优秀的学生，又达不到社会所期望的标准时该怎么办呢？这个时候个体会无意识使用防御机制来应对"我达不到优秀"这个让人焦虑的问题。部分人采用高的成就回避动机，选择那些比较难或特别容易的任务，在容易的任务中成功了说明自己很优秀，在困难的任务中失败了说明不是自己不优秀，而是任务太难。这就是前文提到的不同类别的成就动机。因此，在学习和生活中，合理激发自己的成就动机有助于激发自己的潜能，实现自我价值。

六、活动效果强化

（1）成长宣言（全体起立，高呼三遍）："抓住大学机遇，奋力提高自己！"

（2）个人作业：写一写，谈谈如何正视自己过去成绩与现在和将来的关系，重新再出发。

（3）小组活动：分享此阶段个人短期目标，计划怎么实现。

七、拓展阅读参考

从无声的世界里突围，心中有嘹亮的号角

你觉得，

你和我们一样，

我们觉得，

是的，

但你又那么不同寻常。

从无声里突围，

你心中有嘹亮的号角。

新时代里，

你有更坚定的方向。

先飞的鸟，

一定想飞得更远。

迟开的你，

也鲜花般怒放。

江梦南，瑶族，清华大学生物信息学博士研究生。车水马龙、人声嘈杂，这些声音对于普通人来说再熟悉不过，但对于江梦南来说，所有的声音都是陌生甚至可怕的。因为在三年前装上人工耳蜗之前，她什么也听不见。然而，就是这样一个从小几乎完全丧失听力的她，在父母的帮助下，通过读唇语学会了"听"和"说"，不仅没有失学，而且一路考出了偏远的瑶族乡镇，直到考上了清华的博士。"我从来没有因为自己听不见，就把自己看成了一个弱者。我相信自己不会比别人差，我也相信事情可以做得很好。"江梦南说。

时间回到 29 年前，在小梦南半岁时，因为肺炎误用药物，她的左耳损失了超过 105 分贝，相当于直升机起飞时声响的听力，而右耳的听力则完全丧失，临床上被诊断为极重度的神经性耳聋。父母会抱着她坐在镜子前，让她观察别人和自己说话的口型，进行发音模仿，并一遍遍地纠错。常人很难想象，在无声的世界里，小梦南是如何通过海量的重复与练习，学会读唇语的。梦南没有上过一天特殊教育学校，因为她父母坚持要让女儿去公立小学读书，起初，没有一个正常小学肯接收她，以至于到了上学年龄，无学可上的梦南又多上了一年学前班。

在学校里，梦南靠着坐在教室前排，读老师口型"听课"，并凭借惊人的努力和记忆力，发奋学习，成绩一直名列前茅。甚至，为了补上学前班多读的那一年，她在四年级暑假自学了五年级所有的课程。就这样，好强的梦南一路以优异的成绩考上吉林大学的本科、硕士，并于 2018 年，考上了清华大学生命与科学学院的博士，主攻肿瘤免疫和机器学习。江梦南的目标始终是明确的，那就是解决生命健康的难题。

思考
练习题

1. 什么是自卑? 简述自卑与大学生身心健康的关系。

2. 结合自身实际, 谈谈如何更好地发挥自己的优点, 如何看待自己的缺点或不足。

第十一章　人格与健康教育

在阅读《水浒传》《红楼梦》《西游记》《三国演义》这四大名著时，人们会被小说中性格迥异、个性鲜明的人物形象吸引。在现实生活中，人们的性格各不相同，有的活泼开朗，有的婉约温柔，有的坚强独立，有的畏首畏尾，有的大公无私，有的自私自利……所有这些心理差异就是个人差异的表现。本章通过亲身体验的方式认识人格、了解自己和他人的人格、掌握自己人格完善的方法等，帮助大学生更好地认识自己的人格，对自己的人格特质进行有效的解释与调整，进而更好地改善与塑造自我。

第一节　认 识 人 格

导入案例

小赵，男，20岁，大三学生。从小性格外向，活泼好动，做事三分钟热度，耐不住性子，脾气急。做作业时写了一大半，只因为后面结尾部分一下子没想好，就急得直跳脚，有时干脆就将整个作业给撕了。和同学关系相处不好，总是因为一点点小事就和同学发生冲突，遇事稍不合心意就要发火。同学问他问题，如果同学听一两遍还不明白，他就烦了，说道："我都说了你怎么还不明白呢？你没听我说话啊？"结果惹得同学很不开心，再也不问他了，事后想起来他也很后悔，但一着急就控制不住了。

小赵的人格特点是什么？如何帮助小赵调整自己的脾气？

一、学习目标

（1）了解人格的概念、特征。

（2）认识自己的气质、性格和自我调控系统，掌握人格的结构。

（3）认识人格形成和发展的影响因素，完善自己的人格。

二、心理动能解析

（一）人格概念

人格是构成一个人的思想、情感及行为的独特模式，这个独特模式包含了一个人区别于他人的稳定而统一的心理品质。广义的人格是指相对稳定和独特的认知、情感与行为模式，它体现了一个人独特的精神风貌。人格具有多种成分和特质，包括能力、气质、性格、认知风格、兴趣、价值观与行为习惯等。

人格具有独特性、稳定性、整体性和社会性四个特征。① 人格的独特性指人格是在遗传、成熟和环境、教育等先天和后天因素的交互作用下形成的。不同的遗传、生存、教育、环境塑造了形形色色的心理特点，所以人没有完全一样的人格特点。② 人格的稳定性指一个人经常表现出来的特点，是其一贯的行为方式的总和，一般具有生物学基础。如"三岁看大，七岁看老""江山易改，本性难移"都是指人格的稳定性。③ 人格是由多种成分构成的一个有机整体，具有内在的一致性，受自我意识的调控。人格的统合性是心理健康的重要标志指标。当一个人的人格结构各方面彼此和谐一致时，他的人格就是健康的，否则，这个人会出现适应的困难，甚至出现分裂人格。④ 人格具有社会性。一个人的人格功能在社会环境中发挥正常的时候，人表现为健康而有活力，人格功能受损，则会影响人的社会功能和生活，人会表现出怯懦、无力、失控或病态。①

（二）人格的结构

1. 气质

气质是指人的相对稳定的个性特点和风格气度。心理学认为，气质是表现在心理活动的强度、速度、灵活性与指向性等方面的一种稳定的心理特征。人的气质差异是先天形成的，气质没有好坏之分，受神经系统活动过程的特性所制约。气质也不能决定人的成就，任何气质的人只要经过自己的努力都能在不同实践领域中取得成就。现代气质理论把气质作为人格结构中的先天因素，主要包括胆汁质、多血质、黏液质和抑郁质四种类型。

2. 性格

性格是指表现在人对现实的态度和相应的行为方式中的比较稳定的、具有核心意义的个性心理特征。性格是一种与社会关联最为密切的人格特征，含有许多社会道德含义，具有好坏之分。性格体现了人们对现实和周围世界的态度，并表现在他的行为举止中。性格主要体现在对自己、对别人、对事物的态度和所采取的言行上。

3. 自我调控系统

自我调控系统是人格中的内控系统或自控系统，由自我认知、自我体验和自我控制（或自我调节）三个子系统所构成，因此也叫自我意识，其作用是对人格的各种成分进行调控，保持人格的完整、统一、和谐。

（三）人格的影响因素

1. 生物遗传因素

遗传是人格不可缺少的影响因素。有 50% 的人格差异可以归为遗传差异。遗传对人格的作用程度随人格特质的不同而不同。通常在智力、气质这些与生物因素相关较大的特质上，遗传的作用较重要；而在价值观、信念、性格等与社会因素关系密切

---

① 彭聃龄：《普通心理学》（第 5 版），北京师范大学出版社 2019 年版，第 450—451 页。

的特质上，后天环境的作用可能更重要。因此，人格的发展是遗传与环境交互作用的结果。

2. 社会文化因素

社会文化因素是影响人格的第二大因素，具有塑造人格的功能。例如，不同文化的民族有其固有的民族性格，不同的地域有不同的文化传统，不同的文化发展时期有不同的文化认同。

3. 家庭环境因素

家庭是社会的细胞，家庭对子女人格发展具有重要作用。一个人从出生到五六岁是人格形成的关键阶段，父母的教养态度对其人格的形成和今后的发展起重要作用。不同的依恋关系、父母对子女的态度、家庭氛围也都会对一个人的人格有较强的影响。

4. 早期童年经验

人生早期发生的事情对人格的影响非常大。幸福的童年有利于儿童向健康人格发展，不幸的童年也会引发儿童不良人格的形成，早期经验往往与其他因素共同影响人格。对正常人来说，随着年龄的增长、心理的成熟，早期经验的影响会逐渐缩小、减弱。

5. 学校教育因素

学校是人格社会化的主要场所。教师对学生的人格发展具有导向作用，教师的管教风格、公正性对学生有着至关重要的影响。民主型和公正的教师有助于学生健康人格的塑造，而放任、专制和不公正的教师，对学生的人格发展具有负面作用。

6. 自然环境因素

生态环境、气候条件、空间拥挤程度等物理因素会影响人的情绪和生活方式，从而产生地域性文化，进而影响人的人格。例如，我国南方种植大米，需要多人协作，因此南方人表现出更多的集体主义倾向和整体性思维，而小麦种植所需的劳动量相对较少，这使北方人更加独立，表现出更多个人主义倾向和分析性思维。

7. 自我调控因素

自我调控系统是人格发展的内部原因。外因都是通过内因起作用的。人格的自我调控系统能够对人格的各个成分进行调控，保证人格的完整统一与和谐。具有良好自我调控能力的人能够正确地分析自己，不会把遗传或生理方面的局限视为阻碍个人发展的因素，而会有效利用个人资源，发挥个人长处，努力改进和完善自我。[①]

三、心理行为活动设计

（一）活动名称：我是谁呢？

通过"我是谁呢"活动，大学生可以了解自己和他人的人格特质，了解他人眼中的"我"，全面分析自己人格特质的优势和劣势，剖析自己人格特质的来源，懂得人生中只

---

① 彭聃龄：《普通心理学》（第5版），北京师范大学出版社2019年版，第475—483页。

有知己知彼，才能百战不殆。

（二）活动设计

1. 自我设计

（1）请同学们在纸上画一个农场，可以有房屋、有山有水，充分发挥自己的想象。

（2）在农场里画出能够代表自己的动物，和可以代表小组内其他成员的动物。

（3）写出代表自己的动物特质，写出自己的人格特质。试着分析你自己的这些人格特质是怎样形成的？

（4）写出代表左右相邻的两位同学的动物特质，和你了解的两位同学的三个人格特质。

2. 引导感受

（1）你觉得自己像什么动物？这个动物有什么特性？你有什么特质？

（2）试着分析一下自己的这些人格特质是怎样形成的？都受了哪些人的影响？

（3）你喜欢自己的哪些人格特质？不喜欢自己的哪些特质？

3. 分享画作

左右同学形成三人小组，彼此分享画作：

（1）每人逐个讲解自己所画图中动物所代表的自己和他人。

（2）分析自己的人格特质，说说这些人格特质形成的原因。你喜欢和不喜欢自己的哪些特质？

（3）分享你感受到的相邻两位同学的三个人格特质。

4. 引导思考

（1）别人画出的指代你的动物符合你心中对自己的想象吗？

（2）别人心中的你和你心中对自己的认知一样吗？为什么呢？

（3）你喜欢自己的哪些人格，它给你带来过哪些成功的体验？不喜欢自己的哪些人格，它给你带来了哪些麻烦？你想学会自我调控的方法吗？

（三）道具准备

A4 纸、彩色水笔（多种颜色），音乐《不撑伞走在春雨里》。

四、体验感悟分享

自愿在班级分享，给在班级分享者所在小组加分。

（1）通过自己和同学的分享，你了解到自己都有哪些人格特质？哪些人格特质是你之前没有注意到的，为什么？

（2）你喜欢自己的哪些人格特质？不喜欢自己的哪些人格特质？这些人格特质形成的原因是什么？你希望调整和完善吗？

五、教师总结点评

（一）知己知彼，才能百战不殆

人格决定了我们的思维、行为，左右我们的志趣、职业、人际关系，以及生活中的各种际遇。世上并不存在完美的性格，如果我们能认清并善于利用自己的人格，找到发挥个人特长的位置，就能更好地实现自我价值，生活得更幸福。通过"我是谁呢"活动，我们对自己的人格有了深刻的洞察。

人格来自人的神经系统联系的方式，人格倾向具有持久性，在一定程度上预示着个体将来会做什么。希望通过活动，我们可以更清晰地认识自己的人格，根据自己的人生目标用积极健康的心态去提升人生格局，在学与思的过程中不断成长，完善自己的人格，从而实现知己知彼、百战不殆，成为更好的自己，拥有理想的人生。

（二）性格决定命运，习惯决定性格

人们常说性格决定命运，什么样的性格决定着什么样的人生，说自己的命不好，实际上是指自己的性格不好。每个人都有自己的个性，对待每件事的看法不同，做法不同，解决事情的办法不同，也就造就了不同的命运。《哈佛公开课：性格决定命运》讲述了性格在我们的生活中无处不在，从任何一个角度都可以看到它折射出的光彩。我们播种一种行为，会收获一个习惯；播种一个习惯，会收获一种性格；播种一种性格，就会收获与之相对应的人生。

性格具有可塑性。纪录片《性格的真相》介绍了经过科学求证后得出的结论："遗传因素决定了性格的 40% 到 50%，性格的其他决定因素来源于环境。"对于大学生来说，成长中的环境因素塑造了当前的性格，而当下拥有的习惯则决定了以后的性格，正如英国作家王尔德在《自深深处》中所说，在人生的每一个当下时刻，既是他未来的形象，也是他过去的样子。通过重复的行为，重复地去做一件事情，就能形成一种习惯。因此，我们可以每天坚持重复做正确的、对自己长期有好处的事情。在遇到问题的时候，养成不逃避、不推卸，积极努力解决的习惯；在感到伤心的时候，坚持做积极的事情。通过不断养成好的习惯，来塑造成就自己、实现好命运的性格。

（三）历练人生发展重要的人格金三角

乐观、坚韧、希望是人生发展中重要的人格金三角，乐观决定幸福人生，坚韧决定成功人生，希望决定有效人生。

乐观的人用积极的生活态度看待世界，靠自己去获得内心的平静与幸福的心态，而不是依赖他人。乐观的人认为事物都有利弊两面性，善于将坏事情归为暂时的、特定的、外在的、可控的原因，是对自己最好的启示。例如，乐观的人会认为数学没考好仅仅是一次失败或失误（暂时的），是激发自己重新调整学习方法、更加努力学习的良机（可控的）。人生不如意十有八九，困苦与磨难是人生常态，关键是如何认识失误和失败、认识困苦和磨难，如何总结经验教训，化解困境，不断提升完善自己，提高翻转人生的能力。

坚韧是人格金三角中能够决定成功人生的重要核心品质。有些人遇到困难就沮丧、逃避、躺平，甚至用自残、自杀的方式"解脱"，没有战胜困难的信心和毅力。我们要向伟大的中国共产党学习，向袁隆平等科学家、向王进喜等英雄模范人物学习，要有"我可以"的信念，要有不达目的誓不罢休的精神，要有愈挫愈勇的英雄气概。伟大的领袖毛泽东曾鼓励共产党人"下定决心，不怕牺牲，排除万难，去争取胜利"，正因为有毛泽东这样的一代代共产党人的勇往直前、不懈努力，中华民族才能屹立于世界民族之林，中国才能稳居世界第二大经济体！

希望是人类生活动力的源泉，它包括三个元素：目标、方法与动机。确立的目标应当是有意义的、大格局的，有利于社会发展进步的，这样的目标往往更容易连接到更多的信息和能量，得到更多的支持。有意义的大格局的目标确定之后，就会形成一股强大的磁波，吸引许多志趣相投者一起探索、共同前行，吸引无数个信息和方法助力目标的达成。只要目标的动机不是自私的、自我的，而是为了社会、为了人类和谐发展的，高能量的资源就会被吸引。许多大的课题不是一个人完成，而是由一个团队、一个组织共同推进，甚至是跨国的合作完成的。让我们心怀祖国、放眼世界，用高动机推动我们去设定人生的大目标，共同为实现目标而奋斗吧！

六、活动效果强化

（1）成长宣言（全体起立，高呼三遍）："我爱自己，悦纳自己！"
（2）个人作业：记录自己人格的特质，分析并记录自己人格特质的来源。
（3）小组活动：每人分享 1～2 个用自己的人格优势取得成功的事例。

七、拓展阅读参考

人格决定成败

一位老教授培养出三个得意门生：一个在官场春风得意，一个在商场如鱼得水，一个埋头做学问并成了某学科带头人。在一次同学聚会上，有人问这位教授："你认为这三个人中，哪个将来最有出息？"教授回答说："现在还看不出来，人生的较量有三个层次，最低层次是技巧的较量；其次是智慧的较量，他们现在正处于这一层次；而最高层次的较量则是人格的较量。"

一个人要拥有超强的能力和智慧，只要努力就能实现，但是拥有一个好的人格是非常困难的。一个人的人格主要和他的生活环境有关，也与周围的人对他的关心和态度有关。一个健康的人格很重要，怎么去培养它也很重要。就像那位老教授所说，即使拥有能力和智慧，培养一个好的人格那才是成功的关键。

社会上有许多这方面的例子，本来事业蒸蒸日上，甚至已功成名就，但就是因为没有一个好的人格，最终身败名裂。

杨前线，1955 年出生在一个干部家庭，在 1995 年 1 月出任厦门海关关长、党组书记，成为当时全国海关系统最年轻的正厅级关长，是一个一路春风前途看好的人物。如此优秀的人物，是如何一步一步走向灭亡的呢？2000 年 11 月 8 日，厦门特大走私案首批 25 起案件一审公开宣判，杨前线、庄如顺等 14 人被依法判处死刑。杨前线任厦门海关原关长，是案件首犯。据悉，杨前线任职期间，收受远华走私集团的贿赂超过亿元，他在香港购有豪宅，又置办了藏娇金屋。中纪委专案组有确证在手的贿款亦至少达数千万元，这点显示杨已将海关大权拱手让给远华集团，使厦门海关形同虚设。据说，由于杨前线主动"配合"远华的走私活动，远华的每一单进出口业务文件都符合规范。因此除了受贿之外，他还被控纵容走私罪。风光一时的杨前线因其行为构成受贿罪、放纵走私罪，情节特别严重，一审被判处死刑，剥夺政治权利终身，并处没收个人全部财产。他的前途本是一片光明，却因价值观的偏差，一点一点掉入深渊。

马××，出生于广西南宁，曾就读于××大学。2004 年，他在××大学宿舍内连杀四人，制造了轰动全国的"马××事件"，后从昆明火车站出逃，被公安部列为 A 级通缉犯。同年 3 月，他在海南省三亚市河西区落网，6 月 17 日被依法执行死刑。一个大学生是如何踏上这条不归路的呢？《中国青年报》2004 年 03 月 17 日的报道《马××其人》这样写道：马××平时看起来就给人一种不太舒服的感觉，特别是有时候在教室楼道内遇到他，由于楼道光线不好，他就会给人一种阴沉沉的感觉，能吓人一跳。他这人太怪了，没有人敢接近他。当他在篮球场打球时，如果别人没打好或不小心撞到他一下，他就会翻脸骂人，时间一长，也没人敢跟他一起打球了。这是人格出现了偏差，性格冲动暴躁，价值观不正确。由于没有及时矫正，还使其发展，导致越来越严重。《新闻晨报》2004 年 03 月 16 日报道的《马××：一个大学生"屠夫"的成长》提道：大家都觉得他心理有问题，每次同别人闹不愉快，他从不反思自己，总认为是别人找他麻烦。后来，大家只能以远离的方式对待他，但绝没有料到他会如此极端。大家的行为让马××的心理问题更加严重，悲剧也由此发生。

因为人格问题而从光明走向黑暗的人，社会上并不少见。总的来说，一个人如果没有拥有一个好的人格，无论在其他方面多么优秀，最后都将是竹篮打水一场空，因为人格的好坏才是决定成功的关键。

第二节 人 格 测 试

导入案例

小江，女，21 岁，某高校体育专业大三学生。小江为城市独生子女，家庭情况优越，母亲性格要强，经常打骂小江，父亲工作忙很少与其交流。从高中以来，她由于体形壮实，外貌异于普通女生而不能融入集体，且经常受到同学们的冷嘲热讽，心理受到创伤。上大学后她与宿舍同学关系也不好，总觉得舍友是一伙的，都不喜欢自己，经常嘲笑自己。小江希望好好学习，但是上课时总认为老师所讲的内容是在讽刺她。根据《中国精神疾病分类方案与诊断标准》和 SCL－90 测试结果，小江强迫倾向和人际关系敏感得分超过 4 分，焦虑、敌对、偏执得分超过 2 分，被诊断为有轻度的偏执型人格障碍。

什么原因导致了小江的偏执型人格障碍？如何帮助小江改善其偏执型人格障碍？

一、学习目标

（1）了解人格测验的技术和方法，学会通过人格测验了解自己和他人的人格。
（2）掌握并能够利用大五人格量表进行人格测量和评价。
（3）了解健全人格的标准，明确需要改变和提升的方面。

二、心理动能解析

（一）人格的测量

1. 自陈量表

自陈量表也被称为人格量表，是让个体按照自己的意见，对自己的人格特质进行评价的一种方法。自陈量表通常由一系列的问题组成，每个问题陈述一种行为，要求被试按照自己的真实情况来回答。常用的量表有明尼苏达多项人格测验、卡特尔 16 种人格因素调查表、爱德华个人兴趣量表、大五人格因素测定量表、青年性格问卷、气质类型量表等。

2. 投射测验

投射测验是以弗洛伊德精神分析的人格理论为依据建构的。精神分析理论强调人的行为受无意识的驱动力影响，这种影响是潜在的，不易为人们所察觉，但是对人的心理和行为会产生很大的影响。投射测验一般由若干个意义模糊的刺激组成，被试可任加解释，使自己的动机、态度、感情和性格等在不知不觉中反映出来，然后由主试将其反应加以分析，就可以推论出若干人格特性。常用投射测验有罗夏克墨迹测验、主题统觉测验、句子完成法等。

3. 情境测验法

情境测验是主试在某种情境下观察被试的行为反应，进而了解其人格特点。情境测验可用于教育评价、人事甄选上，前者如性格教育测验，即用客观的测量工具鉴定人的诚实、合作、友爱、负责等品格；后者如情境压力测验，设计一种特定的情境，使被试产生并面临情绪上的压力，然后由主试观察、记录被试是如何应对的，从而了解他的人格特质。

（二）大五人格量表

大五人格量表是在人格研究领域被使用最多的人格量表之一，是麦克雷和科斯塔在塔佩斯等人提出的五因素模型基础上编制而成的。五因素分别是外倾性、开放性、尽责性、宜人性和神经质五个因素。这五个因素分别反映了人格的一般心理倾向、智能性倾向、对规则认同与遵循倾向、人际关系性倾向和情绪反应倾向，它们所描述的人格特质具有普适性，不因语言、文化、种族等的不同而不同。

1. 外倾性

外倾性包含热情、乐群性、独断性、活力、寻求刺激和积极情绪六个子维度，反映人际互动的数量和密度、对刺激的需要以及获得愉悦的能力，可以用人际的卷入水平和活力水平两个品质进行衡量。其中，人际的卷入水平主要评估个体喜欢他人陪伴的程度，活力水平反映了个体的节奏水平。外倾性水平较高的个体通常喜欢社交、喜欢运动、喜欢冒险，在一个群体中常表现出健谈、热情、自信的特点，喜欢引人注意。外倾性水平较低的个体通常比较安静、谨慎，不喜社交，喜欢独处，相对孤立。正因为这些特征，他们可能会被误解为傲慢或者不友好。

2. 开放性

开放性包含想象、审美、情感丰富、求异、创造和价值观六个子维度，反映个体对新奇事物的兴趣和敏感程度。经验开放性高的人比较关注新事物，具有较高创造力，好奇心和求知欲更强。因此，开放性的人通常偏爱抽象思维，兴趣广泛，保持上进心；而封闭性的人更讲求实际，偏爱常规，比较传统和保守。

3. 尽责性

尽责性包含能力、条理性、责任感、追求成就、自律和审慎六个子维度，反映个体自我控制的程度与推迟需求满足的能力。高责任心的人往往更能获得他人的信赖，低责任心的人控制力差，易冲动。

4. 宜人性

宜人性包含信任、坦诚、利他、顺从、谦逊和同理心六个子维度，反映个体对其他人所持的态度。宜人性高的人对人性持乐观的态度，相信人性本善，能与人合作，信赖他人。宜人性低的人则把自己的利益放在别人的利益之上，甚至不关心他人利益，也不愿意主动帮助他人。

5. 神经质

神经质又称情绪稳定性，包含焦虑、敌意、抑郁、自我意识、冲动性和脆弱性六个子维度，反应个体情绪调节能力，以及个体体验消极情绪的倾向。高神经质个体有心理压力、不现实的想法、过多的要求和冲动，更容易体验到愤怒、焦虑、抑郁等消极情绪。他们对外界刺激反应比一般人强烈，对情绪的调节和应对能力比较差，经常处于一种不良的情绪状态下，并且这些人的思维、决策，以及有效应对外部压力的能力比较差。相反，低神经质个体较少烦恼，较少情绪化，比较平静。[①]

（三）大学生健全人格的标准

国内外研究者提出健全人格包括三个方面：① 个体内部和谐发展，并且能够及时调整自我与外部世界的关系，达到内外部和谐一致；② 个体能正确处理人际关系，在日常交往中既能保持独立思考，又能使自己的行为与他人协调一致；③ 个体能够把自己的智慧和能力有效运用到事业发展中。

---

① 彭聃龄：《普通心理学》（第 5 版），北京师范大学出版社 2019 年版，第 457 页。

大学生人格发展具有年龄和时代特征，大五人格模型有利于大学生的全面发展，有利于大学生自我对照，有利于大学生健全人格的培养。根据大五人格模型，对大学生健全人格提出以下标准：① 具有社会适应能力的意向和性格表现（外倾性）；② 有爱心和同情心，尊重他人，不以自我为中心（宜人性）；③ 责任心强，要求人格特质与人品的统一（责任性）；④ 用理性调控非理性，受制于理而不受制于情（情绪性）；⑤ 不断获得新知和探索未知，创造性地面对社会（开放性）[1]。

三、心理行为活动设计

（一）活动名称：大五人格

大五人格活动通过让学生给五个方面人格打分的方法，帮助学生正确认识自己的人格，将五个分值连线，引导其觉察到自己的人格现状和存在的不足，以及人格对自己的学习、生活和人际交往的影响。

（二）活动设计

1. 引导行为

（1）每人找到本教材上的《大五人格轮图》和《大五人格轮简易图》（图 11-1、图 11-2）。

大五人格轮
彩图

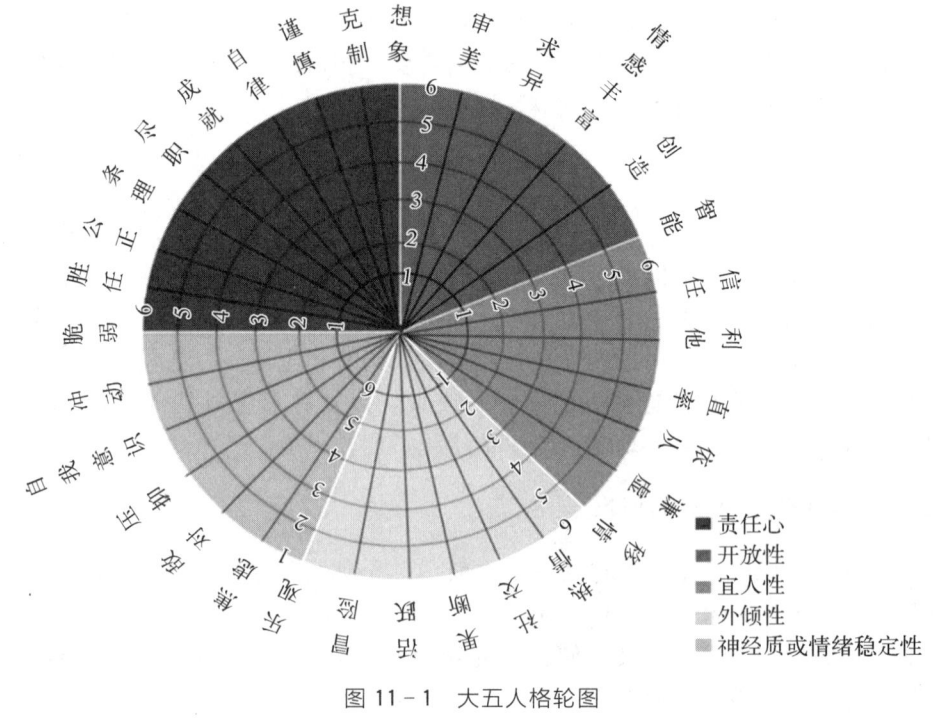

图 11-1　大五人格轮图

---

[1]　支富华：《人格五因素模型研究述评》，《社会心理科学》2002 年第 2 期，第 12—15 页。

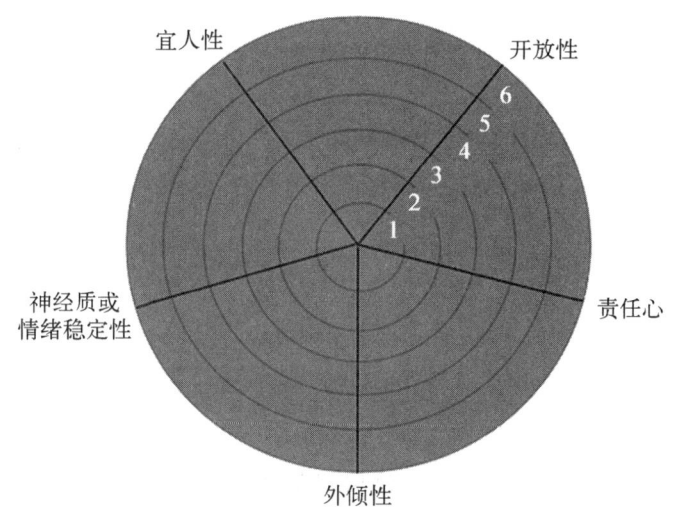

图 11 - 2 大五人格轮简易图

（2）每人对图中对应的开放性、责任心、外倾性、宜人性、神经质或情绪稳定性五大项内容的所有小项逐一进行 0～6 分自我打分。

（3）按顺序连线五个方面的每小项的分值。

2. 引导思考

（1）察觉自己的人格现状，五大项中哪项分值最高？其中哪几小项分值最高？它给你的学习、生活和人际交往带来了怎样的影响？你准备今后怎样更好地发挥它们的作用？

（2）你的五大项中哪一项分值最低？其中哪几小项分值最低？它给你的学习、生活和人际交往带来了怎样的影响？你对它有什么新的思考和打算吗？准备今后怎样更好地规避负面的影响？

3. 引导行为

请针对自己的大五轮凹陷部分，制订成长改变计划，为顺利完成大学学业、实现人生理想奠定健康人格基础。

4. 冥想

冥想改变提升后的自己。

（三）道具准备

音乐《钢琴与波浪》。

四、体验感悟分享

两人一组进行分享。然后自愿在班级分享，给在班级分享者所在小组加分。

你在大五人格轮上分值最低的是哪一项？你希望自己的人格更加健全吗？如果要做到这一点，你需要改变些什么，计划怎么做？

五、教师总结点评

（一）遨游心灵的海洋，读懂独特的自己

人格测评可以帮助我们更客观地了解自己的人格特征，掌握自己的人格优势，分析哪些性格优势可以尽情地发挥其在自己学习、生活、人际交往、兴趣爱好中的积极促进作用，最大可能地挖掘其潜能，让优势发挥到极致，成为自己人生的最长项和突出优势。掌握自己的人格优势还可以了解这些优势人格特质适合于哪些行业、哪些领域、哪一类的团队，明确自身定位，明确未来工作、就业的方向，避免过高或过低的盲目心态，节省就业成本，实现人职匹配。

（二）掌握塑造健全人格的方法，让自己的人生更出彩

健全人格的塑造，要从知、情、意、行多角度全方面进行锻炼培养。具体来说：

（1）树立积极的人生态度。人生要务实，脚踏实地，从实际出发，不虚度光阴。

（2）提高自我认知。学会悦纳自我、悦纳他人和悦纳现实。在生活中，不苛责自己，也不放纵自己；学他人之长，容他人之短。

（3）增进人际和谐。渴望友谊和归属是人的本能，学习必要的沟通技巧，提高人际交往能力。

（4）增强抗挫能力。了解世界是多样复杂的，学会从失败中总结人生经验，勇于迎接生活的挑战。

六、活动效果强化

（1）成长宣言（全体起立，高呼三遍）："我愿意改变自己，我一定会有健全的人格！"

（2）个人作业：制订个人人格完善三年成长计划。

（3）小组活动：分享提升自己大五人格分值最低部分的规划。

七、拓展阅读参考

九　型　人　格

九型人格，又名性格形态学、九种性格。它根据活跃程度、规律性、感兴趣的范围、反应的强度、心理的素质、分心程度、专注力范围/持久性等性格特质，将人的性格分为九种：

1号完美主义者：完美者、改进型、捍卫原则型、秩序大使

2号助人者：成就他人者、助人型、博爱型、爱心大使

3号成就者：成就者、实践型、实干型

4号艺术型：浪漫者、艺术型、自我型

5号智慧型：观察者、思考型、理智型

6号忠诚型：寻求安全者、谨慎型、忠诚型

7号快乐主义型：创造可能者、活跃型、享乐型

8号领袖型：挑战者、权威型、领袖

9号和平型：维持和谐者、和谐型、平淡型

九型人格除了性格的九种形态外，还有人格的健康状况，总共有九级。健康的阶梯有第一、二、三级，一般的有第四、五、六级，不健康的有第七、八、九级。最健康的是第一级，最差的是第九级。

人格最健康的时候，随时有人格整合的可能，例如第九型人出现了第三型的特征，由原本的内向保守，变得充满活力，基本欲望得到满足。健康的人格令人活出真我，心理平衡，可以充分发挥自己的潜能和能力对社会作出贡献。

人格不健康时，可能导致人格陷落，如第五型人出现了第七型的缺点，如失控、信口开河和生活奢侈等。严重的会导致精神病，甚至自毁。当人格于极健康和不健康的时候，都会出现整合和陷落的现象，这会导致错误地判断人的基本人格，尤其是极健康的时候。

知识窗："真我"与"假我"

总的来说，人格具有两个独立的升华、恶化方向圈：

第一条：1→7→5→8→2→4→1

第二条：3→6→9→3

顺向为人格升华方向，逆向为人格恶化方向。例如一个2号心理健康时，便会同时出现4号的心理健康特征；若一个2号心理不健康时，便会出现8号的心理不健康特征，如此类推。第二条内也如此类推。

人格升华的整合方向及其素质获得的提升表现：

1→7：放下拘谨，宽容乐观，敢于尝试，获得"开朗"；

7→5：减少冲动，处事冷静，深入思考，获得"理智"；

5→8：坚强勇敢，果断自信，言出必行，获得"威信"；

8→2：热情友善，乐于助人，心胸开放，获得"纯真"；

2→4：坚持心愿，自我享受，爱人爱己，获得"谦卑"；

4→1：安分守己，是非分明，客观冷静，获得"平衡"；

3→6：尽责细心，三思后行，忠心耿耿，获得"忠诚"；

6→9：随遇而安，放下焦虑，信服别人，获得"信任"；

9→3：目标明确，勤快积极，自我挑战，获得"果断"。

第三节 人 格 发 展

导入案例

小C，女，21岁，大四学生，抽烟、喝酒。人际关系较好，容易被人接纳。她是家中独女，爸爸妈妈都是大学后勤工作人员。小时候与姥姥一起住，姥姥脾气暴躁但对

她很好。妈妈在她小时候经常打骂她，打完之后又会抱着她哭。爷爷和爸爸都喜欢家暴，尤其是爸爸一喝酒就打她和妈妈，而妈妈在爸爸面前很软弱。初中时被同性歧视、霸凌。大二时候因为失恋，多次自杀，被确诊为抑郁症，后检查为双向情感障碍，一直吃药。当时因为好朋友去外地工作而要求休学，被父母和辅导员送去做咨询和治疗，后来被诊断为边缘型人格障碍。

小 C 属于哪种易感性人格？什么原因导致了小 C 的边缘型人格障碍？如何帮助小 C 调整和改善其人格？

一、学习目标

（1）掌握人格偏差和人格障碍的基本概念。

（2）了解人格障碍的分类标准。

（3）认识人格优势与成长，学会完善和发展人格。

二、心理动能解析

（一）人格易感性

易感性指的是使个体容易受到外显的或潜在的威胁伤害的人格特征，在遇到消极环境的刺激后个体更容易表现出心理症状。人格易感性的形成受遗传基因的影响。进化心理学认为，在面对不确定的未来环境时，人类会采取"两头下注"的策略，使一些子代具备某种易感特质，而另一些子代不具备这些特质，从而表现出更大的环境适用性。

1. 抑郁易感性人格

抑郁易感性人格是指那些与外界压力交互作用使得个体更易于罹患抑郁症或者抑郁情绪持续增长的个体稳定的人格特征。易感性—压力模型认为，每个人都在不同程度上具有罹患抑郁症的内在易感性，患病可能性则取决于易感性和个体遭遇的应激之间的交互作用。

2. AB 型人格

福利曼和罗斯曼提出的 AB 型人格被称为心脏病易感性行为方式，也属于一种人格易感性。A 型人格的人更容易患心脏病及心血管疾病，B 型人格的人相对不容易。A 型人格的特点是：性格急躁，缺乏耐性；成就欲高，上进心强，有苦干精神，工作投入，有时间紧迫感和竞争意识，动作敏捷，说话快，生活处于紧张状态；社会适应性差，属于一种不安定型人格。B 型人格的特点是：性情温和，举止稳当，对工作和生活的满足感强，喜欢慢节奏的生活，可以胜任需要耐心和谨慎思考的工作。

（二）人格偏差与人格障碍

人格偏差在专业上通常叫作人格问题。轻度的人格偏差是大多数人都会有的，发展中的人格偏差问题，一般可以完全矫正。临床上医生会把某些更严重的偏差诊断为人格障碍。

人格障碍是指明显偏离正常且根深蒂固的行为方式，具有适应不良的性质，其人格在内容上、质上或整个人格方面异常，由于这个原因，病人会遭受痛苦或使他人遭受痛苦，给个人或社会带来不良影响。人格障碍通常开始于童年期或青少年期，并长期持续发展至成年甚至终生，其表现具有跨时间和情境的一致性。患者虽然没有智能障碍，但因为适应不良的行为模式难以矫正，仅少数患者在一定程度上有所改善。人格障碍的诊断，要求年龄在 18 岁以上。

1. 人格障碍的分类标准

贝克等人根据核心症状的共性表现，把第五版《精神障碍诊断与统计手册》（DSM-5）中列出的 10 种主要人格障碍类型分为 3 组：

（1）A 组人格障碍，亦被称为奇怪或古怪组。患者的症状表现接近于精神分裂症，但不像精神分裂症患者那样完全脱离现实，患者在一定程度上保持着现实检验能力。他们的言行会显得偏执或怪异，有些人甚至还存在一些异常的信念或感知，但是没有达到妄想或幻想的程度。第五版《精神障碍诊断与统计手册》将偏执型人格障碍、分裂样人格障碍以及分裂型人格障碍归入 A 组人格障碍。

（2）B 组人格障碍。以戏剧化、情绪化、怪僻行为为特征，亦被称为戏剧化情绪人格障碍。情绪方面的特异性是 B 组人格障碍的核心特征。情绪极端或缺乏必要的情绪反应，以及因这些情绪上的大起大落导致的行为异常，是这类障碍患者的特点。B 组患者有更多的自我伤害行为或想法，经常出现在急诊，更容易与物质滥用共病。第五版《精神障碍诊断与统计手册》将反社会人格障碍、边缘型人格障碍、表演型人格障碍、自恋型人格障碍归入 B 组人格障碍的范畴。

（3）C 组人格障碍。与 A 组人格障碍的认知异常，以及 B 组人格障碍患者的情绪异常相比，C 组人格障碍更为典型的特征是行为异常。例如回避型人格障碍在行为上与他人的主动隔离；依赖型人格障碍患者在行为上力图与他人过度靠近；而强迫型人格障碍患者过于严格地遵循行为规范。这三类人格障碍都以焦虑及相伴的行为异常为特点，被第五版《精神障碍诊断与统计手册》归入 C 组人格障碍的范畴。

2. 人格障碍的调整和改善

人格障碍因为有相对稳定的认知和行为模式基础，改变起来并不容易，但并不是说人格障碍无法改变。内斯塔特等人针对人格障碍进行的追踪研究发现，反社会型、回避型、边缘型、表演型和分裂型人格障碍有中等程度的稳定性，而其他人格障碍的稳定性并不高。斯科多尔通过严谨的前瞻性研究得出结论："人格心理的病理性症状会随着时间的推移得到改善，其改善的速度出乎人们的意料。"很多研究均发现，多种心理治疗都对人格障碍治疗产生了良好的效果和中等程度的效应量，因此，如果你发现自己或者周围的朋友存在某些人格偏差，简单给自己或他人贴一个人格障碍的标签没有任何意义。充分了解相关信息，建立改变的信念，寻求专业的心理治疗，才是有效的应对方式。

（三）人格优势与成长

1. 识别优势

积极心理学家彼得森和塞格利曼从上百种人格特质中发现了 24 种优势人格，并归纳为六大美德，我国学者对此进行了本土化研究，得到了相似的结论。中国学者段文杰等人归纳出中国人的三大美德，分别是亲和力（包括仁慈、团队精神、公平公正、爱与被爱、真诚、领导力、宽容、感恩等）、生命力（包括好奇、激情、创造力、洞察力、希望、社交智力、发现美的能力、勇敢信念等）、意志力（包括判断力、审慎、自我调节、坚持不懈、谦虚等）。安杰拉·达克沃斯把优势和美德分为三个集群，分别是内控（包括坚毅和自控力）、人际能力（包括感恩、社交智慧和对愤怒等情绪的自控能力）、智慧（包括对事物保持好奇心、强烈的兴趣、开放）。这些优势人格特质对幸福感、生活满意度、积极情绪及身心健康都有积极的影响。

2. 发挥优势

心理学家认为，每个人都拥有优势人格力量，但是每个人最常用的标志性优势人格并不相同。积极心理学家认为，如果人们把目标定在发挥自己的优势人格上，要比执着于弥补不足，更有利于实现长久的幸福和健康。因此，找到属于自己的标志性优势人格，并在生活中努力加以运用，真正做自己擅长和有优势的事情，人们就能够提高幸福感水平。

三、心理行为活动设计

（一）活动名称：破洞水杯

通过在纸杯上钻洞，学生可以更深入地去思考自己的人格，了解自身人格的偏差，以及思考导致人格偏差的原因，并学会形成健康人格的方法。

（二）活动设计

（1）给每一个成员分发一个纸杯，然后通过冥想的方法让成员对自己的人格进行深入思考。

（2）让成员把纸杯想象成自己的人格，用笔在纸杯上打洞，用洞的大小代表人格偏差程度，并在洞的旁边写上这个洞代表的内容。

引导思考：每打一个洞，思考这一人格偏差给自己带来的困扰和感受。

（3）把水杯收集到每个小组的箱子里，每个人随机拿一个，并与小组同学分享纸杯上的内容，让大家去猜这个人是谁。

（4）如果猜对了，大家针对他的人格偏差进行讨论，帮助其找到调适这些偏差的方法，并说一些他身上比较好的人格表现。

（5）如果没有猜对，大家可以帮助他正确认识自己，找出被猜测者的真实特点。

引导思考：为什么别人眼中的你跟自己认为的不一样？

（三）道具准备

纸杯、笔、剪刀，音乐《夜空的寂静》。

四、体验感悟分享

（1）人格偏差的内容有哪些？

（2）人格偏差可能的诱因（家庭、学校、社会等）是什么？

（3）人格偏差给自己带来了哪些困扰和感受？

（4）常用的调适人格偏差的方法有哪些？

五、教师总结点评

（一）洞察不完美的人格，照见自己

人天生是不完美的。心理学家荣格曾说：每个人都有"人格阴影"，阴影是邪恶的存在，但是，很多人只能接受自己美好的一面，对黑暗、恶劣的一面视而不见。在你奋力向前跑、想变得更优秀的同时，人格中的劣根性也在背后一步步拖后腿。长久以往，终有一日，你将被虚假的表象蒙蔽，陷入危机而不自知。认识自己的最终目的，是对自己有一个完整的认知。只有认识到自己人格中的劣根性，去层层剖析它是什么，为什么存在，知道它对你的学习、情感关系、社交方式带来哪些不利的影响，才能对症下药，遇见更好的自己。

（二）面对自身的不完美，健康生活

华为 CEO 任正非在采访中说："我这一生就是短的，我只做长我这块板，我再拼别人一块长板，拼起来就是一个高桶了。"他还说："完美的人，就是没用的人，一看这个人总是追求完美，就知道他没有希望。"人人都有缺点，有缺点很正常，不要妄图去改正所有的缺点做个完美的人，要把精力放到自己的优点上，最大限度发挥自己的长处。可是现实中，我们都很难接纳自己的缺点，我们会通过压抑、自责或合理化等方式来掩盖自己的缺点。如何面对自己的缺点呢？美国心理学家爱丽丝·博伊斯在《真正的接纳，就是爱上不完美的自己》一书中，提供了一些建议：

第一，认清一个基本事实：没有人生来完美。从发展的视角来看人的一生，每个人都是从弱小中不断获得成长，才逐渐变得强大起来的。因此，任何的不足、短板、缺点都有可能长期伴随着我们。"科学天才"爱因斯坦曾被老师怀疑有智力缺陷，美国总统林肯也曾因口吃而被人嘲笑。然而，他们都没有因此否定自己的价值。

第二，了解"不接纳"背后的深层动机。我们之所以不接纳自己，是因为我们的潜意识告诉我们——你需要成长。例如，如果我们天生就五音不全，只要不影响自己的正常生活、学习和工作，就没必要去弥补音乐这块短板。我们需要做的是用全部精力，把自己的长板做得足够长。

第三，寻求人格认知的升华和超越。著名心理学家荣格认为："如果我们能承认和接纳人格中的阴影，就会对精神生活产生不可估量的影响。"当我们接纳自身的不完美的时候，那个一直指责自己的声音就会消失，我们就能获得最宝贵的勇气。当我们原谅自己的时候，自然就会与自己和谐相处。升华对人格的认知，接纳自己的不完美，把有限的精力用在发挥自己的特长上，成为一个健康快乐、积极向上、有价值的人。

（三）接纳不完美的别人，和谐人生

世界上不存在完美的人，你我皆凡人，谁都有缺点。一个总是揪着别人的错误不放、放大别人的缺点的人，大多数是为了宣泄自己的情绪和优越感。真正有教养的人，都懂得善意包容。就像孔子说的："君子和而不同，小人同而不和。"杨绛先生在《我们仨》里写道，钱锺书身上有一种"痴气"，一心钻研学问，家务事一概不知。有一次钱锺书说："我把墨水瓶打翻了，把房东家的桌布染了。"杨绛说："不要紧，我会洗。"钱锺书不相信，说："那是墨水呀。"杨绛说："墨水也能洗。"还有一次钱锺书说："我把台灯砸了。"杨绛也说："不要紧，我会修。"正是因为一次次接纳钱锺书的缺点，才成就了他们和谐美满的婚姻。当看到别人的不完美，并能够真正接纳时，美好的生活、和谐的人际关系就会来到身边。

六、活动效果强化

（1）成长宣言（全体起立，高呼三遍）："我一定养成良好的人格品质！"

（2）个人作业：制订人格训练计划表（表 11-1），每天对照一下表格，做到了所列的人格特征就在相应的地方画对号，如果没有做到，则在方框里写出改进的方法，每周进行总结，直到所有的特征逐渐内化。

表 11-1 人格训练计划表

人格特征	周一	周二	周三	周四	周五	周六	周日	改进方法
积极								
勤奋								
认真								
坚持								
守时								
负责								
好学								
诚信								
宽容								
自信								

（3）小组活动：每人分享本周调适人格偏差的行为及效果。

七、拓展阅读参考

最有魅力的人格

一个真正具有人格魅力之人，其一言一行都是他人效仿的对象。这种人天生就具备领袖气质，会让人身不由己地选择相信他们。对比下面富有魅力的人格特质，可以帮助自己寻找努力的方向。

（1）热情开朗。对待每一个人，都表现得很真诚热情，让人很容易产生好感，对待每一件事物，都怀有包容之心，心胸豁达且开朗，不在意鸡毛蒜皮的小事。

（2）世事练达。懂人情世故之人，往往都明白"祸从口出"的道理，他们不随便表达自己的主观意见，并不是毫无意见，而是他们觉得时机不成熟不方便表达，用暗中观察的方式等待时机成熟。这类人看似沉默寡言，但大智若愚，从来不打没有准备的仗。

（3）懂控制情绪。有个人魅力之人，往往是心量广大的，能容下身边各种与自己意见相左之人，不会因为对方的攻击就轻易动怒，能团结身边所有的人为其所用。也正因为豁达开朗，他们能容下更多的人信服自己。此外，这类人不轻易动怒，人在动怒之时往往失去理智，对于事情的判断往往充满着武断。而武断是大忌。做大事之人无论在何时都能保持克制之心。

（4）真实。真实的人的情绪和感受都是发自内心的，别人与之相处起来也会觉得轻松和愉快，因为那是其真实所想。有魅力的人从来不会刻意伪装自己，他们忠于自己的情绪和感觉。

（5）温和谦虚。有人格魅力的人在与人交往的过程中，往往都表现出谦虚的心态，不骄傲不自大，待人友善温和，理解他人，让人如沐春风。

（6）善于赞美。心理学家威廉·杰姆斯说："人性最深层的需求就是渴望别人欣赏。"大家都喜欢听到赞美的话，一句真诚的赞美，会让人感受到莫大的温暖，因此大家更愿意与这种人相处。

（7）乐观。一个乐观的人，不仅让人钦佩，也同样让人想要去靠近和接触。在面对挫折时，别人或许会垂头丧气，但是乐观的人总是能够看到事物更好的一面，并且激励自己与他人。在别人看来，这样的人似乎无所不能，似乎总是能够在困境中找出破绽。当然乐观与自大是两个概念，其中有一个很明显的界限。乐观的人很好地掌握了这个界限，让自己乐观又不自大。

（8）拥有共情能力。很多人之所以没办法成为朋友，就是因为彼此都没有共情能力。说白了，就是两个人话不投机。而有魅力的人拥有很强的共情能力，他们能够和别人感同身受，让对方觉得遇到了知己好友。善解人意或许是这些人最常用的方法，因为它可以给其他人带来情感上的支持。善于倾听，且能够为对方提供方法和经验，帮助对方脱离困境，这就是有魅力的人最优秀的地方。

（9）容易让人接近。这想必是给人感觉最好的一种特质，如果你在别人面前显得高高在上，说话难听，让别人无法接近，你的人格魅力就会大打折扣，所以我们要用平视的眼光去对待身边的每一个人。

（10）说话幽默风趣。一个有人格魅力的人，说话通常都是幽默风趣的，让人感觉非常的亲切。

（11）真诚。一段关系能否长久地维持下去，很重要的一点就是看是否真诚。无论是友情还是爱情，真诚地相处是两个人关系发展的基石。而有魅力的人都是心怀赤诚之人，他们从来不会想要靠谎言去从别人身上得到什么。和这样的人交往，我们内心会非常踏实，而且充满了安全感。他们坦率地表达自己的意图、价值观和信仰，从不掩饰自己的真实感受。

（12）感情细腻。感情细腻也是他们的一种特质。他们从来不以自我为中心，总能观察到身边人的细微需求和情绪变化，总能把对方照顾得妥妥帖帖。总之，他们可以用自己的感情去征服周围的一切。

（13）最懂得装傻。我们经常讲的难得糊涂，在他们身上体现得淋漓尽致。尽管他们有一肚子的学问，尽管他在你面前是一个专家，但是他们会非常的谦虚。真正富有人格魅力的人，并不是那些看上去很精明的人，而是尽管心如明镜，但总会装一些糊涂，看上去有些傻傻的，对人真诚得有时候让人心疼的人。

思考练习题

1. 简述人格的特征和结构。
2. 结合自身实际，谈谈人格形成和发展的影响因素。
3. 结合大五人格模型，分析自己的人格特点，谈谈如何塑造健全的人格。
4. 结合本章第三节导入案例，分析小 C 属于哪种易感性人格，并以老师的角度谈谈如何帮助小 C 调整和改善人格。

第十二章 生命与健康

　　人是这个世界上最奇特、最复杂的生命体。一个大学生带着困惑来到咨询室里找老师说："我从幼儿园到高中，父母和老师都告诉我要好好学习，考上大学就好了。我一直努力学习。可是等我上了大学，父母也不要求我学习了，老师也不盯着我学习了，我不知道要做什么了，感觉生活没有方向。除了学习，人生的意义在哪里呢？"这位同学说出了当下许多大学生的困惑。大学生对自己的生命充满好奇心——人为什么而活？人活着的意义是什么？人的生命价值是什么？大学生在生命历程中，除了会对自己的生命意义进行探索，还可能会遇到一些对心理造成严重打击的事情，如失恋、人际关系问题、重大疾病等，这些事情都会让人重新思考生命的意义，也可能给生命带来危机。本章通过体验式的活动，帮助大学生探索生命的意义，了解大学生可能存在的心理危机，并使大学生能够对心理危机进行及时有效的预防和干预。

第一节 认识生命

导入案例

　　一个大学生因为认真思考人生的意义，得出"人活着没有意义"的结论而跳楼自杀，部分遗书内容为：三年前，我问自己，一个人活着的意义究竟是什么？我不赞同社会上流传的几乎所有的观点，我认为它们要么太过于狭隘，仅仅适用于个人或某一小部分人；要么属于自我欺骗型的谎言；要么是找对了方向，但挖得不够彻底，没有找到根本。我把最后一种叫作"架空的理论"，它没有一个稳固的基础，只是一种凭空产生的说法。关于人生意义问题的答案，我自己也找到了一个，所以我死了。不仅如此，我认为所有人都不应该活（虽然这么说有点不好听，但是我却找不到一个有力的，让我活下去的理由）。

　　你认为生命的意义是什么？

一、学习目标

　　（1）认识生命及生命过程，了解生命的意义。

　　（2）了解死亡，学会面对死亡的恐惧和焦虑。

　　（3）珍惜生命，合理规划人生，使生活更丰富、更有意义。

二、心理动能解析

（一）生命及过程

一个人的生命始于受精卵，终于生物学意义上的死亡。大约有几千万到上亿个精子从父亲的体内射出，但大约只有 100 个精子能够穿越重重障碍，到达母亲体内的卵子附近，而这 100 个强大的精子中，最终只有一个精子能够幸运地刺破卵子的外膜，与卵子结合，形成受精卵，受精卵在母亲的子宫中，经过 280 天左右的孕育，形成一个全新的生命。

人的生命可以分为三种形态：① 生物性生命。人是作为自然生理性的肉体生命而存在的。生命的自然活动主要包括新陈代谢、生长、发育、遗传、变异、感应、运动等。② 精神性生命。人有高于动物的意识活动，有超越生物性生命的精神世界。人不但要思考如何活下来，还要思考如何更好地生活。③ 价值性生命。每个人在一生中都要思考诸如"为何活着"的问题，这些问题是人对于生命意义发自内心的追问，是人对生命价值的一种诉求。人的价值性生命为人的生存夯实了根基，加足了动力。①

（二）生命的意义

生命的意义到底是什么？这个问题没有统一的答案。作家麦家说："我并不怕犯错，搞不好会在其中一条冤枉路上，找到人生的目标。"大量研究都证明，生命意义不仅对个人的生存十分重要，也是健康和幸福不可或缺的元素。心理学家弗兰克尔提出了生命意义理论，该理论认为人类需要生命意义，并且具有追寻生命意义的动机，会不断去发现生命的意义与目的。如果人们不能感受到值得为之而活的意义，就会陷入存在空虚。这种存在空虚可能会产生三类问题：第一类问题是心灵性神经官能症，包括抑郁、攻击和成瘾；第二类问题是以对权力、金钱和享乐的追求代替了对生命意义的追求；第三类问题是自杀，这也是存在空虚最严重的问题。

大学阶段正是人对生命充满迷茫、好奇并进行探索的阶段。大学生探索自己生命的意义，可以使自己的生活更为充实和丰盈，也可以促进自身的身心健康发展。

研究人员发现，生命的意义来源于五个主要领域。① 物质主义：通过动物、财产、专业上的成功、财务、自然、休闲活动、性体验、健康和体育来寻找意义。② 自我成长：通过自我弹性、自我洞察、自我接纳、创造性地自我表达、自立、达到日常目标和自我照顾来寻找意义。③ 社交：通过与家人和朋友连接、归属于特定社区、为社会做出贡献和照顾孩子的感觉来寻找意义。④ 超越性：通过追求生活中的目的、个人成长、自我发展、生命的有限性、正义和道德、宗教和灵性来寻找意义。⑤ 现世存在：通过自己的独特性、活在当下、与他人和世界连接及自由找到意义。对我国大学生来说，最主要的生命意义的来源可能是自我成长。

---

① 方晓义、夏翠翠：《大学生心理健康教育》，人民邮电出版社 2022 年版，第 230—231 页。

（三）如何面对死亡

1. 面对死亡的恐惧和焦虑

个体在长大成人的过程中，任何有关死亡的线索，如学习上的重大挫折，未能实现重要的目标，或人际交往中的心碎经历，都可能导致死亡焦虑浮出水面。不仅如此，人们还倾向于将某时期的终结与死亡相联系，并因此遭受情感上的痛苦、悲伤或存在性恐惧。其他的如意外事故、疾病、衰老，以及听闻他人的死亡等，也都往往会破坏个体的安全感，引发潜在的死亡焦虑。那些能让个体意识到时间在流逝的事情，如生日、节日和其他特殊场合，也可能会唤醒个体在儿童时期第一次意识到死亡时被压抑的潜意识恐惧。

大多数人在面对死亡焦虑时，倾向于采取否认和逃避的态度，但这在某种程度上导致了个体的适应不良，以及自我同一性和自由的部分丧失。不幸的是，一个人无法在不损失生命完整体验的情况下，规避情感上的痛苦和压抑存在性焦虑。因此，防御性的应对方式总是会对个体造成伤害。当存在性焦虑浮现时，更为理想的解决方案是花些时间直面死亡的现实，识别并表达出伴随而来的恐惧、悲伤或愤怒；与朋友或同事谈论死亡焦虑，或者通过心理学/哲学课程、线上研讨会等方式让自己的情绪自由流动，可能会有额外的帮助。

2. 丧失与哀伤

丧失是人成长过程中必然会出现的现象，比如亲人的去世常常是重要的客体丧失。丧失可能会给人带来创伤。当我们失去生活中重要的人时，会体验到哀伤的情绪。哀伤是一种复杂且难以被理解的情感，是修复创伤所必需的，在这个过程中，哀伤者逐步面对亲人离开的事实，放弃对失去的亲人的紧密情感，逐步回归正常的生活。如果丧失没有处理好，哀伤没有完成，未解决或延长了的悲伤就会让丧失者长时间处于悲痛中，跟现实中的亲人失去联系，而活在与逝去亲人的情感连接中。

美国心理学家伊丽莎白·库伯勒-罗丝提出，哀伤包括五个阶段：

第一，否认。否认丧失的事实，不愿意承认事情发生在自己身上。在得知噩耗发生的最初，很多人的第一反应就是：不可能！这不是真的！一定是别人弄错了！用否定来拒绝不幸的现实。

第二，愤怒。在确定不幸真的发生后，人们会变得愤怒和指责。他们想不通，为什么这样的遭遇会降临到自己头上。愤怒可能针对别人，也可能针对自己，甚至指责别人，把情绪强加给他人。

第三，讨价还价。愤怒过后，很多人会进入讨价还价的阶段。他们自责、后悔、懊恼，认为如果当时自己没有吵架，爱人或许就不会出走；如果当初劝妈妈早点体检，就不会出现病危等。他们设想出很多假设，希望时间能倒流，以弥补损失。

第四，抑郁和消沉。这是人们在丧失重要的人的时候都会经历的阶段，也是个人比较难过的关口。在这一阶段，人们表现得意志消沉、无精打采、郁郁寡欢、对任何事情都提不起兴趣，只是一味沉浸在悲伤之中。表面看，好像他已经颓废到极致，然而物极必反，这其实是他开始好转的表征。

第五，接受。这是哀伤的最后一个阶段，在这个阶段，人们开始慢慢接受现实。虽然他们还会悲伤、痛苦，但只有接受了事实，疗愈才可能真正发生。

并非所有的人在哀伤时都要经历这五个阶段。有的人由于感到丧失太痛苦，会一直否认丧失的事实，比如通过麻痹自己，回避悲痛和伤心的感受；有的人则认为自己应该坚强，而不应该表现出脆弱的姿态，于是装作什么事情都没发生。此外，有的人可能在某一个阶段很快就过去了，但是有的人可能需要好几年的时间才能走出来，所以多花一些时间是正常的。长时间哀伤可能会引起长期悲伤障碍，如果长期无法从中缓解出来，建议及时寻找专业的心理健康机构咨询。

三、心理行为活动设计

（一）活动名称：我的人生

回顾自己的过往，学生可以感悟生命的意义。

（二）活动设计

1. 放松身体
请大家调整一个舒服的姿势坐着，闭上眼睛，全身放松。
2. 回忆人生
回忆从出生、到孩童时期、小学、中学和大学的时光。冥想 5 分钟。
3. 引导感受
在你之前的近 20 年中，有哪些令你激动的事情？有哪些高光时刻？有哪些值得你难以忘怀的成功？有哪些不堪回首的往事？有哪些未被满足或痛苦的瞬间？
4. 生命波浪
（1）每人发一张 A4 纸（睁开眼睛）。
（2）标注重要事件。请同学们在 A4 纸的中间画一条水平线作为基准线。水平线以上为记忆中曾经发生过的开心的事情，水平线以下为记忆中不开心的事情。标注对自己有重要影响的事件以及发生时间。
（3）展望未来 20 年。继续闭上眼睛，冥想 20 年后自己的生活，你可能在哪个城市工作/生活？你从事什么工作？会不会已经有了丈夫/妻子？会不会已经有了孩子？会不会事业已经有成？
（4）在未来的 20 年中会发生哪些重要事件？这些重要事件对自己有什么影响？请按照之前的要求在纸上画出来（睁开眼睛）。
5. 引导思考
（1）你想要给后人留下什么？你想让后人记得你哪些事迹或特质？
（2）你认识到的生命的意义是什么？

（三）道具准备

笔、A4 纸或稿纸。

四、体验感悟分享

（1）回顾自己的前二十年，哪些记忆深刻的故事深深影响着自己？有哪些印象深刻的经历激发自己奋进？

（2）你觉得怎样度过自己的一生才有意义？

五、教师总结点评

（一）认识生命，珍惜生命

每个人的生命本身都是一个奇迹，生命的产生是一个极小概率的事件，生命的产生也是一个非常奇妙和神奇的过程。生命是如此的来之不易，值得我们每个人好好珍惜。然而，很多人健康时，意识不到生命的珍贵。接近死亡的时候，才会珍惜生命。

葡萄牙伟大的诗人费尔南多·佩索阿曾说："除掉睡眠，人的一辈子只有一万多天。"在有限的人生中，怎么爱惜自己的生命呢？可以从以下几方面开始：① 独立思考、学会分辨是非、坚守原则，远离危险的人和事；② 保持运动、磨炼你的意志、强健你的身体、增强免疫力，让病毒无法侵入你的身体；③ 科学饮食、学会自律；④ 做自己觉得有意义的事情，体验生活的乐趣，拒绝抑郁；⑤ 对人生抱以积极向上、认真负责的态度，学会活在当下。

（二）人生有意义，人才会快乐

我们只有不断追求快乐，人生才有意思。然而，追求快乐的人却无法真的快乐，有意义的人生才是真正的快乐源泉。心理学家马丁·赛里格曼说：意义来自归属感、致力于超越自我之外的事物，以及从内在发展出最好的自己。研究指出，有人生意义的人适应力也会比较强，他们在学校及职场的表现较佳，他们甚至活得比较久。《意义的力量》一书作者、美国作家艾米莉·伊斯法哈尼·史密斯花了五年时间，访谈了数百人，阅读了数千页的心理学、神经科学及哲学著作，总结出人生意义的四大支柱。

第一根支柱是归属感。归属感来自你与他人的关系，是一种你与他人在本质上彼此相互珍惜的感觉。但有些群体或关系，提供的是廉价形式的归属感，你被重视是基于你所相信的事物、你对人的好恶，而不是你的本质。真正的归属感源自爱。它存在于个体间共处的时光当中，且它是一种选择——你可以选择与他人培养归属感。对很多人来说，归属感是人生意义的重要来源，尤其是自己与家人及朋友之间的联结。

第二根支柱是目标。找到你的目标，并不是指找到让你快乐的工作。目标的重点是你能给予什么，而不是你想要什么。对很多人而言，这是通过工作来达成的，那是我们做出贡献和感到被需要的方式。但这也意味着，诸如无心工作、失业、低劳动参与率等议题，不仅是经济问题，也是存在主义问题。人们若没有值得去做的事，就会挣扎折腾。当然，你不需要从工作中找到目标，但目标能让你有活下去的意义，是驱使你向前行的理由。

第三根支柱是超然。超然的状态是很少见的时刻，在这个时刻中，你超脱了日常生活的喧嚣扰攘，自我渐渐消退，你会感觉到和更高的现实产生连接。有一项研究是让学生看 200 英尺高的柠檬桉树一分钟之后，他们会表现得不那么以自我为中心，若给他们机会去帮助别人，他们的行为也会变得更慷慨。

第四根支柱就是说故事。你告诉你自己关于自己的故事。用你人生中的事件来创造一个故事，能让你看得更清楚。它能协助你了解你是怎么变成你的。但我们通常没发现，我们故事的作者就是自己，且我们可以改变说故事的方式。你的生命并不只有一连串的事件。即便你被事实给限制住，你仍可以编辑、诠释、再重新述说你的故事。

六、活动效果强化

（1）成长宣言（全体起立，高呼三遍）："生命的意义靠自己挖掘；生命的谜团靠自己探究；生命的刀锋靠自己磨砺；生命的火花靠自己点燃。"

（2）个人作业：写一写，你最希望自己的座右铭上有哪些有意义的内容。

（3）小组活动：每人分享自己的座右铭。

七、拓展阅读参考

生命意义感测评问卷

中文版人生意义问卷简称 C-MLQ，是由中国心理学研究者王孟成、戴晓阳在美国学者迈克尔·斯蒂格等人编制的人生意义问卷的基础上，翻译并进行本土化修订而形成的，可测量人生意义体验和人生意义追寻，前者是指个体目前所体验和知觉自己人生有意义的程度，后者是指个体投入建立或扩展自己对人生意义理解的活动的强度。

问卷指导语：请根据下面描述的内容与自己实际情况相符合的程度进行评分，如果完全不符合，请选 1；很不符合，请选 2；稍不符合，请选 3；不确定，请选 4；稍符合，请选 5；很符合，请选 6；完全符合，请选 7。答案没有对错之分，请根据您的实际情况作答。

1. 我很了解自己的人生意义。

2. 我正在寻找某种使我的生活有意义的东西。

3. 我总是在寻找自己人生的目标。

4. 我的生活有很明确的目标感。

5. 我很清楚是什么使我的人生变得有意义。

6. 我已经发现了一个令人满意的人生目标。

7. 我一直在寻找某样能使我的生活感觉起来是最重要的东西。

8. 我正在寻找自己人生的目标和"使命"。

9. 我的生活没有很明确的目标。

10. 我正在寻找自己人生的意义。

第二节　心 理 危 机

　　小 D，男，20 岁，某高职大二年级学生。父亲为事业单位员工，母亲为小学教师，生活水平良好。家中有 1 个妹妹，兄妹相处和谐。由于父亲工作单位离家较远，且平时工作较忙，对小 D 生活关注相对较少，他主要由母亲负责照顾，受母亲影响较大。父母对小 D 总体评价为性格温顺，听话乖巧。由于与女朋友吵架分手，小 D 于次日凌晨一点，在宿舍发生自残行为，其脖子、左右手腕处均有小刀划伤，其室友发现后马上告知辅导员老师，并立即拨打 120 送至医院急救。辅导员在第一时间了解情况后，立即向学院领导汇报，并赶到医院，同时联系小 D 的父母，督促小 D 的父母来探望小 D。市人民医院的诊断结果为：轻度焦虑、中度抑郁。

　　什么原因导致小 D 对自己做出自残行为？如何帮助小 D 度过心理危机？

一、学习目标

　　（1）了解心理危机与心理危机可能产生的结果。
　　（2）学会识别心理危机，学会帮助自己度过心理危机。
　　（3）掌握大学生心理危机的产生机制，学会危中求机，化危机为动力。

二、心理动能解析

（一）心理危机概述

　　心理危机是指由于突然遭受严重灾难、重大生活事件或精神压力，使生活状况发生明显的变化，尤其是出现了用现有的生活条件和经验难以克服的困难，以致当事人陷于痛苦、不安状态，常伴有绝望、麻木不仁、焦虑，以及自主神经系统症状和行为障碍。

　　根据危机刺激的来源，可以将心理危机分为发展性危机、境遇性危机和存在性危机三种。

　　（1）发展性危机，又称内源性危机、内部危机、常规性危机，指正常成长和发展过程中的急剧变化或转变所导致的异常反应。如果个体有足够的时间和机会对发展性转变作出适应性的调整，就会减小危机对个体心理上的冲击和损害。例如，新生适应、毕业就业等问题可能会给大学生带来很大的困扰。

　　（2）境遇性危机，也称外源性危机、环境性危机或适应性危机，是指由外部事件引起的心理危机，当出现罕见或超常事件，且个体无法预测和控制时，容易出现境遇性危机。如地震、火灾、洪水、海啸、龙卷风、疾病流行、空难、战争、恐怖事件等。

（3）存在性危机，指伴随重要的人生问题，如关于人生目的、责任、独立性、自由和承诺等出现的内部冲突和焦虑。存在性危机可以是基于现实的，也可以是基于后悔的，还可以是一种压倒性的持续的空虚感、生活无意义感。如大学生面临考研、就业、创业的抉择时往往会感觉无所适从，进而感到焦虑或抑郁等。①

（二）心理危机的形成阶段

卡颇兰将心理危机的形成和演变过程分为四个阶段。

第一阶段：警觉阶段。当一个人感受到自己的生活突然出现变化，或即将出现变化时，他内心的基本平衡便被打破了，表现为警觉性提高，开始体验到紧张。为了达到新的平衡，他试图用自己以前在压力下习惯采取的策略作出反应。处于这一阶段的个体多半不会向他人求助，有时还会讨厌别人对自己处理问题的策略指手画脚。

第二阶段：功能恶化阶段。经过第一阶段的尝试和努力，当事人发现自己习惯的解决问题的办法未能奏效，常用的应对机制不能解决目前所存在的问题，创伤性应激反应持续存在，焦虑程度开始增加，生理和心理等紧张表现加重及恶化，当事人的社会适应功能明显受损或减退。为了找到新的解决办法，他开始试图采取尝试错误的方法解决问题。高度情绪紧张多少会妨碍当事人冷静地思考，也会影响他采取有效的行动。在这一阶段中，干预者应将干预的重点放在帮助当事人处理紧张焦躁的情绪，并向他保证，问题总是可以解决的。

第三阶段：求助阶段。如果经过尝试错误未能有效地解决问题，当事人的情绪、行为和精神症状会进一步加重，内心紧张程度持续增加，促使其想方设法地寻求和尝试新的解决办法，应用尽可能的应对或解决问题的方式来力图减轻心理危机和情绪困扰，其中也包括社会支持和危机干预等。在这一阶段中，当事人的求助动机最强，常常不顾一切，不分时间、地点、场合和对象地发出求助信号，甚至尝试自己过去认为荒唐的方式，比如一向不迷信的人去占卜。

第四阶段：危机阶段。当事人如果经过前三个阶段仍未能有效地解决问题，很容易产生习惯性无助。他会对自己失去信心和希望，甚至对自己整个生命意义产生怀疑。很多人正是在这个阶段应用了不恰当的心理防御机制，以致出现明显的人格障碍、行为退缩、精神疾病，有的甚至企图自杀，希望以死摆脱困境和痛苦。强大的心理压力有可能触发从未完全解决的、曾被各种方式掩盖的内心深层冲突。有的当事人会产生精神崩溃和人格解体。在这个阶段，当事人特别需要通过外援性的帮助（包括家人、朋友和专业的心理咨询师）度过危机。

（三）大学生心理危机的特征

大学生心理危机主要是指大学生在大学生活期间出现的中至重度抑郁、严重焦虑状态、极度冲动行为、吸毒、酗酒、自伤或自杀、突发严重的精神疾病导致的各种行为紊乱，以及遭遇罕见或超常事件且个人无法预测和控制时出现的心理危机，如突发重大疾

---

① 王淑艳：《大学生心理健康教育与团体实训》，科学出版社 2021 年版，第 322 页。

病、亲人亡故等事件。大学生心理危机的特征有五个方面：

（1）连续性。大学生心理危机的发生并不是一个点，而是一条连续的线，往往与之前的许多问题相关。通常人们认为，危机是突发的，具有爆发性，似乎是由一件事情带来的。实际上，心理危机的产生与之前的问题紧密相关。

（2）时代性。心理危机反映了时代对大学生的要求，反映了个人对理想的追求，表现为成才、实现理想与现实的冲突和矛盾。如国际局势、经济发展等都会影响大学生的就业。

（3）复杂性。造成大学生心理危机的原因是多方面、多层次的。例如，疾病、身心变化、性格、失恋、人际关系冲突、生活环境变化、社会变迁、文化冲突、意外事故等。

（4）动力性。在心理危机产生的过程中，焦虑与冲突导致的紧张状态为变化提供了动力。面对危机，有的人将其看成灾难，甚至自暴自弃；而有的人却将危机当作成长的契机，认为危机可以帮助建立新的问题与反应之间的连接，促进个体寻找新的解决问题的途径与方法，增强对挫折的耐受力，提高个体适应环境的能力。

（5）传染性。大学生心理危机会对自身造成负面影响，还可能会诱使其他身处逆境的人效仿其行为，从而在学生中出现新的危机，使学生群体处于恐慌之中。①

（四）大学生心理危机的产生机制

心理危机的产生是一个复杂的过程，往往并非单一因素导致，而是主客观因素共同作用的结果。

1. 主观因素

主观因素主要是指个体的易感性因素，这是心理危机产生的决定性因素。通常情况下，主观因素主要有以下五种。

（1）认知方式。对外在事件的认知，在个人应对危机事件的过程中起着重要作用。例如归因风格，有的人习惯把失败归结为自己的原因，而把成功归因为运气，这类人就比较容易产生心理危机。

（2）应对方式。应对方式又称应对策略，是个人在应激期间处理应激情境、保持心理平衡的一种手段。有的人遇到问题会积极想办法解决问题，有的人会回避问题，有的人宁愿自己一个人解决问题，相比较而言，回避问题和独自解决问题的人更易产生心理危机。

（3）社会支持系统。大学生的社会支持系统通常包括家人、同学、朋友、老师和学校等各级组织等。个体如果没有一个质量较高的社会支持系统，就容易陷入心理危机。

（4）人格因素。人格包含气质和性格两个部分。气质有四种类型，分别为胆汁质、多血质、黏液质和抑郁质。胆汁质和抑郁质两种气质类型的人更易产生心理危机。胆汁质的人往往比较急躁，情绪易激动，做事冲动容易走极端，欠思考。抑郁质的人则是另

---

① 王淑艳：《大学生心理健康教育与团体实训》，科学出版社 2021 年版，第 321 页。

一个极端，他们比较敏感，不善与人交流，情感体验深刻，在困难面前常常怯懦、自卑。在性格方面，内向性和顺从性性格的人更易产生心理危机。

（5）其他因素。其他因素包括过往经历、适应能力和生理条件等，这些因素也会影响大学生心理危机的产生。

2. 客观因素

大学生已进入生理发展的青春期晚期，正处于生理发育的基本成熟和部分心理发展相对滞后的特殊时期，世界观、人生观和价值观逐渐形成，心理状态还不稳定，容易受到外界的影响而产生心理危机。大学阶段也是种种人生压力相对集中的阶段，当问题发展到一定程度而不能克服和有效解决时，极易引发自伤、自残、自杀、伤人、杀人事件。

当前引发大学生产生自杀心理危机的主要应激源是学业受挫、爱情受挫和严重家庭冲突。此外，还有其他一些因素，比如过去经历的创伤性事件，如果当前生活中的一些事件和经历诱发了过去的创伤体验，也有可能成为引发心理危机的因素。

三、心理行为活动设计

（一）活动名称：最后时刻

本活动通过"最后时刻"游戏，唤醒大学生珍惜时间、珍爱生命的意识，激发大学生对自己的人生负责、对自己的青春梦想负责、不让人生留遗憾的意念。

（二）活动设计

（1）天文学家预测，一颗巨大的彗星将会在 7 天后撞向地球，造成地球的毁灭，而人类目前的技术无法改变彗星的轨迹，无法改写地球的命运。

引导冥想（闭上眼睛）：

① 生命即将结束，剩下最珍贵、最短暂的最后一周，你有什么感受呢？

② 你还在为妈妈给的月零花钱少而生气吗？你还为没有拿到奖学金而沮丧吗？你需要把剩余的钱花光吗？

③ 你还讨厌甲吗？你还憎恨乙吗？

④ 你还有哪些事情想做呢？

⑤ 你会去欣赏从未感受过的美景？还是去表白从未说出口的爱恋？抑或是陪在男/女朋友或父母的身边共享最后的时光？

⑥ 生命就剩下仅仅一周的时间了，你准备做些什么呢？

（2）每人写下生命最后一周每一天的时间规划。

（3）小组活动：

① 每人分享此时的感受，分享世界末日前 7 天自己的行动计划。

② 有没有什么事是小组内每个人都计划要去做的？具体是哪些？为什么大家都想到要做这些事情呢？

（三）道具准备

纸、笔，音乐《纸飞机》。

四、体验感悟分享

（1）在这个活动中你有什么感受？
（2）你计划怎样安排生命最后一周的时间？
（3）你希望陪在谁的身边迎来生命的最后时刻？

五、教师总结点评

（一）生命之所以珍贵，是因为有期限

秦始皇为求长生不老，派童男童女数千人随他出海求取仙药；汉武帝为求长生不老，求仙访神、登高封禅、建造亭台宫观；李世民为求长生不老，服用炼丹；明嘉靖皇帝，一心修玄，日求长生。过去帝王对长生的追求正说明他们深谙时间对于生命的重要意义。

珍惜时间，珍爱生命是有史以来人类的共同期待，关键在于如何将有限的生命活出无限的精彩。

（二）活出生命的意义，做独一无二的自己

每个人的出生都不由自己控制，但是从呱呱坠地的那一刻起，如何活，便成为每个人一生需要面对的课题。出生在经济、社会、文明如此发达的当代青年要如何活出生命的意义，需要每位大学生自己寻找和选择。尼采说过："知道为什么而活的人便能生存。"这句话也被奥地利著名心理学家弗兰克尔奉为座右铭。人生命的长度不可改，但其宽度却可拓展。人活着的意义有三大要素：一是与他人建立有意义的联系。例如一位母亲回到家中尽全力陪伴家人和孩子。二是对从事的学习、工作有崇高的目标。一名员工在职场兢兢业业工作，一名科研人员沉浸在学术的海洋中，都是自己价值的体现。三是用积极的态度拥抱生活。一名大学生在大学校园静心读书、钻研学业就是他富有诗意的青春浪漫；一位老人独处在家中听听音乐、画张画、看看书、下盘棋就是他有意义的一天。事实上，无论贫穷富贵，无论美丑胖瘦，人从出生的那一刻开始，生命就被赋予了独特的意义。没有人的生命意义可以被替代，也没有人的生命可以重新来过，因此，发现自己独一无二的生命意义，是人之所以为人最重要的动力和责任。从生命的短暂性这个意义上讲，憎恨、结怨、痛苦、无助、面子、分离、失恋这些内容并没有太大意义。

（三）尽力实现自我梦想，不给生命留下遗憾

我们国家有中华民族伟大复兴之梦，每位大学生也都有自己的青春梦想。人无精神

则不立，国无精神则不强。要想实现自己的青春梦想，不给生命留遗憾，就必须从现在做起，从当下做起，扬起青春的风帆。再美好的梦想与目标，再完美的计划和方案，如果不能尽快地付诸实施，只是纸上谈兵，空想一番，就有可能留下终生遗憾，因为天有不测风云，人有旦夕祸福。因此，有了梦想，就要迅速有力地实施，毫不犹豫地行动，为梦想的实现创造条件。常言道：心动不如行动。如果你的梦想是成为一名记者，你就要从现在开始，了解成为记者的基本条件，就要开始练习写新闻稿，学习摄影、剪辑等技能，增加媒体实践经验，经过不懈努力，终有一天，你会是优秀记者中的一员。梦想来自一步步地实践，一步步地向上攀登，努力奋斗，锲而不舍，青春梦想就一定会实现，当你回首往事时，才能够不为短暂的人生留遗憾。

六、活动效果强化

（1）成长宣言（全体起立，高呼三遍）："增长自己的智慧，为自己开一朵花；增长奉献世界的力量，为世界开一朵花。"

（2）个人作业：每人写出围绕自己青春梦想的大学阶段时间规划。

（3）小组活动：每人分享自己的大学规划。

七、拓展阅读参考

活出生命的意义

维克多·弗兰克尔是著名的心理学家，被称为 20 世纪的一个奇迹。在纳粹统治时期，身为犹太人的他，被关进了号称"死亡工厂"的奥斯维辛集中营，他的父母、妻子、哥哥，全都死于毒气室中，只有他和妹妹幸存。他不但超越了这炼狱般的痛苦，更将自己的经验与学术结合，开创了意义疗法，替人们找到绝处逢生的意义，也留下了人性史上最富光彩的见证。弗兰克尔一生对生命充满了极大的热情，67 岁仍开始学习驾驶飞机，并在几个月后领到驾照。他 80 岁时，还登上了阿尔卑斯山。直到 90 多岁，他仍然与各地的来访者交谈，每周亲自回复一部分来信，帮人们答疑解惑。他的书《活出生命的意义》是最具影响力的著作之一。目前，这本书的销量超过 1 200 万册，被译为 24 种语言，享誉全球。

在《活出生命的意义》一书中，弗兰克尔以一个普通人在极端残酷的环境——奥斯维辛集中营中所历经的苦难和感悟，为我们做出了他自己的回答。本书分为两部分，第一部分是关于集中营的回忆，第二部分讲述他对此提出的意义疗法。

弗兰克尔将囚徒对集中营的精神反应分为三个阶段：收容阶段、适应阶段、释放与解放阶段。

收容阶段。刚到集中营的囚犯首先表现出惊恐。其实囚犯在来集中营的路上已早早表现出了惊恐，因为来到这里就意味着死亡。毒气室、焚烧炉、大屠杀，是奥斯维辛集中营的代名词。他们被剃光头、穿上囚服、抹去名字、刻上囚号；几千人挤在一个小屋里，一天只有一块面包，不仅要承担超负荷的重力劳动，还面临随时被安排进焚烧室的威胁。对死亡的惊恐到了极端时，人就会否定自己，否定自己之前的所有成果。如果看到自己还活着会表示惊讶和好奇，好奇自己还能活多久。偶尔还开个冷酷的玩笑。因为所有的希望都幻灭了，现在只是在等待死亡，这时有人还会想到自杀。

适应阶段。惊恐、惊讶、好奇之后，他们已经到了绝望的处境，就不会再惧怕死亡。冷漠、迟钝、对任何事都漠不关心，是囚犯们第二阶段的精神表现。每天还活着实属不易。可是活着的一天也是酷刑和负荷重活压着的一天。看守不拿囚犯们当人看，用对待动物的方式向囚犯们招手及扔石头。这种侮辱是对囚犯们精神的最深的伤害。也是在这个过程中，弗兰克尔第一次领悟到爱才是人类终生追求的最高目标。人与动物最大的区别是感情，是爱与被爱的能力。他开始真正领悟到那些永恒的诗和思想的美好。如果一个人有可以思念的人，即使是片刻，他就会明白幸福的真谛。

释放与解放阶段。当幸运地活到走出集中营，他将不再是囚犯，而是一个自由人了。在这一阶段，已经自由的囚犯们却并非都可以开始新的生活。因为长期承受的压力突然没了，他的精神和道德就可能遭受损害。也许回到家没有等着的亲人，期待和希望落空了；也许会因为自身的痛苦经历进行社会报复，也变成一个残忍冷酷的人，他的道德此时出轨了。也有人会因为遭受的苦难领悟到生命的美好，变得不再惧怕任何苦难。对弗兰克尔来说，他领悟了生命的意义，一切对他来说才刚开始。

弗兰克尔对意义疗法的定义包括：

苦难之意义。人类总是在追求生命的意义，当遭受挫折时便可能遭受神经官能症。人在追求意义时内心总会产生不平衡和紧张感。人自身需要的不是没有紧张的状态，而是对意义和价值的追求，是寻找某个潜在意义的召唤。透过苦难可以看到潜在的意义，跨过苦难就会到达意义，所以能够到达潜在意义的苦难也就有了意义；不是避免苦难和获得快乐，而是通过苦难到达了生命的意义，所以忍受苦难也就有了意义。

生命之意义。不应该再把生命的意义看作整体笼统的普遍意义。个人的每一天、每一时刻都是不同的，生命的意义也应该是个人在特定时刻的特定意义。生命中的每一天、每一时刻，对个人来说都是一种挑战。人不应去问生命它的意义是什么，而应该反过来对生命提出的问题作出回答。因为是生命在向人提出挑战和疑问，人需要做的是回答生命提出的问题，而不是向生命提问。这样，个人的生命每时每刻都是有意义的，并且是个人独特的意义，也是对个人的负责。

存在之本质。从 20 世纪开始，人类走向了虚无主义。人原本的信仰和赖以生存的根基丧失了，不知道自己想做和应该做什么，要么就是随波逐流。人人都渴望寻找个人存在，通过创立某项工作或从事某种事业，通过体验某种事情或面对某个人，在忍受不可避免的苦难时采取某种态度。

弗兰克尔根据他的意义疗法，提出了三种可以寻找个人存在和生命潜在意义的方式：第一种是成就或成功，第二种是关于爱某个人体验真善美和爱与被爱，在此中可以看到他人和自己的灵魂。爱人的潜能会激发你的潜能，帮助你探求到自己生命的潜在意义。第三种方法就是忍受苦难，即苦难之意义。

生命是短暂的，从结果上来说生命具有悲剧性。可是生命短暂并不是生命无意义的理由，生命的意义正是潜藏在其短暂和死亡中。爱过，做过，忍受过痛苦，而且会为历史所留下，这样的生命便是有意义的。而令人向往的幸福，也是通过个人追求生命的潜在意义来实现的。也许人的生命总是要忍受苦难，但是终有一天，你所历经的那些苦难，都会成为你生命的意义，关键在于你对于苦难的态度和选择。正如弗兰克尔所说：人所拥有的任何东西都可以被剥夺，唯独人性最后的自由——也就是在任何境遇中选择一己态度和生活方式的自由——不能被剥夺。

第三节　转危为机

导入案例

　　小柔，女，20岁，大二学生。生理机能正常、身体发育正常，多愁善感、追求完美。两岁时母亲因癌症去世，与父亲和继母生活，有一个小自己四岁的弟弟。父亲忙于工作疏于对她照顾，继母主要精力在弟弟身上，很少关注到她。小柔未形成对继母的感情认同，渴望父母的爱，但又对父母充满敌视。她从小语文等文科成绩突出，数学、物理等成绩一般，社交功能正常。考入大学后，多次出现自杀、自残、自伤行为，做过一些心理咨询和心理治疗。极度依赖辅导员，经常害怕辅导员抛弃自己而不去上课。由于辅导员辞职到外地读博，敌视新辅导员，又开始出现自杀行为。父母都不知道该如何对待她。

　　什么原因导致小柔多次伤害自己？如何帮助小柔转换心理危机？

一、学习目标

　　（1）掌握大学生心理危机的预防策略和干预策略。

　　（2）了解大学生自杀的预防和自助方法。

二、心理动能解析

（一）大学生心理危机的预防

　　帮助大学生预防心理危机，最重要的就是帮助大学生增强心理健康意识，提高心理素质，培养健全人格，避免因心理问题加重或者突发的意外重大事件而导致心理危机的发生，这也是大学生心理危机预防的根本途径。具体来说，可以从以下几方面开展工作[1]。

　　1. 开展心理健康教育课程，增强心理健康意识

　　高校应该把心理健康课程纳入学校整体教学计划，面向新生开设心理健康教育、朋辈心理辅导课和心理特色工作坊等选修和辅修课程，扩大课程覆盖面和影响力，使大学

---

① 王淑艳：《大学生心理健康教育与团体实训》，科学出版社 2021 年版，第 326 页。

生在获得人文社会科学和自然科学知识的同时，全面了解心理健康知识，能够辩证地看待身心之间的相互影响与作用，懂得生命存在的意义和价值，从而珍惜生命、关爱生命。

2. 开展学校心理咨询工作，提升大学生的心理调适能力

优化心理咨询平台，积极构建完整的心理健康教育与咨询服务体系，对大学生的适应能力、学习能力、人际关系能力、情绪控制和调节能力等多方面进行指导与帮助。通过个体咨询、团体咨询、电话咨询、网络咨询等多种形式，为学生提供线上线下相结合的及时有效的心理健康指导与咨询服务。

3. 开展校园文化活动，满足大学生精神和心理需求

面向大学生开展与心理健康相关的活动，如心理健康月、健康日、精神卫生日等形式多样的主题教育、文化娱乐活动和心理素质拓展活动，增强活动的针对性、时效性和实效性。调动学生的积极性和创造性，引导大学生提高自我认知，培育积极阳光、健康向上的心态。学校还可以开展心理健康主题讲座，对大学生存在的一些突出心理健康问题进行深入分析和细致讲解，并为大学生提供学习与就业辅导，为有需要的大学生提供及时有效的帮助。

（二）大学生心理危机的干预

大学生一旦陷入心理危机，干预人员必须及时对当事人进行心理危机干预，并为当事人提供最大的帮助。具体干预步骤分为以下几步：

（1）明确问题。确定是什么事件使当事人陷入危机，当事人对事件的感受如何，当事人目前的水平功能如何，是否具有自伤或伤人的危险性存在，等等。要从当事人角度确定心理危机问题，做出状态界定。这一步特别需要使用心理咨询中的倾听技术。

（2）保证受害者安全。要把当事人对自己和他人的生理和心理进行伤害的可能性降到最低。

（3）寻求学生所需要的社会支持。父母、朋辈群体和恋人的支持对大学生至关重要，且大学生在不同应激情境下所需的社会支持也不相同，如在关乎自身成长的问题方面，他们更加渴望与朋辈群体进行交流，而在与前程、经济等与家庭利益密切相关的问题方面，对父母和家人的依赖更为强烈。因此，干预中心应以最快的速度联系当事人所需要的社会支持系统，以获得学生所需社会支持的帮助，缓解危机。

知识窗：朋辈心理互助

（4）确定目标、制订计划。在对引发个体危机的事件、事件的严重程度、对当事人目前的功能水平等大致了解后，危机干预人员可以考虑以下问题：需要解决的首要问题是什么？然后解决什么？最容易解决什么？妨碍干预效果的影响因素有哪些？等等。以此来确定干预目标。

（5）实施干预。实施干预是整个步骤中最为核心的阶段，在这个阶段，对危机的识别与对时机的选择都相当重要。危机干预人员要探讨解决问题的可供选择的方法，并将详细的几种方案提供给当事人，并从当事人那里得到诚实、直接的承诺，以使当事人能够坚持实施为其制订的危机干预方案。

（6）效果评估与反馈。危机干预期间，需要不断评估干预措施是否产生了预期的效

果，以便随时根据实际情况对计划做出调整和修改，从而寻求最佳的解决方案；对干预的最终结果进行评估，确定最后的干预工作安排。

（三）大学生自杀的预防与干预

关于大学生自杀经历的调查发现，有超过一半的人报告说，他们在生活中的某个时刻至少有一次自杀念头。

1. 大学生自杀的预防

预防大学生自杀可以从以下方面入手。

（1）科学认识自杀。实际上绝大部分自杀是可防可治的。自杀意念和行为可能是抑郁症或者精神分裂症的症状，如果没有特定的诱发因素，个体出现自杀的想法和行为，很可能是个体患上了某种精神障碍，随着对精神障碍的治疗，个体自杀的想法也会消失。除此之外，自杀通常是生理因素、心理因素和社会因素共同作用的结果。

（2）培养积极认知。人在应对危机事件的过程中，认知起着非常重要的作用。面对危机时，拥有消极认知的人会认为自己做什么都没有用，还不如主动结束自己的生命；拥有积极认知的人会认为自己要努力生存，就算环境再恶劣，也要生存下去，这种日子总会结束的。

（3）建立良好的应对方式。应对方式是个人在应激期间处理应激情境，保持心理平衡的一种手段，它会直接影响到心理危机是否能够得到有效解决。当发生危机事件时，个体的应对方式可能有以下三种。① 有效应对，获得成长。当发生危机事件时，有些个体能够迅速做出恰当的反应，有效应对出现的危机，获得经验，使自我得到成长。② 度过危机，压抑感受。这种人也能度过危机，但处理的方法是试图通过不闻不问的方式掩盖危机事件的存在，把危机事件有意无意地压抑到无意识中。③ 无能为力，被危机击垮。有的个体在面对危机事件时，无能为力，被危机击垮，此时需要有效的心理援助，否则会给当事人留下心理阴影。

（4）构建社会支持系统。社会支持是指人们感受到的来自他人的关心和支持。构建社会支持系统就是要构建一个由他人的关心和支持组成的系统，尤其是个人遇到心理危机之后，可以寻求他人的帮助，而不是独自解决。

（5）探索和丰富生命的意义与价值。大学生要看到生命意义来源的多样性和丰富性，不要只将生命意义局限在学习好、有人爱、有钱等方面，还要探索丰富自身的生命意义，同时，大学生也要将注意力放在追求生命意义的过程上，体验和创造自己的生命意义。

（6）提升自己的抗挫折能力。人生路上难免会有诸多不顺和挫折，如何在挫折中复原、成长和前行，是每个人的必修课。[1]

2. 出现自杀念头时的求助与自助

当出现自杀念头时，首先要积极主动地寻求专业帮助。除了找本地的心理咨询师或精神科医生，也可以寻求热线的帮助。我国当前开通了很多 24 小时心理危机援助

---

[1]　方晓义、夏翠翠：《大学生心理健康教育》，人民邮电出版社 2022 年版，第 242—243 页。

热线。

当自己出现自杀的想法，有自杀的冲动，或者已经开始准备自杀的计划时，一定要引起注意，这些信号提醒我们需要采取措施进行自救，具体的方法有以下几种：① 向信赖的人表露自己的状况。向自己信赖的家人、朋友、同学、老师等表露自己的状况，告诉他们自己的想法或计划。② 保持生活的基本规律。这是指该吃吃该喝喝，该睡觉时睡觉，即使吃不下睡不着也要尽可能地在形式上保持规律，这会有助于我们对生活保持基本的掌控感，维持身体健康，为走出危机做好准备。③ 寻求社会支持。除了父母，学校的老师、同学等人都能帮助自己走出心理危机。不要觉得不好意思，不想或不敢麻烦别人，我们一定要相信在自己有危机时，身边的人都会愿意伸出援助之手。④ 从现实层面进行应对。要调动各种现实的资源来帮助自己解决引发危机的问题。在危急的状况下，生命健康与安全高于一切，如果实在无法继续学习或工作，可以考虑暂时请假或休学，必要的时候也可以暂时远离引发危机反应的人或事。

三、心理行为活动设计

（一）活动名称：危机干预

了解危机干预的基本过程，提高学生解决危机的能力。

（二）活动设计

（1）介绍危机案例。详细介绍本节导入案例内容。

引导思考：思考一下，大学生心理危机前都会有哪些征兆？如果发现某同学有抑郁、自伤、自残甚至自杀倾向，你会怎么帮助他？你们小组会怎样帮助他走出危机？

（2）分组设计方案。针对本节导入案例内容，根据所学危机干预知识，经小组充分讨论，设计一个《小组危机干预方案》，帮助小柔走出危机。

（3）小组分享方案。各组上台分享本组的《危机干预方案》。

（4）建立班级干预。根据各组分享的《小组危机干预方案》，由班长和心理委员牵头，在《小组危机干预方案》基础上进行《班级危机干预方案》的分工与制订，各组负责方案中的一个环节，进行细化、完善。

（5）分享具体方案。按照班级危机干预流程顺序，各小组上台分享具体干预环节。其他组给该组流程的可行性打分（0～10 分）。

（6）班级自由发言。对各组细化的《班级危机干预方案》环节进行点评和补充，各组做好记录并完善。

（7）班级汇总方案。由班长和心理委员负责，汇总各组干预流程，形成本班的《危机干预方案》，并发到班级微信群。

（三）道具准备

纸、笔，音乐《若风》。

四、体验感悟分享

（1）参与自主设计《危机干预方案》活动后，你有何感想和体会？哪一点让你印象深刻？

（2）如果发现同学有危机倾向，你个人会怎么做？你希望班级、老师、学校怎么做？

五、教师总结点评

大学生面临着考研、就业、恋爱等难题，免不了出现焦虑情绪，严重者会导致抑郁等心理疾病。以下 10 种方法可以便捷有效地帮助大家缓解焦虑，预防抑郁情绪发生。

（一）腹式呼吸

腹式呼吸可以很好地降低焦虑带给我们的心理紧张状态，流程如下：① 找一个自己舒服的姿势，坐着或躺着都可以。② 通过鼻腔慢慢地将空气吸入丹田，同时默数 1、2、3、4、5 五个数。手放到腹部，吸气时慢慢感受小腹鼓起。③ 屏住呼吸，继续默念 5 个数。然后通过鼻子和嘴慢慢呼出，同时默数 5 个数。把气体完全呼出后，可以再正常地呼吸两次。重复上述步骤，每次练习 3～5 分钟，直至自己放松下来。

（二）运动身体

运动可以让大脑释放快乐激素——内啡肽，让你感到短暂的快乐和愉悦，从而减缓焦虑。写一张运动清单，例如跑步、划船、滑旱冰、远足、骑自行车、跳舞、游泳、冲浪、踢足球、打网球或篮球等，把它们列在你的日程表上，做你喜欢做的运动。

（三）睡个好觉

缺乏充足的睡眠不仅会让人记忆力变差、注意力分散、疲惫、头痛，还会诱发焦虑和压力。如果你晚上睡眠有困难或喜欢熬夜，请改变不良的作息，同时做些事情来哄自己睡觉，如洗个热水澡、听听舒缓的音乐、做几次深呼吸、将室温调节至舒适的温度（20℃左右）等。

（四）重构认知

我们的大脑总会在某些时刻自动蹦出一些焦虑、抑郁等不好的想法或画面，这些想法和画面往往不现实、不准确、不合理或者夸张。幸运的是，我们可以改变那些想法和画面。首先，识别它们。考虑某个特定的想法是如何影响你的情绪和行为的。负面想法通常以"如果"和"灾难化"的形式出现，你可以重新定义或纠正那些负面想法，使它们更准确、更现实、更有适应性。然后，接纳它们。焦虑、抑郁本身并不是真正的问题根源，不接受这些情绪体验才是痛苦的真正原因。当感受到焦虑、抑郁时，观察它，把它想象成大海的波浪，接纳它，体验它，关爱它，被关注的它会慢慢消失。

（五）自我鼓励

积极、肯定、正向的话语有助于建立自信，会让你从失落、无助、疑虑、自卑等负性情绪状态中恢复过来。我们太习惯于自我批评和怀疑，忘了好好对自己说话；我们容易称赞他人和点赞外界，唯独忘了自己也是值得被爱和鼓励的。让我们学会爱自己，嘉许、赞美、鼓励自己吧。

（六）对接互动

社会支持系统对压力管理、负性情绪的缓解至关重要。与自己敬重的重要他人或者好朋友、好同学、好兄妹等倾诉交流，可以让你获得新的思维、新的看问题的角度、新的解决问题的方法，并且获得情感支持、人际支持。打电话、视频聊天、共餐、散步或者一起运动等，都能起到很好的疏解作用。

（七）做其所好

当做自己喜欢的事情时，就会发自内心地快乐，有助于缓解焦虑。如散步、听音乐、读书、看电影、睡觉、找人聊天、玩游戏等。也可以找一个不影响他人的地方大声哭、喊、叫，尽情宣泄，让自己酣畅淋漓。

（八）解决问题

解决焦虑的最直接办法就是面对它，看清它的真实面目，分析它背后的诉求，有计划、有步骤地制订问题解决方案，不回避、不逃避。这样可使你逐渐掌控环境，增加安全感，最终让焦虑离你而去。

（九）顺应趋势

当遇到困难时，调整自己的心态不抱怨，接纳现状不对抗。相信物极必反，否极泰来，黎明前最黑暗。天下万事皆有规律，顺势而为，顺时而动，随事而变，不断尝试新的解决问题的方法，利我之势往往就隐藏在其中，等待你去发现。

（十）危中求机

压力和困境是生命安排来考验你的信念和意志的，是来激发你提升改变的，是启迪你重新崛起的动力和契机。当你冷静下来，重新审视压力和困境；当你百折不挠，不断地弥补漏洞和不足；当你灵活机动，不断地优化行动方案；当你做好一切准备静待时机发生时，新的机遇就会自然呈现。机遇偏爱有准备的人！

六、活动效果强化

（1）成长宣言（全体起立，高呼三遍）："人最宝贵的是生命，生命对每个人只有一次，珍惜并拥抱自己吧！"

（2）个人作业：发现同学有心理危机倾向时，你具体会做些什么？怎么做？

（3）小组活动：根据《班级危机干预方案》，小组排演一出情景剧。

七、拓展阅读参考

抗美援朝战争是中国共产党化危为机的光辉范例

2020年10月23日，习近平总书记在纪念中国人民志愿军抗美援朝出国作战70周年大会上的重要讲话中指出："伟大的抗美援朝战争，抵御了帝国主义侵略扩张，捍卫了新中国安全，保卫了中国人民和平生活，稳定了朝鲜半岛局势，维护了亚洲和世界和平。"历史雄辩地证明，抗美援朝伟大战争是我党化危为机的光辉范例。今天，回顾抗美援朝的历史，对于我党统筹发展与安全两件大事，把握国内和国际两个大局，防范和化解一切风险挑战，都具有重大的现实意义。

一、有理而敢战，战略决策的正确是化危为机的根本前提

重大战略决策是否正确直接关系战局的走向和成败。新中国敢不敢同世界上最强大的国家进行武力较量，是作出决策的首要问题。重温历史发现，战争的正义性，科学的研判和分析，党的民主集中制，均是我党做出重大战略决策的关键因素。

（一）坚持国际主义和爱国主义的高度统一，打正义之战

战争有正义和非正义之分，亦有侵略和反侵略之别。为正义而战，为反侵略而战，就是最大的理，理直才气壮，气壮才敢战，敢战才能胜。

主持国际正义和体现大国担当。朝鲜战争本来是一个国家的内战，属于局部冲突。但是，美国的出兵改变了朝鲜战争的性质，使其从内战演变为侵略和反侵略战争，从局部冲突上升为国际冲突。美国虽然打着联合国的旗号，实际上是师出无名，是赤裸裸的霸权主义和侵略行径。公道自在人心。作为同一阵营的友好邻邦，毛泽东同志指出，"不能置之不理"。为了维护东北亚安全与世界和平，中国必须主持国际正义，承担起大国责任。抗美援朝是兴正义之师，打正义之战，占据道义的制高点，因此全军斗志昂扬，全国人民爱国热情空前高涨，成为保障战争胜利的重要支撑。

捍卫国家利益和民族尊严。唇亡齿寒，户破堂危。如果美军迅速占领朝鲜全境，势必对我国东北重工业基地构成长期的严重威胁，并会助长其侵略气焰，甚至有可能将战火引入我国境内，使我国人民将再次罹受战火之苦。届时，来之不易的和平安定环境将受到极大破坏，国家建设无法正常进行，国内外反动势力也会伺机反扑，新生人民政权将面临巨大危机和挑战。因此，为了捍卫国家利益和民族尊严，为了保护中国人民的生命财产安全，为了赢得长久的和平建设环境，就必须与侵略者面对面交锋，狠狠打击其

嚣张气焰，迫使其不敢随意践踏我们的原则底线。

（二）坚持科学研判和准确分析，不打无把握之仗

兵者，国之大事，死生之地，存亡之道，不可不察也！敢于应战不代表莽撞和蛮干。出兵赴朝作战同样是建立在科学研判和准确分析之上的，是党中央慎之又慎的重大决策，体现了我党实事求是的一贯作风和态度。

科学研判参战利弊。朝鲜战争之初，特别是美军登陆仁川之后，是否出兵援朝作战成为党中央讨论的焦点。起初，中央政治局多数人主张不出兵或者缓出兵。因为，新中国刚刚成立，物资极度匮乏，财政困难，民生凋敝，百废待兴，人民亟须休养生息，集中力量搞建设。如果参战，能不能赢？如果战事不利，是否会"引火烧身"和"惹祸上门"？这些均是最为现实的重大问题。然而，如果见死不救或者置之不理，不仅会有损我国的国际形象，更会助长侵略者的嚣张气焰。如与美军隔鸭绿江对峙，辽东、辽南等重工业基地将长期置于美军的打击范围之内，使我们无法安心发展生产。因此，经过反复权衡，党中央最终统一意见，并形成了"应当参战，必须参战，参战利益极大，不参战损害极大"的结论。事实证明，抗美援朝战争的胜利不仅化解了眼前的危机，更为我们赢得了崇高的国际声望和长期的和平环境。

准确评估敌我力量。知己知彼，百战不殆。能不能打赢，根本上取决于双方力量的比拼。从硬实力上来讲，中美差距悬殊。1950年，美国的工农业总产值、钢产量、发电量都远远超过中国。同时，美军掌握了包括原子弹在内的所有先进武器，拥有制空权和制海权。一旦交战，我们面临的是"一军打三军"，甚至是"你（敌人）打原子弹，我打手榴弹"的极不对称的局面。如果仅从数据来看，我军几无胜算。但是，中国共产党也充分考虑到我军胜利的可能性。比如，我军打正义之战，得道多助，士气旺盛。我军兵源充足，骁勇善战，具有以弱胜强的丰富战斗经验，善于灵活作战，并具有"一不怕死，二不怕苦"的顽强战斗精神。从地理上讲，朝鲜紧邻东北，有利于后勤补给。党中央、毛主席进一步认为，美军虽然强大，但侵略行径遍及五大洲，兵力分散，遭到全世界人民反对，政治上是孤立的，本质上是虚弱的，是外强中干的"纸老虎"。同时，美国内部意见不一，争吵不休，人民不支持，军队战斗意志不强。

合理确定战略目标。战争是为政治服务的，是为实现既定战略目标服务的。党中央、毛泽东同志根据敌我力量对比和战争局势的发展，预测了三种情况。第一，在朝鲜境内歼灭和驱逐美国及其他国家的侵略军；第二，将美军为首的"联合国军"打回到"三八线"以南；第三，中国军队不能在朝鲜境内大量歼灭美军，两军相持为僵局，中美进入战争状态，国内经济建设计划归于破坏，并引起国内民族资产阶级的不满。随着战况的发展，党中央最终确定以第二种情况为基本战略目标，争取第一种情况，避免第三种情况。事实证明，党中央对战略目标的确定是符合实际的，为最终赢得胜利指明了方向。

（三）充分发挥民主集中制的优势，突出领导核心"一锤定音"的作用

民主集中制既是我党的组织原则，也是我党的制度优势。充分发扬党内民主，集思广益，群策群力，以保障决策的科学性。同时，加强集中领导，迅速形成决议，避免议而不决、贻误战机，以保障决策的效率性。朝鲜战争爆发后，毛泽东同志多次主持中央

政治局会议商讨出兵援朝大计。党政军高层领导同志各抒己见，从不同角度坦诚交流意见，为最终形成决议做了很好的铺垫。此外，党的民主集中制并非仅局限于高层，以雷英夫同志为代表的参谋团队准确预判美军从仁川登陆的汇报，对党中央、毛泽东同志的战略决策提供了极有价值的参考。更重要的是，当意见不能统一，决策陷入僵局的时候，领导核心"一锤定音"的作用便尤为关键。毛泽东同志始终主张出兵作战，在充分尊重党内其他同志意见的同时，他以超人的远见卓识和战略气魄，陈述利害，促成党中央最终统一思想，将出兵赴朝作战的重大决策上升为党和人民的最高意志。

二、有利而能胜，军事上的胜利是化危为机的关键因素

两军对垒，打赢是硬道理。为了人民的利益，为了维护和平与正义，就必须在军事上打败敌人。众所周知，同强大的美军作战，我们的劣势是明显的。然而，我军又是凭借什么发挥传统优势，变劣势为均势，化不利为有利，创造敢打能胜的历史奇迹的呢？

（一）坚持党的坚强领导

抗美援朝战争的伟大胜利离不开党的坚强领导。从战前准备动员、做出战略决策，到战时的军事指挥和战略战术的具体运用，再到最后迫敌停战，党的坚强领导都体现得淋漓尽致。一是，党中央把握全局并引领胜利。万山磅礴看主峰。战争前后，党中央缜密决策，周密部署，临危不乱，见招拆招，一步一步引领战争走向胜利。二是，中国共产党强大的战争动员能力。中国共产党在人民心中具有崇高的威望，建立新中国是历史和人民的选择，党的政治军事动员能力进一步加强，能够最大程度挖掘全国人民的战争潜能。在党的坚强领导下，充分发挥全国一盘棋的制度优势，上下一心，同仇敌忾，众志成城，汇聚起战胜一切强敌的伟大力量。三是，党对人民军队的绝对领导。人民志愿军坚决无条件听从党的指挥，对党绝对忠诚，统一思想、统一意志、统一行动，党指挥到哪里，我军就打到哪里，铸就成无坚不摧、势不可挡的战斗铁拳。四是，基层党组织的坚强堡垒作用。我军的广大基层党组织充分发挥打不垮、冲不破的坚强堡垒作用，坚决执行上级命令，攻坚克难，能攻能守。广大党员官兵发扬伟大的爱国主义精神和革命英雄主义精神，铸就了让一切敌人胆寒的钢铁军魂。

（二）发动人民战争并争取外部援助

伟大的人民战争是我军敢战能胜的信心和力量之源。抗美援朝，保家卫国运动发起后，极大激发了中国人民的爱国热情和奉献精神。全国迅速掀起了参军、参战、募捐和支前的热潮，有力地支援了前线战事。人民群众发起了订立爱国公约运动，开展捐献飞机大炮运动。事实证明，兵民才是胜利之本。决定战争胜负的不在于一两件先进武器，而是亿万军民同仇敌忾、众志成城、为捍卫和平与正义不惜牺牲一切的强大意志与磅礴力量。同时，争取更多外部援助也是非常必要的。由于中国人民志愿军艰苦卓绝的浴血奋战，苏联方面逐渐加大了对我军的援助力度，除了向我国提供大规模武器援助外，还帮助我国进行了空军、海军、炮兵、防空兵、装甲兵、工兵等多兵种建设。战争胜利后，苏联还援助了我国156项大型工业项目，为奠定新中国的工业基础发挥了重要作用。

（三）顽强的革命意志和强大的战斗精神

人民军队经过二十多年革命战火的淬炼和洗礼，不仅练就了高超的作战素养，积累了丰富的作战经验，更铸就了顽强的革命意志和强大的战斗精神。毛泽东同志指出，美

军是"钢多气少"，而我军则是"钢少气多"。事实证明，战争既是物质力量的硬碰硬，也是精神和意志的比拼。入朝作战之后，我军克服重重困难，继续发扬善打硬仗，敢打恶仗，能打胜仗的光荣传统，完成了一个个看似不能完成的任务。第二次战役期间，38军113师在三所里成功截住南逃之敌，给予敌人大量杀伤，为38军赢得了"万岁军"的称号。新生的人民空军敢于同强大的美国空军"空中拼刺刀"，打出了让敌人胆寒止步的"米格走廊"。在整个战争期间，我军凭借顽强的革命意志和强大的战斗精神一次次突破人体的生理极限，涌现出像杨根思、黄继光、邱少云、罗盛教、杨连弟等一大批英雄模范人物。

（四）正确的军事指挥和战略战术的运用

我军具有丰富的作战经验，并善于学习和总结，依据条件的变化，调整战略和创造新战术、新战法，以赢得战争的胜利。前三次战役，我军充分发挥运动战、近战和夜战的优势，大量消灭敌人。但是，我军后勤补给不畅和没有制空权的短板也逐渐暴露出来。美军随即实施了"礼拜攻势"和"月夜攻势"，使我军一时陷入被动。我军及时总结经验并调整对策，改变了轻敌速胜的乐观态度，在后勤不济的情况下，不再孤军深入，双方在"三八线"附近形成对峙，党中央就此确定"三八线"为抗美援朝的"底线"。面对敌人的空中优势，志愿军发明了坑道战，并形成了纵横交叉的坑道防御体系，大大提高了我军的生存率。面对敌人高度机械化、多兵种合成作战程度高的特点，我军放弃吃掉其整师、整团的设想，而改用"零敲牛皮糖"的战术，零敲碎打，打小歼灭战，积小胜为大胜。

三、有节而知止，战略目标的实现是化危为机的重要标志

中国人民历来爱好和平，反对一切不义战争。获得胜利，结束战争，拥抱和平，是亿万中国人民翘首以盼的结局。同时，敢战，能胜，知止，亦体现了我党对战争规律的深刻把握和对战局发展的高超驾驭。

（一）以战止战，步步为营

若要止战，必须能战。战场上得不到的，谈判桌上更不会得到。回顾前三次战役，我军迅速捕捉战机，稳扎稳打，步步为营。第一次战役，我军将"联合国军"从鸭绿江边赶到青川江以南，粉碎了麦克阿瑟感恩节前结束战争的计划，使我军站稳了脚跟。第二次战役，中朝军队收复了平壤及三八线以北除襄阳以外所有地区，迫使"联合国军"转入战略防御，扭转了战局。第三次战役，突破敌人"三八线"的防线，解放了汉城，迫使"联合国军"后撤到北纬37度线附近，震惊了国际社会。第四、五次战役，敌我双方基本围绕在"三八线"地带进行鏖战，最终形成胶着对峙态势。总而言之，我军将"联合国军"从鸭绿江畔南推500余公里，迫使其退回到"三八线"以南，解放了朝鲜全境，朝鲜半岛恢复到战前状态，基本实现了我国的战略目标。随后，又经过两年左右的边打边谈，经历了艰苦卓绝的上甘岭战役，我军牢牢守住了防线，粉碎了敌人伺机反扑的妄想。

（二）以胜促和，巩固战果

历史的经验证明，战败乞和，难免签订城下之盟，吞咽苦果。战平言和，难免出于权宜之计，难防战端再起。以胜促和，将敌人打痛、打怕，才能赢得长期的和平。1953

年初，艾森豪威尔出任美国总统，为兑现竞选承诺急欲从朝鲜撤军。同年 3 月 5 日，苏联领导人斯大林逝世。苏联方面为稳住国内局势与缓和两大阵营关系，也希望尽快结束战争。此时，我国战略目标已基本实现，停战条件也已成熟。但是，韩国李承晚政权却不甘心失败，不仅阻挠双方交换战俘，还叫嚣要"继续打下去"，"打到鸭绿江"。因此，党中央、毛主席决定以胜促和，巩固战果，发动了"金城战役"，此役中国人民志愿军歼敌 5.3 万余人，将韩军 4 个师打残，收复阵地 160 余平方千米，彻底打掉了敌人的一切幻想，促成了停战协定的最终签订。

（三）柳暗花明，危尽机来

抗美援朝战争的伟大胜利是看似不能取得的胜利，是世界战争史上的奇迹。美军先后投入其陆军的 1/3，空军的 1/5 和海军的 1/2，不仅被打回到"三八线"以南，且无法向北哪怕推进一步。美军司令克拉克不得不在没有获得胜利的停战协定上签字。战争的胜利不仅化解了我国面临的现实危机，还让后世子孙享受到了长期的"和平红利"和更多的"溢出效益"。一是，化解了我国北方的直接威胁，使东北老工业基地和东南沿海地区得以安心生产搞建设，为我国赢得了长期的和平环境，为后来的改革开放和实现中华民族伟大复兴奠定了坚实的基础。二是，树立了新中国崇高的国际声望，对于日后实现港澳回归和最终解决台湾问题意义深远。三是，提高了中国共产党和新中国政府的威望，激发了广大人民群众高度的爱国主义热情和对中国共产党的衷心热爱、拥护和支持。四是，加强了社会主义阵营的团结和信任，极大鼓舞了全世界受压迫民族的独立解放运动。五是，积累了"边打边建，越打越强"的历史经验。我们不仅没有因战争透支国力，反而有效地恢复和发展了国民经济，真正做到了"打仗建设两不误"，打出了更加强大的人民军队和新中国！

［中国社会科学网，作者：赵书昭。作者系天津市中国特色社会主义理论体系研究中心天津科技大学基地研究员、天津科技大学马克思主义学院副教授；本文系 2020 年度天津市哲学社会科学规划"党史、新中国史、改革开放史、社会主义发展史"研究专项重点项目——"中国共产党化危为机的历史经验与能力建设研究"（课题编号：TJSSZX20－31）阶段性成果］

思考练习题

1. 生命的意义是什么？
2. 简述生命意义来源于哪几个主要领域。
3. 试述大学生心理危机的形成和演变过程。如何预防大学生的心理危机？
4. 结合本章第二节导入案例，分析导致小 D 对自己做出自残行为的原因？并以老师的角度设计一份帮助小 D 度过心理危机的干预方案。

主要参考文献

［1］ 彭聃龄.普通心理学［M］.5 版.北京：北京师范大学出版社，2019.

［2］ 林传鼎，陈舒永，张厚粲.心理学词典［M］.南昌：江西科技出版社，1986.

［3］ 陈琦，刘儒德.当代教育心理学［M］.3 版.北京：北京师范大学出版社，2019.

［4］ 弗洛姆.健全的社会［M］.孙恺祥，译.上海：上海译文出版社，2011.

［5］ 贾启艾.人际沟通：案例版［M］.4 版.南京：东南大学出版社，2019.

［6］ 姜淑梅，崔继红.中学生心理辅导［M］.北京：清华大学出版社，2017.

［7］ 王宇航，白羽.大学生心理健康教育与实训指导［M］.杭州：浙江大学出版社，
2013.

［8］ 刘树林.大学生心理健康教育体验式教程［M］.成都：西南财经大学出版社，2015.

［9］ 王晋.班级管理与心理辅导［M］.开封：河南大学出版社，2021.

［10］ 冯忠良，伍新春，姚梅林，王健敏.教育心理学［M］.3 版.北京：人民教育出版社，
2015.

［11］ 方晓义，夏翠翠.大学生心理健康教育［M］.北京：人民邮电出版社，2022.

［12］ 王淑艳.大学生心理健康教育与团体实训［M］.北京：科学出版社，2021.

［13］ 白小薇.大学生认知风格的影响因素分析［J］.新西部（下半月），2009（8）.

［14］ 郭邵敏.大学生自我认知偏差研究［J］.新乡学院学报（社会科学版），2010，
24（6）.

［15］ 徐冠兴，魏锐，刘坚，等.合作素养：21 世纪核心素养 5C 模型之五［J］.华东师范
大学学报（教育科学版），2020，38（2）.

［16］ 程灵.心理辅导视域中的合作意识与合作能力培养［J］.新教师，2021（10）.

［17］ 吴小云.我国当代大学生领导力内涵的探索性研究［J］.领导科学，2014（20）.

［18］ 宋亦芳.基于群体动力理论的社区团队学习研究［J］.职教论坛，2017（9）.

［19］ 畅肇沁.大学生学习特点探究［J］.山西师大学报（社会科学版），2010，37（5）.

［20］ 何莲珍.自主学习及其能力的培养［J］.外语教学与研究，2003（4）.

［21］ 杨宁.从元认知到自我调节：学习策略研究的新进展［J］.南京师大学报（社会科学
版），2006（4）.

［22］ 盛瑶环，曾祥福，李启华.大学生学习动机的调查分析及培养［J］.教育与职业，
2006（20）.

［23］ 赵淑媛，陈志坚.大学生自我效能感对积极学业情绪和成就目标定向的中介作用
［J］.中国健康心理学杂志，2022，30（1）.

［24］ 许慧.积极情绪对大学生学习韧性的影响［J］.高等教育研究，2015，36（3）.

［25］ 吴金昌，刘毅玮，李志军.大学生学习心理障碍成因、负效应与对策［J］.中国高教

研究，2010（5）.

［26］穆刚.大学生学习困难的类型与特点［J］.林区教学，2021（9）.

［27］孙华峰，鲍丙刚.大学生人际交往障碍、形成原因及对策浅析［J］.安徽理工大学学报（社会科学版），2004（1）.

［28］马文辉，李清江，崔杰，王铁.网络环境对大学生学习影响研究［J］.理论观察，2016（5）.

［29］张哲.大学生网络学习现状调查与分析：以山西农业大学为例［J］.轻工科技，2020，36（11）.

［30］赵鲁臻，张铃敏.大学生网络关注热点及行为偏好调查研究［J］.华北理工大学学报（社会科学版），2022，22（5）.

［31］姜嘉，安益民.网络对大学生社会交往的负面影响及引导干预问题研究［J］.长春教育学院学报，2014，30（1）.

［32］艾丽菲拉·买买提.大学生网络素养现状及教育对策研究［J］.品位·经典，2022（23）.

［33］王洁.浅谈网络对人们生活与思维的影响［J］.科协论坛（下半月），2011（5）.

［34］刘奕蔓，李丽，马瑜，等.中国大学生网络成瘾发生率的 Meta 分析［J］.中国循证医学杂志，2021，21（1）.

［35］牛更枫，孙晓军，周宗奎，等.网络成瘾的认知神经科学研究述评［J］.心理科学进展，2013，21（6）.

［36］安龙，丁峻.新型冠状病毒肺炎疫情期间陕西省大学生无聊倾向与网络成瘾的关系［J］.医学与社会，2021，34（8）.

［37］滕雄程，雷辉，李景萱，等.大学生社交焦虑对社交网络成瘾的影响：意向性自我调节的调节效应［J］.中国临床心理学杂志，2021，29（3）.

［38］贺金波，祝平平，聂余峰，等.人格对网络成瘾的影响及其心理机制综述［J］.中国临床心理学杂志，2017，25（2）.

［39］李文福，贾旭卿，李功迎，等.父母教养方式与大学生手机依赖：自我控制和感觉寻求的链式中介作用［J］.心理发展与教育，2021，37（5）.

［40］吴雪龙.大学生网络诚信现状调查与分析：以安徽省 5 所高校为例［J］.山西能源学院学报，2019，31（1）.

［41］徐礼生，章志远，陈媛媛，等.大学生毕业论文诚信缺失的成因分析及规避建议［J］.新余学院学报，2017，22（2）.

［42］蔡佳岚.论消费贷款对当代大学生的影响：以"蚂蚁花呗"为例［J］.经贸实践，2018（3）.

［43］王冬悦，顾虑，王馨，等.大数据时代高校大学生网络诚信教育研究［J］.法制与社会，2020（24）.

［44］于秀国，张寅晗.大学生诚信现状分析及教育对策［J］.山东省青年管理干部学院学报，2007（2）.

［45］肖谢，黄江英.大学生网络受骗的类型、原因及对策研究［J］.重庆邮电大学学

报（社会科学版），2015（5）.

［46］杨丽梅，吴亚光.大学生常见的恋爱问题及心理调适［J］.产业与科技论坛，2013，12（18）.

［47］陈婷，门瑞雪，李旭.大学生性心理健康现状的调查及应对策略研究［J］.开封文化艺术职业学院学报，2020，40（8）.

［48］毕重增，黄希庭.清晰度对自信预测效应的影响［J］.心理科学，2006（2）.

［49］韩迎春，马婕童.自信对顿悟的原型启发效应的影响［J］.广东第二师范学院学报，2019，39（4）.

［50］支富华.人格五因素模型研究述评［J］.社会心理科学，2002（2）.

教学资源服务指南

扫描下方二维码，关注微信公众号"高教社极简通识"，学生可学习名校通识课，教师可学习教师培训课程、免费申请课件和样书、观看直播回放等。

名校通识课

点击导航栏中的"名校通识"，点击子菜单中的"课程专栏"，即可选择相应课程进行学习。

教师培训

点击导航栏中的"教师培训"，点击子菜单中的"培训课程"，即可选择相应课程进行学习。

教学资源服务指南

 课件申请

点击导航栏中的"教学服务"，点击子菜单中的"资源下载"，注册并填写相关信息即可申请课件。

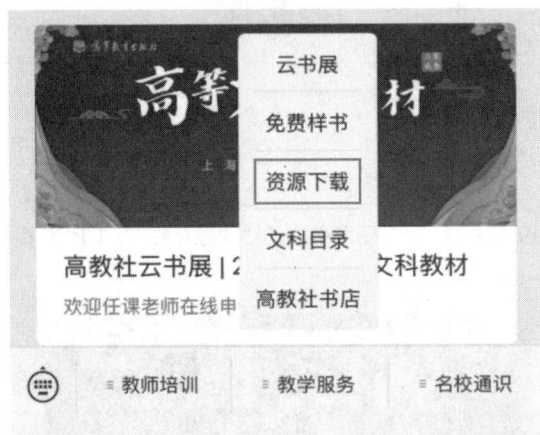

 样书申请

点击导航栏中的"教学服务"，点击子菜单中的"免费样书"，填写相关信息即可免费申请样书。

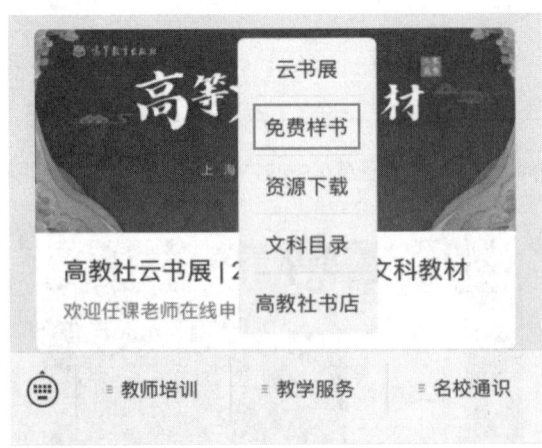